निराला की कविताएँ और काव्यभाषा

रेखा खरे

लोकभारती प्रकाशन
पहली मंजिल, दरबारी बिल्डिंग, महात्मा गाँधी मार्ग, इलाहाबाद-1

लोकभारती प्रकाशन
पहली मंजिल, दरबारी बिल्डिंग, महात्मा गाँधी मार्ग
इलाहाबाद-211 001

वेबसाइट : www.lokbhartiprakashan.com
ईमेल : info@lokbhartiprakashan.com

शाखाएँ : 1-बी, नेताजी सुभाष मार्ग, दरियागंज
नयी दिल्ली-110 002
अशोक राजपथ, साइंस कॉलेज के सामने
पटना-800 006 (बिहार)
36-ए, शेक्सपियर सरणी
कोलकाता-700 017

द्वितीय संस्करण : 2015

इण्डियन प्रेस
इलाहाबाद द्वारा मुद्रित

NIRALA KI KAVITAYEN
AUR KAVYABHASHA
Rekha Khare

ISBN : 978-93-5221-064-0

मूल्य : ₹ 300

स्वर्गीय पिता की

पुण्य स्मृति में

•

भूमिका

प्रस्तुत पुस्तक में काव्यभाषा के संवेदनात्मक स्तर पर रचना-प्रक्रिया के जटिल और संश्लिष्ट स्वरूप के परीक्षण का प्रयत्न है। आधुनिक युग में काव्यभाषा संबंधी पुष्ट सैद्धान्तिक चिंतन हुआ है, किन्तु कविताओं के व्यावहारिक विश्लेषण के द्वारा भाषिक सृजन के अपेक्षाकृत गहरे धरातल का संस्पर्श करने की प्रवृत्ति कम रही है। (यहाँ यह नहीं अनदेखा किया जा रहा है कि सिद्धांत व्यवहार से बनता है, पहले से बना-बनाया नहीं होता, तभी वह अनुभव के स्तर पर विश्वसनीय बन पाता है। उस रूप में साहित्य-चिंतन के अंतर्गत सिद्धांत और व्यवहार अलग-अलग तत्त्व नहीं हैं।) इस साहित्य तथा रचनात्मक चुनौती से उत्प्रेरित होकर प्रस्तुत अध्ययन में निराला की विशिष्ट कविताओं की आंतरिक घटना को समझने की चेष्टा की गई है, यों व्यापक रूप में तो पूरी पुस्तक में ही भाषिक सृजन के विविध पक्षों को विवृत करने की प्रवृत्ति रही है। काव्यभाषा के सैद्धांतिक और व्यावहारिक दोनों धरातलों का यहाँ रचना के स्तर पर संस्पर्श करने की कोशिश है, क्योंकि तभी रचना और उसकी प्रक्रिया का वैशिष्ट्य समग्रता में समझा जा सकता है।

निराला की स्थिति सभी छायावादी कवियों में विशिष्ट रही है। उनका काव्य-व्यक्तित्व सबसे अधिक गत्यात्मक, प्रखर तथा अन्वेषी रहा है, जिसका जीवंत साक्ष्य प्रस्तुत करती है उनकी काव्यभाषा। काव्यभाषा को लेकर निराला के मानस में रचनात्मक बेचैनी उनके विविध और गतिशील भाषा-स्तरों में देखी जा सकती है। व्यक्ति के रूप में तो एक लंबे अरसे तक वे उपेक्षित रहे, कवि के रूप में भी उनकी प्रतिभा को सही रूप में बहुत समय तक नहीं पहचाना गया। 'बाहर मैं कर दिया गया हूँ। भीतर, पर, भर दिया गया हूँ' में कवि के इस मानसिक द्वंद्व की ध्वनि सुनी जा सकती है।

निराला के समृद्ध-संश्लिष्ट सृजन की ओर कुछ ही समीक्षकों का ध्यान गया है। डॉ० रामविलास शर्मा ने अपनी पुस्तक 'निराला' (१९४८ ई०) में कवि की रचनात्मक क्षमता को उजागर करने में पहल की। निराला पर अपनी नई पुस्तक 'निराला की साहित्य-साधना' (खंड १) में वे मुख्यतया जीवनी-लेखक की भावभूमि से अनुप्राणित रहे हैं। निराला के कृतित्व का उन्होंने 'निराला की साहित्य-साधना' (खंड २) में विवेचन किया है, विशेषतः निराला-काव्य के अद्‌भुत ध्वनि सौंदर्य का उन्होंने सूक्ष्म उद्‌घाटन किया है। 'क्रांतिकारी कवि निराला'

(सं० २००४) में डॉ० बच्चन सिंह ने निराला के उन्मुक्त काव्य व्यक्तित्व को विवृत करने की कोशिश की है। निराला पर एक अन्य उल्लेखनीय पुस्तक 'निराला और नव-जागरण' (१९६५ ई०) में डॉ० रामरतन भटनागर ने निराला की काव्यभाषा विषयक पैनी समझ की ओर कई स्थलों पर संकेत दिये हैं—'एक अत्यंत महत्वपूर्ण दिशा निराला की काव्यभाषा से संबंधित है। काव्यभाषा के क्षेत्र में उनके प्रयोग सिद्धता तक पहुँचे हैं और अकेले उनके काव्य में खड़ी बोली की काव्यभाषा के विकास का सारा इतिहास समाहित हो गया है' (पृ० ४१७)। नये समीक्षकों में रमेशचंद्र शाह ने अपने लेखों में निराला की काव्य-चेतना पर बढ़िया टिप्पणी की है, 'भाषा की काव्यमुक्ति क्यों होती है, और कैसे होती है, यह हम निराला से सीख सकते हैं—' (आलोचना, अक्टूबर-दिसंबर, १९७० ई० 'भाषा की काव्यमुक्ति' शीर्षक लेख)। दूधनाथ सिंह की पुस्तक 'निराला आत्म-हंता आस्था' में निराला की कविताओं की आंतरिक संघटना को समझने की आकुलता है, और वह मुख्यतया कवि की अपनी भावभूमि से परिचालित है।

इस संदर्भ में निराला के काव्य-सृजन के उक्त महत्वपूर्ण और अभी तक प्रायः अविवेचित पक्ष को प्रस्तुत अध्ययन में किया गया है। निराला की काव्य-भाषा, अपने विविध अर्थ. स्तरीयता और अर्थ-समृद्धि में स्वतंत्र अध्ययन का विषय बन सकती है और बननी भी चाहिए। इस दिशा में आचार्य नंददुलारे वाजपेयी ने संकेत किया था—'वास्तव में निराला की काव्यभाषा एक स्वतंत्र शोध का विषय है' (कवि निराला, पृ० ११२)।

डी० फिल० (इ० यू०) की उपाधि के लिए स्वीकृत अपने शोधप्रबंध (छाया-वाद युगीन काव्यभाषा का निराला के विशेष संदर्भ में अध्ययन) के कुछ अंशों का उपयोग मैंने प्रस्तुत पुस्तक में किया है। प्रबंध के परीक्षक रूप में डॉ० नाम-वर सिंह ने निराला की कविताओं के संबंध में कई महत्वपूर्ण सुझाव दिये हैं, जिनसे यह पुस्तक लाभान्वित हुई है। नामवरजी के प्रति धन्यवाद समीक्षा-प्रक्रिया में प्रतिफलित हो, यह मेरी कामना रही है।

मेरे गुरु डॉ० रामस्वरूप चतुर्वेदी ने पुस्तक की देख-रेख जिस आत्मीयता से की है, उसे सिर्फ समझा जा सकता है, उसके संबंध में कुछ कहा नहीं जा सकता। अपने विशिष्ट स्नेह तथा सौजन्य से उन्होंने मुझे तो इस स्थिति में ही नहीं रखा है कि मैं उनके प्रति कृतज्ञता-ज्ञापन के औपचारिक ढंग का अवलंबन ले सकूँ।

—रेखा खरे

विषय-सूची

: १ :

निराला की काव्यभाषा

विकास-क्रम

निराला की गत्यात्मक काव्य-चेतना की पूरी जानकारी उनकी काव्यभाषा के विकास-क्रम के अध्ययन से मिल सकती है। विकास का रूढ़ अर्थ—उन्नति-प्रस्तुत प्रसंग में अभिप्रेत नहीं—ख़ास तौर से निराला की काव्यभाषा के संबंध में तो और भी नहीं, क्योंकि वे अपनी पहली प्रकाशित रचना 'जुही की कली' की नई रचना-प्रक्रिया से ही पाठक और समीक्षक को झकझोर देते हैं। विकास-क्रम से तात्पर्य है—कवि की विविध रूपा काव्यभाषा की एक ही काल में अथवा विभिन्न कालों में बदलती हुई प्रवृत्तियों का क्रम।

कवि का प्रथम काव्य-संग्रह 'परिमल' (१९२९ ई०) अनुभव और अभिव्यक्ति की अनेकमुखी प्रकृति के कारण उनकी आगामी व्यापक काव्य-चेतना की ओर स्पष्ट संकेत करता है—विशेषतः अन्य समानधर्मा कवियों—प्रसाद, पंत और महादेवी—की आरंभिक कविताओं के कच्चेपन की तुलना में 'परिमल' के कवि की भाषिक सर्जनात्मकता स्पृहणीय है। यों तो 'परिमल' में प्रायः भाषा के तत्सम रूप का उपयोग हुआ है, किन्तु 'यमुना के प्रति' जैसी लक्षणा-प्रधान, अलंकारिक कविता के अपवाद के साथ लगभग सभी श्रेष्ठ कविताएँ सायास शिल्प-योजना की आग्रही नहीं हैं। और 'यमुना के प्रति' कविता अपने उक्ति-वैचित्र्य और विशेषण-बहुलता (जो निराला की काव्य-भाषा का वैशिष्ट्य नहीं है) के बावजूद वास्तविक जीवन-संवेदन से परिपूर्ण है, जिसमें स्मृति-चित्रों के माध्यम से भव्य अतीत को पूरी सुकुमारता के साथ भाषा में उतारा गया है।

छायावादी काव्य के साथ कविता का शाब्दिक अर्थ लेने की परंपरा अनुपयोगी सिद्ध होती है और इस रूप में कविता काव्यभाषा की उत्तरोत्तर घुलनशीलता, सूक्ष्मता और अनिर्दिष्ट प्रकृति से अधिक आत्मीयता और आत्मविश्वास के साथ जुड़ती है। कविता का शाब्दिक अर्थ न हो सकने की स्थिति में पाठक और कभी-कभी समीक्षक खीझता है, पर श्रेष्ठ कविता की सघन अर्थ-प्रक्रिया शाब्दिक अर्थ न हो सकने की सीधी और सरलीकृत पद्धति से परे होती है। जो

छायावादी कविताएँ अपने रचना-संगठन में प्रौढ़ हैं, उनमें इस गुण की अवस्थिति अधिक महत्वपूर्ण लगती है। इस दृष्टि से 'परिमल' की 'मौन' कविता पहले आती है—

बैठ लें कुछ देर,
आओ, एक पथ के पथिक से
प्रिय, अंत और अनंत के,
तम - गहन - जीवन घेर।
मौन मधु हो जाय
भाषा मूकता की आड़ में,
मन सरलता की बाढ़ में
जल - बिंदु - सा बह जाय।
सरल, अति स्वच्छन्द
जीवन, प्रात के लघु - पात से
उत्थान - पतनाघात से
रह जाय चुप, निर्द्वन्द्व

ऐसी कविताओं की भाषा का विश्लेषण (प्रचलित अर्थ में) नहीं किया जा सकता, शाब्दिक अर्थ करने की कोशिश तो और भी असफल सिद्ध होगी; केवल उनके अनुभव में हिस्सा लिया जा सकता है। जीवन की चरमता का साक्षात्कार यों तो कवि बड़ी सहजता से करता है—वाक्यों के सरल विन्यास में, परिचित शब्दों, प्रतीकों में, किन्तु इस सहजता-सरलता में छिपी जटिल सांकेतिकता को नज़रअंदाज़ कर देने पर कविता की उपलब्धि का ही अंदाज़ा नहीं लगेगा। तम-गहन-जीवन घेर कर सरलता की बाढ़ में कहने की, अति स्वच्छंद सरल जीवन बनाने की अनुनय की गई है—कुछ देर के लिए: 'बैठ लें कुछ देर,। यह 'कुछ देर' ही मानवीय जीवन की अधिकांश जटिलता को उभारती है। कुछ ही देर—फिर तो उसी 'तम-गहन-जीवन' से जूझना है। हाँ, यह अवश्य है कि चरम क्षणों का यह मौन-मधु मौन-संघर्षमय जीवन को रस और अतिरिक्त ऊर्जा प्रदान करेगा। छायावादी काव्य का बहु प्रचलित प्रयोग 'मधु' जीवन के आत्मीय क्षणों को अधिक भरा-पूरा बनाने की कोशिश में ताज़ा होकर सारी संवेदना में कोमलता भरता है। भाषा की सरलता में छिपी हुई इस जटिलता की ओर विनिफ्रेड नवातनी ने संकेत किया है—'किन्तु सफल कविताओं में 'स्वाभाविक' और 'सरल' भाषा गंभीर दृष्टिपात करने पर सामान्यतया प्रकाशित करती है कि

वह उस खास सन्दर्भ को उपलब्ध करने के लिए अपूर्व संगठन अपने अन्दर छिपाए हुए है।[1]

दूसरी कविता 'शेष' का भाषा-प्रयोग एक दृष्टि में प्रायः सपाट और ऋजु संवेदना के प्रति आग्रही प्रतीत होता है; किन्तु उसकी दुहरी लय और परिचित प्रतीकों में प्रतिष्ठित जीवन की सार्थकता का एहसास होने पर पूरी कविता मानवीय अपूर्णता, बेबसी और उससे उपजे पछतावे का संश्लिष्ट अनुभव बन जाती है।

विषम मात्रिक छंद में प्रणीत 'बादल-राग' खड़ी बोली पर आधारित काव्य-भाषा के अनुपम स्वर-विस्तार एवं नाद-योजना की संभावनाएँ इस रूप में पहली बार उद्घाटित करता है। अपनी संस्कारनिष्ठ काव्यभाषा में सांस्कृतिक अनुषंगों का रचनात्मक उपयोग करने की प्रवृत्ति निराला में आरंभ से रही है। 'बादल-राग' के तीसरे खण्ड में सव्यसाची अर्जुन के पौराणिक रूपक का निर्वाह किया गया है। सव्यसाची अर्जुन के रूप में परिकल्पित बादल का सेवा-रत कर्मठ जीवन विशेष प्राणवत्ता के साथ मुखरित हुआ है। इन तीनों तत्त्वों—स्वर-विस्तार, नाद-मयता और सांस्कृतिक अनुषंग—का प्रयोग आगामी संकलन 'गीतिका' के अनेक गीतों में अपनी चरमता पर पहुँच गया है।

मुक्त छंद की शुरुआत करने वाली 'जुही की कली'' 'जाग्रति में सुप्ति थी', 'शेफालिका' आदि कविताएँ सौन्दर्य, प्रणय के विविध रूपों को हिंदी काव्य के सन्दर्भ में नये ढंग से छूती है। 'जाग्रति में सुप्ति थी' की बिंब-प्रक्रिया छायावादी काव्यभाषा के नवोन्मेष का परिचय देती है। यहाँ वस्तु-संवेदन के प्रति वैयक्तिक प्रतिक्रिया व्यक्त करने की प्रवृत्ति है, किसी बँधी-बँधाई लीक पर चलने का आग्रह नहीं—

जड़े नयनों में स्वप्न
खोल बहुरंगी पंख विहग-से,
सो गया, सुरा-स्वर
प्रिया के मौन अधरों में
क्षुब्ध एक कंपन-सा निद्रित
सरोवर में।

---

१. But 'natural' or 'Simple' language in successful poems usually proves, on reflection, to conceal unique arrangements for achieving that very illusion.

The Language Poets use : Winifred Nowottny. p. 105.

प्रिया के नयनों में स्वप्न जड़ गये हैं, 'जड़ना' प्रयोग ही अपने में नया है। इन स्वप्नों ने विहग की भाँति बहुरंगी पंखों को खोल लिया है। प्रिया का उल्लास-मय यौवन, प्रणयपूर्ण चित्र-विचित्र जीवन काव्यात्मक उन्मुक्ति के साथ इस बिंब में उभरा है। प्रेम-क्रीड़ा में डूबी प्रिया के मौन अधरों पर सुरा स्वर—यानी मादक स्वर (इस रूप में 'सुरा' प्रयोग नया है) सो गया है। इस सुकुमार स्थिति को सरोवर में निद्रित एक लघु लहरी के बिंब में कवि रूपायित करता है।

मुक्त छंद में रचित 'परिमल' की सभी कविताएँ (पंचवटी-प्रसंग के अपवाद के साथ) निराला की नयी विकसनशील और जागरूक रचना-प्रक्रिया का बढ़िया उदाहरण प्रस्तुत करती है। 'जागो फिर एक बार', 'शिवाजी का पत्र' जैसी लंबी कविताओं में भाषा की जीवनी शक्ति एक नये रूप में प्रस्फुटित हुई है, जो निराला की आगामी लंबी कविताओं की रचना का संकेत देती है। छायावादी कविता के विकास-काल में रची गई 'शिवाजी का पत्र' की धारा-प्रवाह प्रबोधन शैली विशेष भास्वर है।

'परिमल' के इस वैशिष्ट्य का उल्लेख करते समय यह नज़रअंदाज़ नहीं किया जा रहा है कि उसकी कुछेक कविताएँ अपनी भाव-भूमि और अभिव्यक्ति में कच्ची हैं। कहीं तो उनमें रीतिकालीन साज-सज्जा है; कहीं छायावाद की अपनी ही बनती हुई काव्य-रूढ़ि की प्रवृत्ति है। 'नयन', 'माया', 'वन-कुसुमों की शय्या', 'रास्ते के फूल से' कविताएँ इसी कोटि की हैं। इस तरह की प्रवृत्ति फुटकल रूप में 'अनामिका' संकलन तक में मिलती है। लेकिन यह उल्लेखनीय है कि अन्य छायावादी कवियों ने जहाँ अपनी ही लीकों का अधिक मात्रा में और अधिक दूरी तक—संवेदना और भाषा दोनों स्तरों पर—पोषण किया है, वहीं निराला में यह प्रवृत्ति कम है, उन्होंने अधिकतर अपनी बनाई लीकों को खुद मिटाया है।

'परिमल' के बाद कवि का दूसरा संकलन 'गीतिका' (१९३६ ई०) छायावादी काव्य-भाषा के और निखरने का संकेत देता है। संस्कृतनिष्ठ शब्दों का भरपूर और सर्जनात्मक उपयोग करते हुए कवि ने 'गीतिका' के गीतों में गंभीर चिन्तन, सांस्कृतिक सन्दर्भों, विविध प्रणय-स्थितियों को अनुस्यूत करने की सफल चेष्टा की है। संगीतात्मकता को केन्द्र में रख कर रचे गये इन गीतों में कविता के अनुभव को और कविता की रचना-प्रक्रिया को अक्षत रखने की सजगता है। 'गीतिका' की भूमिका में निराला ने लिखा है—'प्राचीन गवैयों की शब्दावली, सङ्गीत की रक्षा के लिए, किसी तरह जोड़ दी जाती थी, इसलिए उसमें काव्य का एकान्त अभाव रहता था। आज तक उसका यह दोष प्रदर्शित होता है। मैंने अपनी शब्दावली

को काव्य के स्वर से भी मुखर करने की कोशिश की है।'[1]

कवि का शिल्पी रूप 'परिमल' की अपेक्षा 'गीतिका' में अधिक उभरा है। उसमें एक तो, संस्कृत के नाद-तत्त्व को, उसकी संगीतात्मकता को, उसकी समास-परकता को हिन्दी के ग्रहणशील रूप में घुलाने-पचाने की कोशिश है। खासतौर से सामासिकता के उदाहरण-स्वरूप ये अंश रखे जा रहे हैं—

लता-मुकुल-हार गंध-भार भर, (गीत सं० ३)
नव अपाङ्ग शर-हत व्याकुल उर, (गीत सं० १३)
तरु गत-किसलय जीवित मिस-लय, (गीत सं० ८३)

दूसरे, बहुत कम शब्दों में गूढ़ कल्पनाओं की विन्यस्ति है। 'पावन करो नयन' (६) गीत में कवि ने रश्मि से नील नभ पर उतरने की प्रार्थना की है, जिससे कि वह कमल के अश्रुओं (कमल पर ओस की बूदें पड़ी हैं, जिन पर कवि-कल्पना है कि वे सूर्य के वियोग में कमल के नेत्र से निःसृत अश्रु-बिन्दु हैं) को मिटा सके। कवि का शब्द-संगठन इस भाव को समझने में उलझन पैदा करता है—

प्रतनु शरदिन्दु-वर
पद्म जल-विन्दु पर
स्वप्न-जागृति सुघर
दुख-निशि करो शयन !

'अनामिका' (१९३७) संकलन में तत्सम शब्दावली पर आधारित भाषिक सर्जनात्मकता के प्रति कवि का झुकाव और आत्मविश्वास अधिक मुखरित हुआ है। 'प्रेयसी', 'रेखा' जैसी लम्बी प्रणय-कविताओं में कवि ने धारा-प्रवाह रीति से संस्कृत शब्दों का प्रयोग किया है। इन कविताओं की रचना के माध्यम से कवि जैसे इस धारणा का उन्मूलन करता है कि खड़ीबोली में संस्कार और परिष्कार की न्यूनता है। 'अनामिका' में ही 'राम की शक्ति-पूजा' है, जिसके लंबे, सुगठित रचना-विधान में खड़ीबोली पर आधारित काव्यभाषा की अभूतपूर्व व्यंजना-क्षमता उद्‌घाटित हुई है। रचनात्मक काव्य-व्यक्तित्व भाषा के कितने स्रोतों को उन्मुक्त कर सकता है—यह 'राम की शक्ति-पूजा' में देखा जा सकता है, जिसका आरंभिक अंश तत्सम सामासिक रचनात्मकता का उदाहरण है, जबकि कविता के बीच के अंश में अंजना का हनुमान को प्रबोधन भाषा की घरेलू बानगी को उभारता है।

---

१. 'गीतिका' भूमिका, पृ० १२

'अनामिका' की कुछ कविताओं की रचना के साथ निराला दोहरे शिल्प के प्रणेता के रूप में सामने आते हैं—'दान', 'वनबेला' और 'सरोज-स्मृति' में क्लैसिकल और यथार्थपरक शिल्प की सह-विन्यस्ति हुई हैं—ख़ासतौर से 'सरोज-स्मृति' जैसी शोक-गीति का दोहरा रचना-विधान तत्सम और तद्भव पर आधारित भाषिक संरचना—स्पृहणीय है। तत्सम शब्दों के बीच में तद्भव शब्द की निस्संकोच विन्यस्ति 'अनामिका' की अनेक कविताओं में देखी जा सकती है, इस प्रवृत्ति का और सघनरूप परवर्ती गीतों में विकसित हुआ है।

'अनामिका' में जहाँ एक ओर 'मरण-दृश्य' जैसी सूक्ष्म-गंभीर गीति-रचना है, वहीं 'खुला आसमान', 'ठूँठ', 'वे किसान की नयी बहू की आँखें' जैसी यथार्थपरक कविताएँ हैं, जिनमें महत्त्वहीन समझे जानेवाले, जन-सामान्य में प्रचलित शब्दों का रचनात्मक उपयोग किया गया है। अभिजातपरक कविताओं के मध्य इस तरह की जन-संवेदना से सम्बन्धित कविताएँ निराला के गत्यात्मक काव्य-व्यक्तित्व का संकेत देती हैं। 'खुला आसमान' का एक अंश उद्धृत किया जा रहा है—

बहुत दिनों बाद खुला आसमान ;
निकली है धूप; हुआ खुश जहान।
दिखी दिशाएँ झलके पेड़
चरने को चले ढोर-गाय-भैंस-भेड़
खेलने लगे लड़के छेड़-छेड़
लड़कियाँ घरों को कर भासमान।

इतिवृत्तात्मकता के स्तर पर उतर आई यह भाषा यद्यपि किसी नवोन्मेष को जाग्रत करती नहीं लगती, किन्तु कवि के दिशा-प्राण का संकेत देती है। सच तो यह है कि जन-साधारण के जटिलताशून्य मानसिक उल्लास के अंकन में ऐसी 'सीधी' भाषा ही सक्षम होती है। 'सहज' कविता में तो कवि जैसे प्रकारान्तर से संवेदना और भाषा की सामान्यतया, ऋजुता की ओर निर्देश करता है—

सहज-सहज पग धर आओ उतर,
देखें वे सभी तुम्हें पथ पर।
वह, जो सिर बोझ लिये आ रहा,
वह, जो बछड़े को वहला रहा
वह, जो इस उससे बतला रहा
देखूँ, वे तुम्हें देख जाते भी हैं ठहर ?

'ठूँठ' कविता अपने रचना-विधान में बेजोड़ है। कवि ने ठूँठ जैसी मामूली समझी जानेवाली वस्तु का प्रतीक रूप में ग्रहण किया है, और उसके माध्यम से

जीवन की उदासी, श्रीहीनता की गहरी व्यंजनाएँ विकसित हुई हैं। निराला की ऐसी कविताएँ नई कविता की रचना-प्रक्रिया की आधारभूमि निर्मित करती हैं। 'मैं अकेला', 'स्नेह-निर्झर बह गया है' ('अणिमा' में संकलित) की भावभूमि के समानान्तर यह गीत निराला की सतत विकसनशील और मौलिक रचना-प्रक्रिया का परिचायक है, जिसे पूरे-का-पूरा ही उद्धृत किया जा सकता है।

ठूँठ यह है आज।
गयी इसकी कला,
गया है सकल साज।
अब यह वसंत से होता नहीं अधीर
पल्लवित, झुकता नहीं अब यह धनुष-सा,
कुसुम से काम के चलते नहीं हैं तीर,
छाँह में बैठते नहीं पथिक आह भर,
भरते नहं. यहाँ दो प्रणयियों के नयन-नीर
केवल वृद्ध विहग एक
बैठता कुछ कर याद।

ऐसे गीतों में कवि प्रसाधनों के आकर्षण से मुक्त होकर अनुभव को उसकी पूरी गहराई में छूता है। यौवन के ढल जाने से उपजी शोभाहीनता और अनुपयोगिता के बेबस एहसास की मार्मिक स्थिति का संश्लिष्ट अंकन ठूँठ के बिंब में हुआ है।

१६३८ ई० में ही निराला के 'तुलसीदास' काव्य का प्रकाशन हुआ। इसमें संस्कृति की सर्जनात्मकता के प्रश्न को उठानेवाली 'मानसिकता' संस्कारशील शब्दों में मैत्री करती है। छंद की मौलिक प्रकृति और उसका कसाव, शब्दों के जटिल रूप, सूक्ष्म-गंभीर कल्पनाएँ इस काव्य को सामान्य की चिंता में विशिष्ट बना देती हैं। कवि के शाब्दिक स्वेच्छाचार-या दूसरी तरह से कहना चाहें तो भाषागत आभिजात्य का 'राम की शक्ति-पूजा' से भी अच्छा उदाहरण 'तुलसीदास' में देखा जा सकता है, क्योंकि यहाँ कवि संस्कृत के कोशवाची शब्दों का भरपूर उपयोग करता है, इतना ही नहीं, उनमें यथेच्छित अर्थ भी अनुस्यूत करता है।

शब्दों के अभिजात संस्कार का इतना दूरगामी उपयोग करने के बाद 'कुकुरमुत्ता' (१६४२) की रचना अपने आपमें एक सुखद आश्चर्य है। 'कुकुरमुत्ता' जन-सामान्य में रसी-बसी भाषा के घोषणापूर्वक रचनात्मक उपयोग की शुरुआत करता है। जहाँ तत्सम शब्दों के भरपूर और दक्ष उपयोग से कवि ने हिन्दी के अभिजात शब्द-कोश की संवर्द्धना की है, वहीं अकेले 'कुकुरमुत्ता' के माध्यम से

एकदम साधारण ग्रामीण और कठोर शब्दों में भरा-पूरा आत्मविश्वासी व्यक्तित्व सिरजा है और इस परंपरित धारणा को निर्मूल कर दिया है कि कविता की रचना के लिए संस्कारशील शब्द ही उपयुक्त होते हैं। यहाँ तो उर्दू शब्दों और एकदम ग्रामीण शब्दों में ठेठ मुहाविरेदानी की सर्वथा नयी क्षमता मुखरित हुई है—

पेट में डँड़ पेले हों चूहे, ज़बाँ पर लफ़्ज़ प्यारा।

इस निहायत देसी अंदाज़ में आभिजात्य पर सीधे व्यंग्य किया गया है।

'कुकुरमुत्ता' के बाद कवि का 'अणिमा' (१९४३ ई०) काव्य-संग्रह प्रकाशित होता है। कुछेक प्रशस्तियों, श्रद्धांजलियों को छोड़ दें, तो 'अणिमा' में अभिव्यक्ति के विभिन्न रूप दृष्टिगोचर होते हैं। संवेदना एवं भाषा-दोनों ही स्तरों पर यह संकलन कवि-जीवन का संधि-स्थल है, जिसमें एक ओर 'गीतिका', 'अनामिका' के तत्सम गीतों की-सी मृदु गीतात्मकता है, दूसरी ओर किसी भी प्रकार की लयात्मक उद्भावना से मुक्त गद्य-कल्प शब्द-प्रधान कविताएँ हैं। लेकिन एक उल्लेखनीय बात यह है कि उत्तरोत्तर अभिव्यक्ति की ऋजुता, और उस ऋजुता में कुशलता से छिपी गहनता की ओर कवि का झुकाव होता जाता है। परिवेश के प्रति कवि का तीखापन गीत संख्या ३४ के अंतिम अंश में ख़ामोश ढंग से विवृत हुआ है—

प्रिय, मुझे वह चेतना दो देह की,
याद जिससे रहे वंचित गेह की,
खोजता-फिरता, न पाता हुआ,
मेरा हृदय हारा।

ऐसे अंशों में शब्द बोलते नहीं, अपने मितकथन में अर्थ का तनावयुक्त संप्रेषण करते हैं। पूर्ववर्त्ती काव्य के संस्कारनिष्ठ बिंब-विन्यास की प्रवृत्ति घटती चलती है, और बहुत परिचित-साधारण वस्तुओं से कवि प्रतीक-बिंब का काम लेता है। 'मैं अकेला' का कुछ-कुछ तटस्थ-सा अवसाद 'हट रहा मेला' और 'कोई नहीं भेला' के प्रतीकों में मुखरित होता है—

पके आधे बाल मेरे
हुए निष्प्रभ गाल मेरे,
चाल मेरी मंद होती आ रही,
हट रहा मेला।
जानता हूँ, नदी-झरने,
जो मुझे थे पार करने,
कर चुका हूँ, हँस रहा यह देख
कोई नहीं भेला।

'मेला' का हटते जाना जहाँ उत्सव शून्य वृद्ध-जीवन को सामने लाता है, वहीं 'भेला' की अनुपस्थिति आत्म-निर्भर, रचनाशील व्यक्तित्व को उजागर करती है और 'हट रहा मेला' के विषाद को पीछे कर देती है। विषाद और उपलब्धि की ऐसी ही सह-अवस्थिति की जटिलता को कवि ने कितनी सहजता से आम की सूखी डाल के बिंब में अनुस्यूत कर दिया है, यह 'स्नेह-निर्झर बह गया है' गीत में देखा जा सकता है। 'गीतिका' के क्लिष्ट शब्दावली में रचे सिद्धि, आत्मसाक्षात्कार के गीतों के सामने 'अणिमा' का यह गीत दृष्टव्य है, जिसमें सिद्धि का सारा उल्लास और आत्मीय अनुभव बहुत अनौपचारिक ढंग से अंकित किया गया है—

मैं बैठा था पथ पर
तुम आये चढ़ रथ पर।
हँसे किरण फूट पड़ी
टूटी जुड़ गई कड़ी
भूल गये पहर घड़ी
आई इति अथ पर।
उतरे बढ़ गही बाँह
पहले की पड़ी छाँह
शीतल हो गई देह,
बीती अविकथ पर।

यहाँ 'आई इति अथ पर' के मित-कथन में सिद्धि की शुरुआत और परिणति को काव्यात्मक अभिव्यक्ति दी गई है। इसी भावभूमि के या अन्य कोटि के दार्शनिक गीतों में पहले कवि लम्बे-लम्बे रूपकों, समास-पदों की योजना करता था, किन्तु अब उसकी प्रवृत्ति सज्जा (भले ही वह कितनी भव्य क्यों न हो) से उपराम होती जाती है।

'अणिमा' की कुछेक कविताएँ ठेठ गद्यात्मक शब्दावली और संरचना की दृष्टि से सफल बन पड़ी हैं। 'यह है बाजार' कविता में गाँव की रखैल प्रवृत्ति पर सूक्ष्म और सीधा व्यंग्य किया गया है—वर्णन की नितान्त रूखी समझी जानेवाली किन्तु प्रस्तुत प्रसंग में बेमिसाल, लय-शून्य भाषा में। 'लगेगी न बार', 'बैठाली', 'ब्याही' जैसे गँवार शब्दों का बेलाग प्रयोग देखने योग्य है—

अच्छा है अगर करे पूरी धेली ज्यों-त्यों,
टूटा रुपया खर्च होते लगेगी न बार।

और यह अंश—

बैठाली क्या जाने ब्याही का प्यार ?

रखैल के रूप में बसी सुखिया नामक स्त्री से अनबन के बावजूद दुखिया रार नहीं कर सकता। परिस्थिति के आगे घुटने टेक देने की स्थिति को कवि कितनी कुशलता से अंकित करता है—

मगर निकलकर धर तेज़ कदम बढ़ा चला,
पिछली बातों का अगली बातों ने घोटा गला,
दुखिया ने सोचा, "इसके पोछे बिना पड़े भला,
बैठा ले दूसरा तो सिंह से हूँ स्यार।"

दुखिया की मानसिकता को उरेहने के लिए देहात की इस टकसाली भाषा से बेहतर कोई अन्य भाषा-रूप नहीं हो सकता था। इसीलिए जब यह कहा जाता है कि 'निराला जिस आदमी की भाषा इस्तेमाल करते हैं, वह आदमी कविता में उतना ही ज़िन्दा है, जितना जीवन में'—[१] तो बात समझ में आती है।

"अणिमा" में प्रयोगवादी ढर्रे की कविता "चूंकि यहाँ दाना है" अपनी अजीबोग़रीब संरचना के कारण उल्लेखनीय है। इसकी संवेदना कुछ-कुछ अस्पष्ट और पेंचीदी है, तोड़-मरोड़ करने पर यही निष्कर्ष निकलता है कि इस कविता में आज की पूंजीवादी सभ्यता पर व्यंग्यात्मक रीति से तीखा कशाघात किया गया है, जिसमें सारे संबंध, सारे क्रिया-कलाप यहाँ तक कि निकटतम आत्मीय माँ-बाप का रिश्ता—पैसे के आश्रित है। "दाना" की यह शान है—

चूंकि यहाँ दाना है,
इसोलिए दीन है, दीवाना है
लोग हैं महफ़िल है
नग्मे हैं साज है, दिलदार है और दिल है
शम्मा है, परवाना है,
चूंकि यहाँ दाना है—

अन्य तीन कविताएँ "मेरे घर के पश्चिम की ओर रहती है" (३९), "सड़क के किनारे दुकान है" और "जलाशय के किनारे कुहरी थी" भी अपनी संरचना में प्रयोगवाद को पूर्वाशित करती हैं; किन्तु उन्हें समझने में "चूंकि यहाँ दाना है" की तरह तोड़-मरोड़ नहीं करनी पड़ती।

१. कविता : सही भाषा की तलाश—विजेन्द्र
(आलोचना) जुलाई-सितंबर, १९७० ई०।

"बेला" (१९४३) मूलतः भाषिक प्रयोग है, जिसमें कवि ने उर्दू ग़ज़लों की खानी और लोकप्रियता से प्रभावित होकर उन्हें हिंदी गीतों में ढालने की साहसिक कोशिश की है। लेकिन यह साहसिकता सर्जन के स्तर पर महत्त्वपूर्ण नहीं, ख़ास तौर से कवि की विराट् रचना-प्रक्रिया के परिप्रेक्ष्य में। हिंदी शब्दों की अपनी विशिष्ट प्रकृति है (और यह बात हर भाषा के संबंध में सच है), जिससे वे ग़ज़लों की संवेदना को उनके ख़ास ढंग के लोच को वहन करने में फ़ारसी-उर्दू शब्दावली की तरह सक्षम नहीं हो सकते। इतना ज़रूर है कि खड़ी बोली के खड़ेपन को सँवारने में एक खास ढंग से ये गीत कृतकाम हुए हैं; इनमें उच्चारण-संगीत की प्रतिष्ठा हुई है, जो इन गीतों के प्रणयन में कवि का एक विशिष्ट उद्देश्य रहा है (द्रष्टव्य "बेला" का आवेदन)। ग़ज़लों की परंपरा से अलग कुछ गीत अपनी प्रकृति में बहुत रचनात्मक बन पड़े हैं—जैसे, "बाहर मैं कर दिया गया हूँ," "मिट्टी की माया छोड़ चुके" या प्रसिद्ध कजली 'काले-काले बादल छाये न आये वीर जवाहर लाल।" "बाहर मैं कर दिया गया हूँ" गीत में सीधे-साधे शब्दों के सहारे काव्यभाषा ने बाहर और भीतर के तनाव को सटीक अभिव्यक्ति दी है। काव्यभाषा के विकास-क्रम में "बेला" के कुछ शब्द-प्रयोगों का उल्लेख आवश्यक होगा—निराला ने उर्दू-हिंदी शब्दों के समन्वय या समास से नई रचनात्मकता विकसित करनी चाही है, किन्तु वे प्रयोग सफल नहीं बन पड़े हैं, जैसे—सुब्हो-शाम ऐसे कामनाओं के चयन देखे। (गीत सं० २०), दिखाने को दर्शन दिये जा रहे हैं / निराशा के डोरे सिये जा रहे हैं' (गीत सं० ५२), 'मुक्ति के गुलाब न चटकेंगे' (गीत सं० ८०), 'सायास बावले से' (गीत सं० ८२)। इनमें दिखाने को दर्शन दिये जा रहे हैं और निराशा के डोरे सिये जा रहे हैं, प्रयोग तो प्रसंग से जुड़कर चमत्कारिकता की सृष्टि करते भी हैं, किन्तु अन्य प्रयोग सफल नहीं लगते। यहाँ यह उल्लेख करना असंगत न होगा कि कवि पहले भी फ़ारसी और संस्कृत शब्दों का समास निर्मित कर चुका है— 'परिमल' की 'परलोक' कविता का यह प्रयोग द्रष्टव्य है—'शत सहस्र प्लुत-प्यालाकर्षण', 'गीतिका' के पाँचवें गीत में कारण-जाम का समास 'कारण-जाम पिये।' ये दोनों उदाहरण भी सफल नहीं बन पड़े हैं, सिर्फ़ एक कौतुक की सृष्टि करते हैं।

'नये पत्ते' (१९४६) भाषा और संवेदना दोनों संदर्भों में कवि का विशिष्ट संकलन है, जिसमें 'कुकुरमुत्ता' के पहले संस्करण की ६ कविताओं के साथ अन्य नवीन कविताएँ हैं। कुछेक को छोड़कर शेष सभी कविताएँ 'कुकुरमुत्ता' से शुरू हुई रचनात्मक तद्भव-विधान की यात्रा को और आगे बढ़ाती हैं। प्रयोगशील भाषा का बहुत अच्छा उदाहरण 'खजोहरा' में है, जिसे पूर्वाग्रही दृष्टि से परखने

पर उसकी रचनात्मक मूल्यवत्ता नहीं पहचानी जा सकती। यहाँ कवि उन्मुक्त रीति से व्यंग्य की सृष्टि करता है—

दौड़ते हैं बादल ये काले काले,
हाईकोर्ट के वकले मतवाले।
जहाँ चाहिए, वहाँ नहीं बरसे,
धान सूखे देखकर नहीं तरसे।
जहाँ पानी भरा वहाँ छूट पड़े,
कहकहे लगाते हुए टूट पड़े।
फिर भी यह बस्ती है मोद पर
नातिन जैसे नानी की गोद पर,
नाम है हिलगी, बनो है भू-चुम्बी
जैसी लौकी की लम्बी है तुम्बी।

इस बेलाग व्यंग्य में शोषण से उपजी जो पीड़ा है, वह 'बेला' की प्रसिद्ध कजली ('काले-काले बादल छाये न आये वीर जवाहरलाल') की याद दिला देती है, यद्यपि उस कजली में व्यंग्य की सीधी मार है। कविता को तमाम बाह्य उपकरणों से मुक्ति दिलाकर उसे स्वायत्त बनाने की चेष्टा 'नये पत्ते' की खास विशेषता है। 'कुत्ता भौंकने लगा' जैसी एक नज़र में बेहद वर्णनात्मक लगने वाली कविता अपनी कठोर गद्यात्मकता में सार्थक व्यंग्य की सृष्टि करती है। 'कुकुरमुत्ता' में फिर भी निराला व्यंग्य के लिए तरह-तरह के कौशलों का उपयोग करते हैं— ठेठ बिंबों और संदर्भों का। किन्तु 'नये पत्ते' की इन कविताओं की सपाटबयानी में निहित तल्खी अप्रतिम है। बेहद ठंडक पड़ने से सारी फ़सल नष्टप्राय हो गई है, खेतिहर निराश हो चुके हैं। कवि इस कठोर परिवेश को वर्णन में प्रामाणिक बनाने के लिए उसी से सिरजी भाषा का उपयोग करता है और तभी उसकी अनौपचारिकता में भरा-पूरा व्यक्तित्व उभरता है—

एक हफ्ते पहले पाला पड़ा था
अरहर कुल की कुल मर चुकी थी
हवा हाड़ तक बेध जाती है,
गेहूँ के पेड़ ऐंठे खड़े हैं,
खेतिहरों में जान नहीं,
मन मारे दरवाजे कौड़े ताप रहे हैं
एक दूसरे से गिरे गले बातें करते हुए
कुहरा छाया हुआ।

सुखद आश्चर्य तो इस एहसास से उपजता है कि ऐसी बेलौस भाषा 'स्वशब्द-वाच्यत्व' से एकदम अलग है, और यहीं पर कविता कविता बनती है—नारेबाज़ी, प्रचार के बिलकुल विपरीत। अरहर का कुल-का-कुल मरना, हवा का हाड़ तक बेधना, गेहूँ के पेड़ का ऐंठे खड़े होना, बेजान खेतिहरों का एक दूसरे से गिरे गले बातें करना—यह है शब्दों की बनावट, जिसमें पाले की स्थिति सजीव हो उठती है। निराला ने अपने एक निबंध में गद्य को जीवन-संग्राम की भाषा बतलाया है, उसको संदर्भित करते हुए डॉ० नामवर सिंह ने ठीक ही कहा है कि निराला की परवर्त्ती काव्यभाषा की कुंजी वही गद्य है। 'निराला की परवर्त्ती कविता की भाषा उसी तराशे हुए गद्य के साँचे में ढलकर निखरी है और आज कवियों ने यदि नई कविता को रूढ़ियों से मुक्तकर एक नई जीवंत भाषा गढ़ने में कामयाबी हासिल की है, तो उसमें कहीं-न-कहीं निराला का भी हाथ है'।[1]

परवर्त्ती गीतों की लयात्मक उद्भावनाएँ 'गीतिका' के गीतों की सी ही विविधता को क़ायम किये हुए हैं, अंतर यह है कि अब कवि ने हिंदी के निजी गीति-सौन्दर्य को विकसित करने की कोशिश की है। कुछ रूपों में तो यह कोशिश "गीतिका" के संस्कृतनिष्ठ गीतों से अधिक प्रीतिकर लगती है। निष्कामता की सूक्ष्म स्थिति के अंकन में कवि एक बिलकुल घरेलू बिंब का प्रयोग करता है। "आराधना" के ८२वें गीत का यह अंश द्रष्टव्य है—

> किस नभ ले जाता मन भाया
> समझे भी कुछ न समझ पाया,
> ऐसे निष्काम हुई काया,
> जैसे कोई साड़ी झीनी।

झीनी साड़ी का बहुत सहज और दक्ष ढंग से बिंब-रूप में उपयोग निष्कामता में निहित स्वच्छता, पवित्रता और पारदर्शिता को गहरा देता है और कामना से ही उपजी निष्कामता की स्थिति संवेद्य हो जाती है, कविता का अनुभव बन जाती है। 'साड़ी' में जो सौन्दर्य और कामना है, 'झीनी' जोड़ देने से जैसे वह धुलकर निखर आती है।

संबंधों के अजनबीपन को कवि ने पहले अनेक गीतों में मुखरित किया है। 'गहन है यह अन्धकारा' (अणिमा), 'बाहर मैं कर दिया गया हूँ' ('बेला') जैसे गीत उल्लेखनीय हैं। इस दिशा में 'अर्चना' का ५९वाँ गीत बहुत ठंडे ढंग से, लय

---

१. निराला और नयी पीढ़ी (साप्ताहिक हिन्दुस्तान, ४ फरवरी, १९६८ ई०)

के ठहरेपन में मानवीय विसंगति को—या यों कहें आधुनिक जीवन की विसंगति को—उभारता है :

गीत गाने दो मुझे तो,
वेदना को रोकने को।
चोट खाकर राह चलते
होश के भी होश छूटे,
हाथ जो पाथेय थे, ठग—
ठाकुरों ने रात लूटे
कण्ठ रुकता जा रहा है,
आ रहा है काल, देखो।
भर गया है ज़हर से
संसार जैसे हार खा कर
देखते हैं लोग लोगों को
सही परिचय न पाकर,
बुझ गई है लौ पृथा की,
जल उठी फिर सींचने को।

ऐसी टकसाली भाषा में संगीत का जो सौन्दर्य (और मार्के की बात यह है कि वह ठेठ हिंदी का है) पनपा है, वह विशेष रूप से आत्मीय है। दूसरे, शब्दों की ख़ामोश भंगिमा में जो 'ट्रैजिक' गहराई है, वह आधुनिक हिंदी भाषा के स्वतन्त्र, समृद्ध व्यक्तित्व का साक्ष्य देती है। वेदना को रोकने की कोशिश ही वेदना को गहरा देती है। अन्तिम अंश की गहरी बेचैनी को 'देखते' क्रिया में किस साफ़गोई से कवि ने अनुस्यूत किया है—

देखते हैं लोग लोगों को
सही परिचय न पाकर,

यह 'देखना' सामान्य 'देखने' से कितना भिन्न है, इसका एहसास पूरे प्रसंग को समझने पर ही होता है। कहने को ये दो पंक्तियाँ बहुत सादी हैं, बल्कि पूरी कविता में सबसे सरल-गद्यानुवाद की आवश्यकता नहीं ; किन्तु आधुनिक विसंगति से उपजे दमघोंट विषाद और तनाव को कलात्मक ख़ामोशी के साथ उरेहने में अकेली हैं—'सही परिचय न पाकर लोग लोगों को देखते हैं'—यहाँ सारे शब्द परिचित और गद्य-कल्प हैं, मगर कवि के आत्म-मंथन, आत्म-अनुभूति, वैयक्तिक पीड़ा से छनकर आने के कारण बिलकुल ताज़े ! संबंधों के अजनबीपन पर निराला का आक्रोश 'अणिमा' के 'गहन है यह अंधकारा' गीत में भी मुखरित हुआ है,

विशेष रूप से इस अंश में—'खड़ी है दीवार, जड़ की घेर कर, बोलते हैं लोग ज्यों मुँह फेर कर'। काम के शाप-रूप में कवि प्रसाद ने मानवीय जीवन की विडंबना को इस तरह रखा है—हृदयों का हो आवरण सदा, अपने वक्षस्थल की जड़ता / पहचान सकेंगे नहीं परस्पर चले विश्व गिरता पड़ता। ('कामायनी')

इस विडंबना को निराला ने गीत के वैयक्तिक रूप में अधिक मार्मिकता और सबसे बढ़कर कातरता-मिश्रित आक्रोश के साथ मुखरित किया है। युग की विसंगति को, उसके पूरे तनाव में इन परवर्त्ती गीतों की अनौपचारिक-आत्मीय भाषा खोलती है।

निराला की काव्यभाषा के विकास-क्रम में परवर्त्ती गीतों की भाषा का महत्त्व दो कारणों से है—एक तो इनकी रचना के दौरान अपनी रुग्ण मनःस्थिति के फलस्वरूप अथवा चमत्कारिता से उत्प्रेरित होकर कवि तुकों, अनुप्रासों और लयों से खेलने लगता है; अन्तिम काव्य-संकलन 'सांध्यकाकली' (मरणोत्तर प्रकाशन) के कुछ गीतों में यह प्रवृत्ति सबसे ज्यादा प्रबल है। दूसरे, बहुतेरे गीतों की भाषिक संरचना कवि की वैयक्तिक रुग्णता के बावजूद भरपूर जीवनी-शक्ति से संपन्न है। इसी कारण कवि आधुनिक परिवेश के तीखेपन को ही नहीं छूता चलता, अपितु भक्तिकालीन संवेदनाएँ—कातरता, आस्था, स्नेह, वैराग्य भी खड़ी-बोली के अपेक्षाकृत गंभीर रूप में ढालता है। आधुनिक जीवन के तनाव और मध्य-कालीन आस्था का यह सामंजस्य निराला के समृद्ध, संश्लिष्ट व्यक्तित्व का प्रमाण है। 'आराधना' के गीत—'कामरूप हरो काम,' 'अशरण-शरण राम' में 'विनय-पत्रिका' की संवेदना मुखरित हुई है। 'अर्चना' के 'घन आये घनश्याम न आये' और 'गीतगुंज' के 'जिधर देखिये श्याम विराजे' में कृष्णभक्त कवियों की अगाध विह्वलता और एकतानता है। 'अर्चना' की 'स्वयोक्ति' में कवि ने कहा है—'खड़ीबोली की गाड़ी के और चलते रहने की आवश्यकता है, ये गीत जैसे उसी की पूर्ति करते हैं।'[1] सचमुच विविध भावभूमियों में कवि ने खड़ीबोली का उप-योग किया है, उसे माँजा है। 'कुकुरमुत्ता' और विशेषतः 'नये पत्ते' की जन-संवेदनापरक कविताओं की रचना-प्रक्रिया के उदाहरण भी परवर्त्ती गीतों में मिलते हैं। गीतों में यह संवेदना धीरे-धीरे और मार्मिक, तीखी तथा निर्मम हो गई है। 'ऊँट-बैल का साथ हुआ है,' 'मानव जहाँ बैल घोड़ा है' जैसे 'आराधना' के गीत अपनी सपाट बयानी में पूरे-के-पूरे युग की अमानवीयता, शोषण को उघाड़ देते हैं।

१. अर्चना, पृ० ४

कवि की मृत्यु के बाद प्रकाशित 'सांध्य-काकली' संकलन (१९६९ ई०) काव्यभाषा में विकास-क्रम के अन्तर्गत अवश्य ही सम्मिलित किया जाना चाहिए। यों तो 'सांध्य-काकली' के आरंभिक २२ गीत पूर्ववर्ती गीत-संकलन 'गीतगुंज' से संग्रहीत कर लिये गये हैं, और जो नये गीत हैं, उनमें से अधिकांश कवि की रुग्ण मानसिक अवस्था को घोषित करते हैं। कहीं अर्थ के नाम पर पहेली है, जैसे—३० वाँ गीत। एक अंश इस प्रकार है—

तेरा पानी भरन जानी है, मानी है।
बेला हारों में लासानी है, सानी है।

गीत संख्या ३१ में अक्षर-भंग और अक्षर-विपर्यय की योजना है, अर्थ से कवि को कोई लगाव नहीं है—

ताक कमसिन वारि,
ताक कम सिन वारि,

हाँ, इनसे यह अवश्य समझा जा सकता है कि निराला के मन में काव्य-भाषा को लेकर आरंभ से अंत तक एक रचनात्मक बेचैनी बनी रही। वे उसके किसी एक स्थिर रूप से संतुष्ट नहीं हो गए।

पूर्ववर्ती गीतों में कहीं-कहीं चमत्कार की जो प्रवृत्ति रही है ('आराधना' का 'छलके छल के पैमाने क्या' दृष्टव्य हैं) उसकी चरमता 'सांध्य काकली' के गीतों में देखी जा सकती है। कुछेक गीत अपने समूचे विधान में और शेष कुछ अपने फुटकल अंशों में इस बात का अच्छा संकेत देते हैं कि कवि अपनी स्वस्थ मनोदशा में, सृजन के दौरान, भाषा से भरपूर रचनात्मक कार्य लेता रहा, उसकी भंगिमाएँ बनाता रहा। कवि अब भी जटिल मनःस्थितियों को, आत्मिक पूर्णता के अनुभव को, जीवन के सूनेपन को गीत की नई भंगिमा में अनुस्यूत करता है, यह नज़रअंदाज़ नहीं किया जा सकता। ३४वें गीत में भोगे हुए जीवन की रचनात्मक अर्थवत्ता और उसके साथ-साथ वृद्धावस्था एवं आसन्न मृत्यु का एहसास कवि नये ढंग से करता है—

जय तुम्हारी देख भी ली,
रूप की गुण की, सुरीली।
वृद्ध हूँ मैं, ऋद्धि की क्या
साधना की, सिद्धि की क्या,
खिल चुका है फूल मेरा
पंखड़ियाँ हो चली ढीली।

जीवन का खरा आस्वादन कवि कर चुका है। अब वृद्धावस्था में उसके

आकर्षण में क्या नवीनता हो सकती है ? यौवन ढलने की स्थिति के अंकन के लिए वह फिर से फूल का बिंब रचता है—फूल अपने विकास-काल में खिल चुका है, अब तो उसकी पंखड़ियाँ ढीली हो चली हैं । यौवन की अस्थिरता और जीवन की परिवर्तनशीलता के लिए यह बिंब बहुत संगत बन पड़ा है। यौवन और वार्द्धक्य—प्रतीकात्मक रूप में उल्लास और थकन—के परस्पर विरोधी रूपों को कवि भाषा में इस तरह उतारता है—

चढ़ी थी जो आँख मेरी
बज रही थी जहाँ भेरी
वहाँ सिकुड़न पड़ चुकी है
बढ़ रही है रेख नीली।

'आँख चढ़ी' होने के ठेठपन में जीवन का आनन्द-उल्लास मूर्त हो गया है, 'भेरी बजने' की स्थिति उसमें सघनता ला देती है । दूसरी ओर आँखों में सिकुड़न पड़ जाने, नीली रेख के बढ़ते जाने का उल्लेख उस आनन्द-उल्लास को बिल्कुल पीछे कर देता है । अंत में आसन्न मृत्यु के आभास से जीवन की उष्णता के क्षय का मार्मिक अंकन हुआ है—

आग सारी फुंक चुकी है,
रागिनी वह रुक चुकी है,
याद करता हुआ जीवन
जीर्ण जर्जर आज तीली।

ऐसे अंशों में कवि चमत्कार से बिल्कुल परे हटकर जीवन को उसके निकटतम रूप में देखने की कोशिश करता है । सारी आग के फुँकने, रागिनी के रुकने की तेजशून्यता का एहसास अंतिम दो पंक्तियों में मूर्धन्य हो गया है—

याद करता हुआ जीवन
जीर्ण जर्जर आज तीली।

जीवन अपने उपभोग्य रूप में वृद्ध कवि के सामने नहीं है, केवल उसकी याद की जा सकती है। निराला की हस्तलिपि में इस गीत का एक और पाठ है, जो 'सांध्य-काकली' में संकलित है । वहाँ 'याद करता हुआ जीवन' के बजाय 'स्मरण में है आज जीवन' प्रयोग है, जो स्मृति-रूप में शेष (अन्यथा अपने अधिकार से बाहर) जीवन की ऊष्मा को अधिक मार्मिक तीखेपन के साथ गहरा देता है । पूर्ववर्ती गीतों—'मैं अकेला', 'स्नेह-निर्झर बह गया है, 'भग्नतन रुग्ण मन' की संवेदना से मिलता-जुलता यह गीत अभिव्यक्ति की नई बानगी प्रस्तुत करता है ।

निराला की अंतिम कविता 'पत्रोत्कंठित जीवन का विष बुझा हुआ हैं' बहुत विस्तार से संवरण-समय का अंकन करती है। अंतिम कविता की रचना में कवि ने जैसे अपनी असाधारण वाक्य योजना, एकांत तत्सम और ठेठ तद्भव शब्दों के मेल से सिरजी सृजनात्मक भाषा, अनुकरणधर्मिता से बिलकुल मुक्त जटिल रचना-विधान का परीक्षण नये सिरे से किया है, और अपने में यह सुखद अनुभव है कि यह परीक्षण बहुत सफल बन पड़ा है। 'पत्रोत्कंठित जीवन का विष बुझा हुआ हैं' के रूप में कवि राग-द्वेष से अपनी असंपृक्ति का उल्लेख करता है, सारी लांछनाओं, अपमानों का विष बुझ चुका है यानी आसन्न मृत्यु के निकट उसका तटस्थ मानस उनका अनुभव ही नहीं करता। संवरण-समय होने के बावजूद अपने भरे-पूरे व्यक्तित्व के एहसास से वह पराजय का बोध नहीं करता—

आशा का प्रदीप जलता है हृदय कुंज में,
अंधकार-पथ एक रश्मि से सुझा हुआ है।

'सुझा' क्रिया की ठेठ तद्भवता में रसी-बसी घुलनशीलता तत्सम संज्ञा रश्मि के आलोक का और उन्मुक्त प्रसार करती है। यहाँ अपने जीवन को लीला-भाव से देखने की प्रवृत्ति इस तरह के अकन की ओर कवि को प्रेरित करती है—

लीला का संवरण-समय फूलों का जैसे
फलों फले या झरे अफल, पातों के ऊपर
सिद्ध योगियों जैसे या साधारण मानव
ताक रहा है भीष्म शरों की कठिन सेज पर।

भीष्म के रूप में अपने को परिकल्पित करके कवि इस सारे संवरण-समय के प्रति उन्मुक्त और निर्द्वन्द्व दृष्टि का संकेत देता है। यह संवरण-समय फलयुक्त फूलों की तरह झरेगा या अफल झर जाएगा, सिद्ध योगियों की भाँति अवसान होगा या साधारण मानव की तरह इसका पता कवि को नहीं। अपने समृद्ध काव्य-सृजन के बोध से उत्पन्न आनन्दानुभूति का अंकन कवि षट् ऋतुओं के सिंहावलोकन के माध्यम से करता है। अंत में, अपनी शक्ति-संपन्न देह (और किसी स्तर पर मन भी) की जीर्णता का ठेठ चित्र प्रस्तुत करने के बाद कवि जीवन के नये प्रभात की आशा करता है—

झूल चुकी है खाल ढाल की तरह तनी थी।
पुनः सबेरा, एक और फेरा ही जी का।

निराला की समूची काव्य-सृष्टि का अध्ययन इस निष्कर्ष पर पहुँचाता है कि उनका विराट् काव्य-व्यक्तित्व सदैव अन्वेषी, बेचैन और उत्साही रहा है। अगर

कवि 'जुही की कली' को उसकी पूरी सुकुमारता में चित्रित करता है, तो 'रानी और कानी' में कानी रानी की कठोर दिनचर्या और उसके मानसिक द्वन्द्व को उभारता है। 'राम की शक्ति-पूजा', 'तुलसीदास' में अभिजातधर्मी कलाकार की बेचैनी मुखरित हुई है, दूसरी ओर 'कुकुरमुत्ता' और 'नये पत्ते' के प्रणयन में परिवेश-प्रवण कवि-व्यक्तित्व की पूरी सजगता दिखाई देती है। यहाँ तक कि 'बेला' की ग़ज़ल परंपरा के अधिसंख्य गीत यद्यपि निराला-काव्य की उपलब्धि किसी भी मूल्य पर नहीं हैं, लेकिन उनकी रचना में भी कवि का आत्मविश्वास स्खलित नहीं हुआ है। उसका कहना है—'प्रायः सभी दृष्टियों से उनको (पाठकों को) फ़ायदा पहुँचाने का विचार रखा गया है।' (द्र० 'बेला' का आवेदन)। यह विश्वास कि वह कुछ दे रहा है, कभी क्षत नहीं होता और गत्यात्मक व्यक्तित्व में इसकी अवस्थिति उचित भी है—'पर अनश्वर था सकल पल्लवित-पल'। डॉ० रामरतन भटनागर ने ठीक ही कहा है कि 'निराला के काव्य में खड़ीबोली का काव्य सम्भावनाओं के संसार में विचरण करने लगता है।'[1]

दूसरी बात यह है कि निराला में एक ही काल में विविध रचना-प्रक्रियाएँ जागरूक रही हैं, 'अनामिका' और 'अणिमा' संकलन इस कथन का अच्छा प्रमाण देते हैं। अतः निराला की काव्यभाषा के विकास का अध्ययन काल-क्रम में करने से यह परिणाम नहीं निकाल लेना चाहिए कि अमुक भाषा-रूप उनके काव्य में अमुक काल में उभरा और फिर बाद में दूसरा भाषा-रूप विकसित हुआ। वास्तविकता तो यह है (और यह उनके निर्बन्ध काव्य व्यक्तित्व का प्रमाण है) कि वे किसी भी भाषा-रूप से बँधते नहीं हैं। मोटे तौर पर, समझने की, विश्लेषण की, सुविधा के लिए कहा जा सकता है कि अपने आरंभिक काव्य में वे तत्सम-धर्मी रहे हैं, परवर्त्ती काव्य में तद्भव-प्रिय। शब्दावली के रचनात्मक प्रयोग को रेखांकित करने की दृष्टि से उनकी विकास-यात्रा तत्सम, तद्भव से देशज की ओर रही है। लेकिन परवर्त्ती गीतों के तद्भव रचना-विधान के दौरान भी काफी संख्या में संस्कारनिष्ठ गीतों की निर्मिति हुई है। और अधिकतर तो एक ही विधान में उन्होंने तत्सम-तद्भव की टकराहट से भाषिक ऊर्जा उत्पन्न की है। कवि की यह प्रवृत्ति उसकी भाषिक उन्मुक्तता और रचना-शक्ति की परिचायिका है। एक ओर उसकी काव्यभाषा में अतिशय भव्यता, गहन गीतात्मकता, सूक्ष्म परिष्करण है, दूसरी ओर उसमें अनगढ़पन, गद्यात्मकता और ठेठपन है। दोनों भाषा-स्तर निराला के काव्य-व्यक्तित्व के अभिन्नतम अंग हैं।

---

१. निराला और नवजागरण, पृ० ४१८

विविध रूप

निराला के मानस में काव्यभाषा को लेकर गहरी बेचैनी उनके विविधभाषा-रूपों में मुखरित हुई है। उनकी भाषा की विविधरूपता जहाँ उनकी संवेदना की व्यापकता की ओर संकेत करती है, वहीं निराला के उन्मुक्त काव्य-व्यक्तित्व को उजागर करती है, जिसके कारण वे अपने को किसी एक भाषारूप से बाँधते नहीं, वरन् काव्यभाषा के विविध स्रोतों से रचनात्मक उन्मेष को गतिशील करते हैं।

तत्सम शब्दावली पर आधारित निराला की काव्यभाषा का वैशिष्ट्य कई रूपों में देखा जा सकता है। समास-बहुल क्लिष्ट शब्द-योजना में उनका गहरा अध्यवसाय और शिल्पी रूप मुखरित हुआ है। काव्यभाषा के लिए अपेक्षित समाहार-गुण की अवस्थिति निराला ने इस भाषा-रूप में बहुत कुछ समास-योजना की सहायता से की है। 'राम की शक्ति-पूजा' के ओजस्वी छन्दों में समस्त पदों के कारण विशेष भास्वरता आ गई है। हनुमान का प्रचण्ड बल ज्वालामुखी पर्वत के बिंब में अंकित हुआ है, लेकिन यहाँ देखने की चीज़ प्रवाहपूर्ण समास-योजना हैं—'उद्‌गीरित वह्नि-भीम पर्वत कपि चतुःप्रहर', जैसे कवि यह घोषित करता है कि हिंदी काव्यभाषा के व्यासपरक रूप को आवश्यकतानुसार सामासिकता की ओर ले जाया जा सकता है।

समासों के आग्रह से मुक्त तत्सम-प्रधान काव्यभाषा का अपेक्षाकृत अधिक प्रयोग कवि ने किया है। इस तरह की भाषा के अन्तर्गत कठोर और कोमल दोनों रूपों की रचना में वे सिद्धहस्त हैं। 'बादल-राग', 'जागो फिर एक बार', 'राम की शक्ति-पूजा' कविताओं में एक साथ दोनों रूपों की नियोजना हुई है। विशेषतः 'जागो फिर एक बार' में कठोर और कोमल स्तरों पर जागरण की परिकल्पना भाषा के इन दोनों रूपों में बहुत प्रभावी बन पड़ी है।

तद्‌भव शब्दावली में रचनात्मकता की हर सम्भावनाएँ विवृत कर निराला ने अपनी काव्यभाषा की नयी दिशा विकसित की है, जिसमें क्लैसिकल भाषा के सभी उपादानों—कलात्मक लय, सुघर छंद, सुथरी शब्दावली को छोड़ दिया गया है। शब्द-प्रयोग की दृष्टि से उन्होंने तत्सम और तद्‌भव दोनों शब्दावली पर आधारित भाषिक संरचना में मौलिकता और विशिष्टता का परिचय दिया है, किन्तु तत्सम प्रधान काव्य में ये गुण निराला के गहन अध्यवसाय के बल पर समाविष्ट हो सके हैं, जब कि तद्‌भवधर्मी काव्य में उन्होंने स्वार्जित शब्दों की सृजन-क्षमता का उपयोग किया है। 'कुकुरमुत्ता' और 'नये पत्ते' में काव्यभाषा को समस्त आभरणों से मुक्त कर अधिक स्वायत्त और आत्मनिर्भर बनाने की कोशिश है,

ठीक उसी तरह, जैसे इन रचनाओं की संवेदना एकदम ठेठ है, जनपदीय है। 'कुकुरमुत्ता' के मुँह से दुनिया भर के ज्ञान-विज्ञान की बातें कहलाकर निराला उसे कोई ज्ञानी संस्कारशील नहीं घोषित करते, वरन् उनका उद्देश्य चौंकाने वाली, व्यंग्यात्मक आधुनिक शैली के माध्यम से सामान्य-साधारण ('कुकुरमुत्ता') की सार्वजनिक प्रतिष्ठा है। परवर्त्ती गीतों—('अर्चना', 'आराधना', 'गीतगुंज', 'सांध्य-काकली' में संकलित) में भी निराला ने शब्दावली के तद्भव रूप की ओर अधिक झुकाव रखा है।

'कुकुरमुत्ता' और 'नये पत्ते' तथा परवर्ती गीतों की तद्भव-प्रियता में सूक्ष्म विवेक किया जा सकता है। 'कुकुरमुत्ता' में प्रदर्शन की मुद्रा में ठेठ, ग्रामीण अतएव तथाकथित 'अकाव्योचित' शब्दों को ढूँढ-ढूँढकर रखने की प्रवृत्ति है। और विशिष्टता यह है कि निराला जैसे कुशल रचनाकार के द्वारा एक अंतरंग आवश्यकता के रूप में प्रयुक्त किए जाने के कारण तद्भव की यह प्रदर्शनप्रियता खटकती बिलकुल नहीं, बल्कि 'कुकुरमुत्ता' के गम्भीर अध्ययन के बाद वह एक विशिष्ट शैली के निर्माणकर्त्ता के रूप में निराला को स्थान देती है। यह दूसरी बात है कि इस प्रकार की घोषित तद्भवता, आग्रहपूर्वक देशज, भदेस शब्दों की नियोजना पहली नजर में पाठक या समीक्षक को असामान्य लग सकती है, ठीक उसी तरह, जैसे पूर्ववर्त्ती क्लैसिकल काव्य—'राम की शक्ति-पूजा', 'तुलसीदास'—में क्लिष्ट शब्दावली और दुरूह समास-योजना की अधिकता एक दृष्टि में निराला की काव्यभाषा के असन्तुलन और पाण्डित्य-प्रदर्शन का एहसास कराती है। किन्तु पूर्वाग्रहरहित होकर गम्भीर रीति से विचार करने पर वह संस्कारबहुल तत्सम शब्द-योजना और परवर्त्ती काव्य की तद्भवता दोनों ही कवि की योजनाबद्ध मानसिकता का प्रतिफलन लगती हैं। 'कुकुरमुत्ता' की घोषित तद्भवता का एक उदाहरण द्रष्टव्य है—

> **नहीं मेरे हाड़ काँटे काठ या,**
> **नहीं मेरा बदन आठों गाँठ का।**
> **रस-ही-रस में हो रहा,**
> **सफ़ेदी को जहन्नम होकर रहा।**

'नये पत्ते' की भाषिक संरचना तद्भवधर्मी है। पहली कविता 'रानी और कानी' की क्रियाएँ देखने योग्य हैं—

> **रानी अब हो गई सयानी,**
> **बीनती है, काँड़ती है, कूटती है, पीसती है,**
> **डलियों के सीले अपने रूखे हाथों मीसती है,**

> घर बुहारती है, करकट फेंकती है,
> और घड़ों भरती है पानी,

काव्यशास्त्रीय दृष्टि से उपेक्षित इन देहाती क्रियाओं में कवि ने कितना रचाव भर दिया है, यह उल्लेखनीय है। इन रूखी-मैली क्रियाओं में रानी की परिवर्तन-शून्य और एकान्त कठोर दैनिक चर्या ग़ैर-रोमांटिक तटस्थता के साथ उरेही गई है। 'अणिमा' की कुछ कविताओं—'यह है बाजार', 'चूंकि यहाँ दाना हैं' में भी भाषा के ठेठ रूप का प्रयत्नपूर्वक उपयोग करने की प्रवृत्ति है।

किन्तु परवर्त्ती गीतों की तद्भवता अघोषित है, ठीक उसी तरह जैसे इन गीतों की रचना में प्रायः आयासहीनता का अनुभव होता है। जो प्रयत्न, जो आग्रह है, वह भी सहजता की ओट में हो गया है। गीतों के अपेक्षाकृत सूक्ष्म और लघु विधान में अनायास रीति से रखे गए तद्भव शब्द पूरे गीत को एक अतिरिक्त निखार और शांत चमक दे देते हैं। निराला की काव्यभाषा की प्रक्रिया के सन्दर्भ में अनेक बार उद्धृत और विश्लेषित 'बासी' शब्द (जग की हुई वासना बासी) इसका एक अच्छा उदाहरण है। शब्दावली और गठन दोनों स्तरों पर तद्भवता को अपनाकर कुशल कवि लोक-मानस की सूक्ष्म-संवेदनशील अनुभूति को पूरी सुकुमारता से गीत में मुखरित कर सकता है, करता है। 'अर्चना' का 'बाँधो न नाव इस ठाँव, बन्धु' गीत इस कथन का व्यावहारिक निदर्शन है, जिसे पूरे-का-पूरा उद्धृत किया जाता है—

> बाँधो न नाव इस ठाँव, बन्धु!
> पूछेगा सारा गाँव, बन्धु!
> यह घाट वही जिस पर हँस कर
> वह कभी नहाती थी धँस कर
> आँखें रह जाती थीं फँसकर
> कँपते थे दोनों पाँव, बन्धु!
> वह हँसी बहुत कुछ कहती थी
> फिर भी अपने में रहती थी
> सब की सुनती थी, सहती थी,
> देती थी सब के दाँव, बन्धु!

सामाजिक संकोच के बंधन में रहकर भी अपने प्रेम का निर्वाह करने वाली ग्रामीण प्रेमिका का अंकन इस मर्मस्पर्शी गीत में हुआ है, और गीत की यह मर्म-स्पर्शिता परिचित, आत्मीय और साथ ही अनायास-प्रयुक्त तद्भवता के कारण सम्भव हो सकी है। 'गीतिका' के 'संस्कृतनिष्ठ गीत' और 'अर्चना', 'आराधना',

'गीतगुंज' तथा 'सांध्य-काकली' काव्य संग्रहों के ठेठ भाषा-गीत परस्पर विलोम में अद्वितीय हैं, ठीक वैसे ही, जैसे 'तुलसीदास' और 'कुकुरमुत्ता' की क्रमशः घोषित तत्सम-तद्भव योजना।

निराला की काव्यभाषा का एक अन्य रूप (भले ही वह एक प्रयोग हो) 'बेला' में देखा जा सकता है, जिसमें कवि ने हिंदी काव्य को उर्दू-फ़ारसी काव्य की खानी देने की कोशिश की है, यद्यपि इस कोशिश में वह बहुत कम अंशों में ही सफल हुआ है। फ़ारसी छंदों को हिंदी काव्य में ढालने की प्रवृत्ति किसी रचनात्मक उन्मेष को नहीं जाग्रत करती। हिंदी भाषा की सूक्ष्म व्यंजनात्मक प्रकृति उर्दू ग़ज़लों जैसी साफ़गोई, नाज़ुकमिज़ाजी, चमत्कारिकता का वहन नहीं कर पाती। इस रूप में देखने पर प्रयत्न की यह असफलता खुद कवि की अक्षमता को नहीं घोषित करती। इस प्रयोग की नियति यही हो सकती थी। एक उदाहरण इस प्रकार है :—

निगह तुम्हारी थी,
दिल जिससे बेकरार हुआ,
मगर मैं गैर से मिल कर,
निगह से पार हुआ।

उर्दू-फ़ारसी काव्य के वातावरण में इस तरह की संवेदना और कथन-भंगिमा जमती है, किन्तु हिंदी काव्य के वातावरण में वह अर्थवान नहीं हो पाती। यह उदाहरण कवि की उर्दू शब्दावली और उर्दू-छंद योजना की बानगी दिखलाने के लिए दिया गया। उर्दू छंद में संस्कृत शब्दावली का प्रयोग और भी असफल हुआ है :—

तुम्हें देखा, तुम्हारे स्नेह के नयन देखे,
देखी सलिला, नलिनी के सलिल शयन देखे।
प्रेम की आग बुझी, आग देह की जो लगी,
सुख के हाथ जले, दुख के अयन देखे।
सत्य की आँख बँधी आँख-मिचौनी के लिए
सुब्हो-शाम ऐसे कामनाओं के चयन देखे।

एक नई शैली की कौतुकपूर्ण महत्त्वाकांक्षा के सिवाय इस गीत में विधान की प्रौढ़ता, संवेदना की कोमलता या तीव्रता जैसा कोई उल्लेखनीय तत्त्व नहीं दिखाई देता। अन्तिम पंक्ति में 'सुब्हो-शाम' और 'कामनाओं के चयन' जैसे विशुद्ध उर्दू-संस्कृत प्रयोगों का मेल रचनात्मकता की सृष्टि नहीं करता है। 'बेला' के जो गीत अनुभव के नये आयाम विकसित करते हैं, जैसे—'बाहर मैं कर दिया गया

हूँ' (गीत सं० ३८), वे उर्दू-कथन प्रणाली से अलग हैं। अतः इस प्रसंग में उनका समावेश नहीं किया जा सकता। हाँ, उनकी सफलता कवि की ग़ज़लों के संबंध में उपर्युक्त मान्यता को प्रमाणित ही करती है।

तत्सम तद्भव के एकान्त प्रयोग से अलग दोहरे भाषा-शिल्प की सह अवस्थिति के रूप में निराला ने काव्यभाषा को एक लचीलापन दिया है और इस दिशा में वे आरम्भ से प्रयत्नशील रहे हैं। भाषा-स्तरों का यह दोहरापन शब्द-संयोजन और संरचना दोनों स्तरों पर तत्सम-तद्भव शब्दावली के सम्मिश्रण से संभव हुआ है। 'अनामिका' संकलन की तीन कविताएँ 'दान', 'बनवेला' और 'सरोज-स्मृति' शिल्प के दोहरे रचाव के उदाहरण स्वरूप रखी जा सकती हैं। 'दान' में दोहरे शिल्प-क्लैसिकल और यथार्थपरक—का प्रयोग कवि ने क्रमशः सुकुमार और तीखी मनःस्थितियों को उजागर करने के अभिप्राय से किया है। प्रातः पर्यटन में प्रकृति के मनोरम दृश्यों से प्रभावित कवि-कल्पना इस तरह के अंकन की ओर प्रवृत्त होती है। पहला अंश द्रष्टव्य है—

बासंती की गोद में तरुण
सोहता स्वस्थ मुख बालारुण
चुम्बित सस्मित कुंचित कोमल।
तरुणियों सदृश किरणें चंचल
किसलयों के अधर यौवन-मद
रक्तिम मंजु उड़ते षट्पद,
खुलती कलियों से कलियों पर
नव आशा नवल स्पंद भर-भर।

सुखोन्माद में कवि मनुष्य को विश्व-क्रम में सर्वश्रेष्ठ स्थान देता है। कवि की इस कोमल परिकल्पना को आघात तब लगता है, जब वह पथ के एक ओर कृशकाय, कंकालशेष भिखारी को बैठे हुए देखता है। कल्पना-विलास में रमी हुई भाषा बहुत तीखी हो जाती है :—

अति क्षीण कंठ, है तीव्र श्वास
जीता ज्यों जीवन से उदास
ढोता जो वह कौन-सा शाप?
भोगता कठिन कौन सा पाप?
यह प्रश्न सदा ही है पथ पर,
पर सदा मौन इसका उत्तर

जो बड़ी दया का उदाहरण
वह पैसा एक उपायकरण।

मानव की श्रेष्ठता की परिकल्पना को चूर करने वाले राम-भक्त विप्रवर पर कवि की दृष्टि पड़ती है, जो शिव पर सलिल, दूर्वादल, तण्डुल और तिल चढ़ा कर बाहर आते हैं और कपियों को झोली से पुए निकाल कर देते हैं। कंकालशेष भिक्षु की ओर उनकी दृष्टि नहीं जाती। अंतिम अंश का व्यंग्य देखने योग्य है—

झोली से पुए निकाल लिए
बढ़ते कपियों के हाथ दिए
देखा भी नहीं उधर फिर कर
जिस ओर रहा वह भिक्षु इतर।
चिल्लाया किया दूर दानव
बोला मैं—'धन्य, श्रेष्ठ मानव।'

'दानव' और 'मानव' की तुकों में निहित क्षोभ और व्यंग्य की संश्लिष्ट ध्वनियाँ समाज की विषम स्थिति को सामने लाती हैं। यद्यपि 'दान' कविता में यथार्थपरक शिल्प का आग्रह नहीं है, शब्दावली प्रायः तत्समाधारित है; किन्तु अपनी प्रकृति में वह कठोर है, यथार्थनिष्ठ है। प्रारंभिक अंश के अभिजातपरक शब्द-संयोजन से वह बहुत रचनात्मक कुशलता के साथ अलग है।

'वनबेला' में कवि के मानसिक द्वन्द्व साहित्य-क्षेत्र में निरादर, रचनात्मक व्यक्तित्व का सही मूल्यांकन न होने से उत्पन्न विषाद को उभारा गया है, जिसका परिशमन उपवन की बेला अपने कर्म-कठोर और निःस्पृह जीवन का उदाहरण देकर करती है। आरंभिक अंश का प्राकृतिक दृश्य और उससे कवि की मनोभूमि का सानुपातिक संबंध-ग्रीष्मताप धरती और उत्तेजित कवि-मानस-विशुद्ध शब्दावली में अंकित हुआ है, और उसके बाद कवि के आत्ममंथन (यथा, सोचा न कभी-अपने भविष्य की रचना पर चल रहे सभी) की शुरुआत बोलचाल की भाषा में होती है। 'बेला' का उद्बोधन भी शुद्ध किन्तु सज्जा से पृथक और प्रवाहपूर्ण भाषा में व्यक्त हुआ है। इस संदर्भ में एक अंश द्रष्टव्य है :

भाव में हरा मैं, देख मंद हँस दी बेला,
बोली अस्फुट स्वर से यह जीवन का मेला।
चमकता सुघर बाहरी वस्तुओं को लेकर।
त्यों-त्यों आत्मा की निधि पावन बनती पत्थर।

'सरोज स्मृति' जैसी अपेक्षाकृत अधिक प्रौढ़ और सुकुमार-मार्मिक कविता में शिल्प का दोहरा रचाव (और वह भी तत्सम के आभिजात्य से तद्भव के ठेठपन

की नाज़ुक और साहसिक टकराहट प्रस्तुत करते हुए) और भी उल्लेखनीय है। अपनी युवा कन्या सरोज के संवरण काल के दिव्य चित्रण के साथ 'सरोज-स्मृति' कविता की शुरुआत करता है। एक ओर कवि कन्या के यौवन और विवाह की सुकुमार स्थितियों का बिना हिले-डुले अंकन करता है, जिसमें मालकोंश का बिंब है, ऊषा का जागरण छंद है, भोगावती की उमड़न और बाँध का संश्लेष है, और है—कवि के वसंत की प्रथम गीति शृंगार-स्वरूप सरोज की मूर्त्ति—

तू खुली एक-उच्छ्‌वास-संग
विश्वास-स्तब्ध बँध अंग-अंग
नत नयनों से आलोक उतर
काँपा अधरों पर थर-थर-थर,
देखा मैंने, वह मूर्त्ति-धीति
मेरे वसंत की प्रथम गीति—
शृंगार, रहा जो निराकार
रस कविता में उच्छ्‌वसित-धार
गाया स्वर्गीया-प्रिया-संग
भरता प्राणों में राग-रंग
रति-रूप प्राप्त कर रहा वही,
आकाश बदल कर बना मही।

ऐसे अंकनों के मध्य अपने कवि-जीवन की विडंबना, संपादक की अनीति और सब से बढ़कर कान्यकुब्ज समाज की सड़ी-गली मनोवृत्ति पर तीव्र कशाघात कवि ने ठेठ, टकसाली भाषा में किया है :

वे जो यमुना के-से कछार
पद-फटे बिवाई के, उधार
खाये के मुख ज्यों पिये तेल
चमरौधे जूते से सकेल
निकले, जी लेते घोर-गंध,
उन चरणों को मैं यथा-अंध,
कल घ्राण-प्राण से रहित व्यक्ति
हो पूजूँ ऐसी नहीं शक्ति।
ऐसे शिव से गिरिजा-विवाह
करने की मुझको नहीं चाह।

छायावादी काव्य और निराला की उदात्त-कोमल कल्पना का श्रेष्ठ उदाहरण प्रस्तुत

करने वाली 'सरोज-स्मृति' कविता में इस तरह के प्रयोगवाद को पूर्वाशित करने वाले उपमानों—'यमुना के कछार', 'उधार खाये के मुख', 'चमरौधे जूते से निकलती गंध'—की बेलाग नियोजना निराला के विराट् काव्य-व्यक्तित्व की ओर संकेत करती है, जिसमें शिल्प के प्रति शुद्धतावादी दृष्टिकोण न होकर भाषा और संवेदना का रचनात्मक रिश्ता कायम करने की तत्परता है।

इन विविध भाषा-रूपों के अध्ययन से एक प्रश्न यह उठता है कि निराला की अपनी ज़मीन कौन-सी है, किस भाषा-रूप की ओर उनका अधिक झुकाव है? वस्तुतः अपने जीवन की तरह निराला ने अपने काव्य को भी उन्मुक्त रखा है। इसी उन्मुक्तता के कारण वे किसी भी भाषा-रूप से अपने को बाँधते नहीं हैं। कोई भी भाषा रूप कैसा भी सर्जनात्मक क्यों न हो—उन पर हावी नहीं होता, और गत्यात्मक कवि-व्यक्तित्व की यह प्रतिनिधि विशेषता है। अपनी ही बनाई हुई रूढ़ि को तोड़ते चलना रचना के संदर्भ में अपूर्व साहसिकता का परिचायक है, और तोड़ते चलने का यह साहस पुराने को घटाने के अभिप्राय से नहीं है, वरन् भाषा और इसी वजह से संवेदना के सतत उन्मोचन, अन्वेषण और विकास के उद्देश्य से परिचालित है। तत्सम प्रधान काव्य को हम एक दृष्टि से उनका प्रतिनिधि काव्य कह सकते हैं; किन्तु रचनात्मकता और कुछ माने में अनुभव के अछूते आयाम तद्भवपरक काव्य में भी उपलब्ध होते हैं। कहना तो यह चाहिये कि उत्तरोत्तर कवि युग-संपृक्ति के कारण तद्भवधर्मी हो गया है। जहाँ उनका क्लैसिकल और रोमांटिक काव्य उनके 'जड़िया' रूप (यद्यपि यह 'जड़िया' रूप कुल मिलाकर चिंतक की गरिमा से संयुक्त है) को सामने लाता है, वहीं उनके वस्तुवादी काव्य में कविता को छन्द की सुकुमारता, लय के लोच, ध्वनि-आवर्त्त जैसे उपादानों से मुक्त कर अधिक यथार्थग्राही, आत्मनिर्भर और स्वायत्त बनाने की चेष्टा है।

तत्सम और तद्भव संरचना के विश्लेषण-प्रसंग में एक कठोर और महत्व-पूर्ण प्रश्न उठता है कि क्या निराला भाषा के परवर्ती ठेठ रूप में 'राम की शक्ति-पूजा', 'तुलसीदास' या फिर 'गीतिका' के गीतों जैसी सूक्ष्म-जटिल अर्थ-छवियाँ अनुस्यूत कर सके हैं? इस प्रश्न का सही उत्तर निराला की संवेदना के परि-प्रेक्ष्य में ही दिया जा सकता है। परवर्त्ती गीतों में काफ़ी संख्या अस्पष्ट भावभूमि वाले गीतों की है। उनको छोड़कर संवेदना में गहरे-गंभीर कुछेक गीत अपनी तद्भवता और सहजता में बहुत सुन्दर बन पड़े हैं, और उनकी सादगीपरक गहराई में 'गीतिका' के कलात्मक सौष्ठव से सम्पन्न गीत भी हलके पड़ जाते हैं। किन्तु इस कोटि के गीतों से इतर जो अधिकतर गीत हैं, उनमें संवेदना बहुत सीधी है। कहीं

प्रकृति का इतिवृत्तात्मक अंकन है, कहीं उत्सवों में उल्लसित जन-मानसिकता को वर्णन के स्तर पर स्वर दिया गया है। इन परवर्त्ती गीतों से पूर्व की रचनाओं 'कुकुरमुत्ता', 'नये पत्ते' में तो खास तौर से सामान्य-साधारण की उनकी बोली-बानी के साथ काव्य में प्रतिष्ठा है। अतः संवेदना के विश्वसनीय अंकन के लिहाज़ से सामान्य-साधारण के जीवन से सिरजी हुई भाषा में जटिल और सूक्ष्म अर्थ-छवियों को पिरोना परिवेश-प्रवण कवि के लिए संगत न होता। लेकिन इसका मतलब यह नहीं कि शब्दों का जटिल जीवन तत्सम प्रकृति का आश्रित होता है। तद्भव शब्दावली पर आधारित भाषिक संरचना भी गहरी जीवन-स्थितियों से जूझ सकती है, जूझती है। यह अलग बात है कि निराला ने तद्भव शब्दावली पर आधारित भाषा की सर्जनात्मक क्षमता का उपयोग अधिकांशतः सामान्य-जन के सीधे अनुभव-चित्रण में किया है।

प्रक्रिया

निराला की कविता में तत्सम शब्दावली की दूरगामी संभावनाएँ—बल्कि लगभग हर संभावना—विवृत हुई है। संस्कृत का यह शाब्दिक अभिजात्य जहाँ हिंदी शब्द-भण्डार को समृद्ध करता चलता है, वहीं उसे गंभीर चिन्तन-मनन के लिए सूक्ष्म बनाता है। हिंदी की व्यास-प्रकृति से अभिज्ञ होने के बावजूद अपनी तत्सम-धर्मी काव्यभाषा में संस्कृत और बँगला पदावली के प्रभाव के कारण साहसिक आत्मविश्वास के साथ समास-योजना की प्रचुर अवतारणा करके कवि ने जैसे इंगित किया है कि रचनात्मक काव्यभाषा व्याकरण के भाषा-विज्ञान के स्थिरीकृत नियमों की अनुगामिनी नहीं होती। कहना न होगा कि निराला की काव्यभाषा में अन्तर्निहित ओज और प्रवाह, साथ ही गीतों के अपेक्षाकृत संक्षिप्त रूप-निर्माण में सामासिकता का प्रचुर योगदान है। 'गीतिका' के अनेक गीत और 'राम की शक्ति-पूजा' इस कथन के व्यावहारिक निदर्शन हैं। निराला की निर्माण-क्षमता पर उनके जीवनी-लेखक और निराला-साहित्य के अधिकारी विद्वान् डॉ० रामविलास शर्मा ने यह टिप्पणी की है : 'धातु-प्रत्यय के अनोखे संबंध जोड़कर वह (निराला) नये अर्थ ही न निकालते थे, वह ऐसे अद्भुत ढंग से समास-रचना करते थे कि उनके संस्कृतज्ञ मित्र उमाशंकर वाजपेयी सिहर उठते थे।'[1] विवेचन के इस बिन्दु पर यह भी अनदेखा नहीं किया जा सकता कि निराला की क्लैसिकल काव्य-रचना में पाई जानेवाली दुरूहता, जिसे बहुत जगह अर्थ-सघनता कहना उपयुक्त होगा,

---

१. निराला की साहित्य-साधना, खण्ड १, पृ० २७३।

किसी सीमा तक लम्बे-लम्बे, जटिल समास-पदों के कारण है। 'गीतिका' के गीत इस प्रसंग में दर्शनीय हैं।

तत्सम शब्दावली का कुशल प्रयोगकर्त्ता जिस आत्मविश्वास और खुलेपन के साथ, युग-संपृक्ति का संकेत देता हुआ, तद्भव शब्दों को प्रश्रय देता है, वह उसकी काव्यभाषा के लचीलेपन का परिचायक है। इसी मोड़ पर आकर निराला छायावादी काव्यभाषा की सीमा बनाकर स्वयं उसे लाँघ जाते हैं। यों तो 'कुकुरमुत्ता' से इस तद्भवप्रियता की व्यवस्थित शुरुआत होती है, पर तद्भवों के प्रति कवि का झुकाव और उनका फुटकल रूप में रचनात्मक उपयोग करने की प्रवृत्ति पूर्ववर्ती कविताओं—'मित्र के प्रति', 'सरोज-स्मृति' आदि में देखी जा सकती है। आगे चलकर 'अर्चना', 'आराधना', 'गीतगुंज' के गीतों में कवि ने तद्भव शब्दावली पर आधारित काव्यभाषा का बहुत प्रांजल, सुकुमार और जीवंत रूप प्रस्तुत किया है।

निराला की एक विशेषता, जो उन्हें अन्य छायावादी कवियों से अलग करती है, यह है कि उन्होंने शब्द के बजाय शब्द-प्रयोग-विधि को अधिक महत्त्व दिया है, जिसका सबसे अच्छा प्रमाण उन अंशों में देखा जा सकता है, जहाँ वे तत्सम शब्दों के बीच में निस्संकोच भाव से तद्भव शब्दों की विन्यस्ति कर देते हैं। तत्समों के बीच में पड़ा हुआ तद्भव शब्द अपनी विशिष्ट अर्थवत्ता रखता है। 'राम की शक्ति-पूजा' के आरंभिक अंश में 'हूह' प्रयोग देखा जा सकता है—

राक्षस विरुद्ध प्रत्यूह—क्रुद्ध कपि विषम-हूह।

परवर्त्ती गीतों में कवि ने तत्सम-तद्भव का और भी व्यापक तथा सर्जनात्मक ढंग से सहज संबंध स्थापित किया है। यह प्रवृत्ति दो रूपों में है—एक है तत्सम संज्ञाओं, विशेषणों के बीच में तद्भव क्रियाओं की साहसिक विन्यस्ति। 'आराधना' के प्रथम गीत 'पद्मा के पद को पाकर हो' के तत्सम रचना-विधान की अंतिम चार पंक्तियों में क्रियाएँ देखने योग्य हैं :—

मेरी अलक धूलिपग पोंछे,
श्रम शरीर का पलक अँगोछे
उठे ऊर्ध्व मन से ओंछे
मिले निलय में एक प्रकर दो।

एक अन्य गीत 'नाचो हे, रुद्रताल' की दूसरी पंक्ति 'आँचो जग ऋजु-अराल' में भी तत्सम विशेषणों और तद्भव क्रिया 'आँचो' की टकराहट हुई है और इस टकराहट से निखर कर 'आँचो' प्रयोग सचमुच आँचने लगता है। 'अर्चना' के जागरण गीत 'तिमिर-दारण मिहिर दरसो' के भव्य संस्कारनिष्ठ विधान में

'दरसो', 'परसो', 'बरसो', 'हरसो' जैसी ठेठ क्रियाओं की सहज प्रतिष्ठापना द्रष्टव्य है। क्रिया-पदों का रचनात्मक प्रभाव संज्ञा-पदों की अपेक्षा दूरगामी होता है, उसमें एक सूक्ष्म खुलापन अधिक रहता है। क्रियापदों में तद्भव शब्दावली का प्रयोग जैसे तत्सम नामवाची शब्दों की तुलना में तद्भव क्रिया की श्रेष्ठता की ओर संकेत करता है। 'आराधना' के प्रसिद्ध गीत 'हिम के आतप के तप झुलसो' में जागरण का संदेश तत्सम संज्ञा, विशेषणों और तद्भव क्रियाओं के साहचर्य में बड़ा प्रभविष्णु हो गया है। कुछ पंक्तियाँ उदाहरण-स्वरूप द्रष्टव्य हैं :—

भीगे कठिन धरा निष्पावन,
चले चतुर्दिक हल अभिभावन,
बोये बीज सीझ कर उलसो।

'गीतगुंज' के आवृत्ति-परक गीत 'जिधर देखिये श्याम विराजे' में और भी घरेलू क्रियाओं 'गाजे', 'साजे', 'माँजे', 'आँजे', 'निवाजे', 'सवाजे' का प्रयोग किया गया है। तत्सम संज्ञा और तद्भव क्रिया का यह आमना-सामना निराला की काव्यभाषा में शक्ति के एक मौलिक उत्स की ओर संकेत करता है। तत्सम-तद्भव के मेल का दूसरा रूप 'राम की शक्ति-पूजा' के 'हूह' की तरह है। तत्सम पदों की सांस्कारिकता से युक्त गीत में एक मामूली से लगनेवाले, एकदम घरेलू पर वस्तुतः बड़े अर्थक्षम तद्भव शब्द का प्रयोग देखने योग्य है। 'बेला' के ७८वें गीत का प्रारंभिक अंश इस तरह है :—

मिट्टी की माया छोड़ चुके
जो, वे अपना घर फोड़ चुके।
जग की सुदूरता से ऊँचे
जीवन के क्षण अब हैं छूँछे,
आकर्षण के अभियानी के
गतिक्रम को जब वे तोड़ चुके।

आत्मिक मुक्ति की स्थिति के अंकन में परिनिष्ठित शब्दावली के बीच 'छूँछे' की सामान्य प्रकृति सचमुच जीवन के क्षणों का छोटापन, ऊनापन उजागर कर देती है। 'छूँछे' जैसे ग्रामीण और इसीलिए काव्यशास्त्रीय दृष्टि से वर्जित तथा उपेक्षित शब्द की काव्यात्मक क्षमता यहाँ इतनी अधिक है कि उसकी टक्कर में सारे परिनिष्ठित शब्द फीके पड़ जाते हैं। 'कुकुरमुत्ता' और 'नये पत्ते' के ठेठ देहाती वातावरण में देशज, भदेस शब्दों की काव्यात्मक विन्यस्ति अपनी सारी

अर्थवत्ता के बावजूद बहुत साहसिक नहीं लगतीं (यद्यपि दूधनाथ सिंह ने 'कुकुरमुत्ता' की भूमिका में इन उपेक्षित शब्दों के कुशल उपयोग के लिए निराला की बहुत सराहना की है), क्योंकि वहाँ तो संवेदना ही एकदम घरेलू है, जनपदीय है; किन्तु परवर्ती गीतों के इन उद्धरणों में संस्कारशील वातावरण के बीच बड़े बेलाग भाव से सृजन के स्तर पर ठेठ ग्रामीण शब्दों का प्रयोग उपलब्धि की दृष्टि से अधिक महत्त्वपूर्ण है।

'आराधना' के एक प्रौढ़ गीत 'तुमसे लाग लगी जो मन की' का उल्लेख किये बिना तत्सम-तद्भव के मेल से रचित काव्यभाषा का अध्ययन अधूरा ही रहेगा—

तुम से लाग लगी जो मन की
जग की हुई वासना बासी।
गंगा की निर्मल धारा को
मिली मुक्ति, मानस की काशी।

अघोषित तद्भवता की ओर कवि का सहज झुकाव यहाँ द्रष्टव्य है, जिसके फलस्वरूप वह 'स्नेह', 'प्रेम', 'लगन' के बजाय एकदम घरेलू शब्द 'लाग' का प्रयोग करता है और उसके माध्यम से गीत के अनुभव को अधिक आत्मीय बनाता है। 'वासना' के साथ 'बासी' का प्रयोग बिलकुल नया है। कवि इस ढंग से नहीं कहता कि वासना नष्ट हो गई, मन उपराम हो गया; वह कहता है वासना बासी हो गई। कहने का यह खास ढंग भाषा की काव्य-मुक्ति को सम्भव बनाता है। 'वासना' में उद्दाम आकर्षण है और 'बासी' में है घोर उपराम। 'बासी' की निपट घरेलू अर्थ-छायाएँ-अनुपयोगिता, शोभाहीनता, गंदगी तत्सम 'वासना' के सारे आकर्षण को एक खास किस्म की 'ऊब' में बदल देती हैं और जग-वासना से मन के उपराम होने की स्थिति में इस ऊब के सन्निवेश के कारण सामान्य निवृत्तिपरक गीतों की तथ्यात्मक रूक्षता से अलग, इस गीत की अनुभव समृद्धि विकसित होती है। इस तरह 'बासी' कोई 'काशी' के तुक के लिए नहीं प्रयुक्त हुआ है, वरन् सही अर्थों में रचनाशील कवि 'बासी' की ठेठ गद्यात्मक अर्थ-छायाओं से गहरी काव्यात्मक संभावनाएँ उद्‌भूत करता है। कविता में शब्दों के गद्य-कल्प चयन को डी० जी० जेम्स ने एक रचनात्मक आवश्यकता के रूप में देखा है—'इसके विपरीत, महान् कवि सबसे गहरे काव्यात्मक प्रभाव के लिए सर्वाधिक गद्यात्मक शब्दों का अक्सर उपयोग करता है। मैं समझता हूँ, एक महान् कवि इतनी दूरी तक शब्दों के कभी भी अधीन नहीं होता, जिससे कि वह किसी शब्द को अपने

कल्पनात्मक संप्रेषण के लिए साधन बनाने में असमर्थ पाए।'[1]

संज्ञा के अतिरिक्त क्रियाओं की बारीक पहचान के निराला की कविताओं से अनेक उदाहरण रखे जा सकते हैं। पहला उदाहरण 'राम की शक्ति-पूजा' का है—

है अमा निशा; उगलता गगन घन अंधकार;

यहाँ दैत्य के रूप में परिकल्पित गगन का चित्र है। 'उगलता' में वमन क्रिया की व्यंजना है, जैसे गगन अपने अन्दर घन अंधकार को आत्मसात् न कर पाने की असमर्थता-स्वरूप उसे पृथ्वी पर उगल दे रहा है। ऐसा लाक्षणिक क्रिया-प्रयोग एक अमूर्त्त-भयावह बिंब की सृष्टि करता है। एक दूसरा और सुकुमार उदाहरण इसी कविता के निम्न अंश में देखा जा सकता है—

लख शङ्काकुल हो गये अतुल-बल शेष-शयन
खिच गये दृगों में सीता के राममय नयन।

'अतुल-बल-शेष-शयन' राम देवी की भीमामूर्ति से आशंकित हो जाते हैं, उसी समय उनके नेत्रों में प्रिया सीता के 'राममय नयन' खिंच जाते हैं। यहाँ 'खिंच गये' क्रिया में जो एक बंकिम काव्यात्मकता है, चित्रांकन का भाव है, वह भयावहता को पीछे कर एक सुकुमार परिवेश की सृष्टि करता है। 'सुमन भर न लिये' गीत ('परिमल') में कवि ने क्रिया प्रयोग में बहुत विशिष्ट जीवन रस भर दिया है—

सुमन भर न लिये
सखि, वसंत गया

सुमन चुने जाते हैं, भरे नहीं। किन्तु यहाँ 'भरना' प्रयोग से 'सुमन' की अर्थवत्ता, उसकी अनेक अर्थ-स्तरीय शक्ति व्यंजित होती है। कवि इस क्रिया-प्रयोग द्वारा मनुष्य की भूल और मानवीय जीवन की बेबसी की ओर संकेत करता है, सुमन चुनने नहीं थे, भरने थे; उनसे अपना जीवन सार्थक करना था, पर समय रहते ऐसा न किया गया। सुमन इस रूप में फूल मात्र न रहकर सम्पूर्ण जीवन की सार्थकता का प्रतीक हो जाता है। 'जुही की कली' में 'झकझोरना' क्रिया उद्दाम संवेदना निर्मित करती है—

---

1. On the contrary, the great poet frequently uses the most prosaic words for the most powerful poetic effects. The great poet is never, I think, controlled by words to such an extent as to find any words incapable of becoming vehicles for his imaginative communications. (Scepticism and Poetry)—D. G. James : page 94.

निर्दय उस नायक ने
निपट निठुराई की
कि झोंकों की झड़ियों से
सुंदर सुकुमार देह सारी झकझोर डाली।

'झकझोर' जैसा ठेठ, ध्वन्यात्मक क्रिया-प्रयोग मलयानिल के रूप में पुरुष की तीव्र-प्रखर वासना, दुर्निवार उत्तेजना की सटीक अभिव्यक्ति करता है। कोमल संदर्भों में ऐसे ठेठ क्रिया-प्रयोगों की नियोजना निराला के साहसिक काव्य-व्यक्तित्व की सूचक है। त्वरा और घबराहट की स्थिति के अंकन में कई क्रियाओं का पूर्वापर प्रयोग निराला की भाषा-संबंधी विशेषताओं में परिगणित हो सकता है, जैसे 'शक्ति-पूजा' में राम की यह उद्विग्नता और कम्पन—

पश्चात् देखने लगीं मुझे बँध गये हस्त,
फिर खिंचा न धनु, मुक्त ज्यों बँधा मैं हुआ त्रस्त।

यहाँ दो पंक्तियों में पाँच क्रियाओं—'देखने लगीं', 'बँध गये', 'खिंचा', बँधा', 'हुआ त्रस्त'—की नियोजना राम की विचलित अस्त-व्यस्त मनःस्थिति से अभिन्न रूप में संबद्ध है।

काव्यभाषा के प्रमुख विधायक तत्त्व बिंब का बहुत कुशल और भरपूर प्रयोग निराला के आरम्भकालीन क्लैसिकल काव्य में हुआ है। इस दृष्टि से उनकी स्थिति अपने सहयोगी और बिंबों के मँजे प्रयोगकर्त्ता जयशंकर प्रसाद से थोड़ी भिन्न है। जटिल-संकुल मानवीय वृत्तियों के संश्लिष्ट अंकन में प्रसाद की बिंब-रचना बहुत सूक्ष्म और सुकुमार है, और यहीं पर बाह्य सावधानी और सज्जा से उदासीन प्रसाद की काव्यभाषा समीक्षक के लिए विशेष महत्त्वपूर्ण हो जाती है। निराला में प्रसाद की तरह बिंबों के बहुरूपी प्रयोग तो नहीं हैं, पर अपनी विराट् बिंब-योजना में शक्ति-उपासक कवि समूचे हिंदी-काव्य में अतुलनीय है। इस प्रसंग में निराला के 'बादल-राग' की विराटता दर्शनीय है, खास तौर से वह अंश बहुत महत्त्वपूर्ण है, जिसमें कवि बादलों को रणतरी का रूपक देता है—

तिरती है समीर-सागर पर
अस्थिर सुख पर दुःख की छाया
जग के दग्ध हृदय पर
निर्दय विप्लव की प्लावित माया—
यह तेरी रणतरी
भरी आकांक्षाओं से
धन..............

यहाँ बादल के रूप में रणतरी की परिकल्पना क्रान्ति के लिए विकल कवि-मानस को उभारती है। विराट् बिंब का दूसरा और निराला काव्य में बेजोड़ उदाहरण 'राम की शक्ति-पूजा' का यह अंश है—

दृढ़ जटा-मुकुट, हो विपर्यस्त, प्रतिलट से खुल
फैला पृष्ठ पर, बाहुओं पर, वक्ष पर विपुल
उतरा ज्यों दुर्गम पर्वत पर नैशांधकार
चमकती दूर ताराएँ ज्यों हों कहीं पार।

राम के दृढ़ जटा-मुकुट विपर्यस्त होकर, प्रतिलट से खुल पृष्ठ, बाहुओं और वक्ष पर फैल गये हैं, जो प्रकारान्तर से राम की मानसिक पराजय और अस्त-व्यस्तता के परिचायक हैं। ऐसे द्विधा-ग्रस्त राम की घोर निराशा और उसमें निहित हल्की आशा को कवि ने क्रमशः दुर्गम पर्वत पर उतरते हुए विपुल नैशांधकार और दूर कहीं पार चमकती ताराओं के बिंब में अंकित किया है। दुर्गम पर्वत, विपुल नैशांधकार और दूर चमकती ताराएँ महत्त्वाकांक्षी मानस की बेचैनी और क्षीण आशा को पूरी काव्यात्मक गरिमा के साथ अभिव्यक्ति देती हैं।

सुकुमार प्रसंग में नियोजित विराट् बिंब की दृष्टि से 'सरोज-स्मृति' कविता का यह अंश उद्धृत किया जा सकता है—

क्या दृष्टि! अतल की सिक्त-धार
ज्यों भोगावती उठी अपार।
उमड़ता ऊर्ध्व को कल सलील
जल टलमल करता नील-नील
पर बँधा देह के दिव्य बाँध
छलकता दृगों से साध-साध।

अपने यौवन की अनुभूति से उत्पन्न उल्लास और लज्जा की विरोधी तथा साथ ही स्वाभाविक स्थिति को पुत्री सरोज की दृष्टि-अंकन में कवि ने संस्पर्श किया है। अपार भोगावती (पाताल गंगा) की ऊर्ध्व की ओर संवेग उमड़न, किन्तु पृथ्वी की एक निश्चित सीमा-रूपी बाँध का बंधन—यह है विराट् प्राकृतिक सत्य, जिसे कवि ने अनजाने हर्ष और लज्जा से परिपूर्ण तारुण्य की मनःस्थिति से जोड़ दिया है।

यों पर्वत में पार्वती-रूप की कल्पना (राम की शक्ति-पूजा—'देखो बन्धुवर, सामने स्थित जो वह भूधर'), पत्नी रत्नावली के रूप में शारदा की काल्पनिक अवतारणा (तुलसीदास—'देखा शारदा नील वसना') जैसे अंश विराट् बिंबों की कोटि में बड़ी आसानी से परिगणित किये जा सकते हैं, किन्तु उनमें एक उदात्त-

पूत भाव के अलावा कोई द्वन्द्वात्मक मनःस्थिति, जटिल मानसिकता नहीं उभारी गई है। इसलिए इन बिंबों में विराटता है, पर जटिलता नहीं।

वस्तु और बिंब का पारस्परिक संघटन निराला के अनेक बिंब-प्रयोगों में देखा जा सकता है। काव्यभाषा की द्रवणशीलता ऐसे प्रयोगों में खासतौर से उभरती है। 'राम की शक्ति-पूजा' और 'सरोज-स्मृति' के प्रायःविश्लेषित अंश इस प्रसंग में भी उल्लेखनीय हैं। दुर्गम पर्वत पर उतरता हुआ नैशांधकार राम की शारीरिक और मानसिक स्थिति से बहुत स्वाभाविक रूप में जुड़ जाता है और वर्णन की भाषा में संक्रमित होकर वस्तु और बिंब की समरसता प्रस्तुत करता है। ऐसे संघटित बिंब-प्रयोगों में प्रस्तुत-अप्रस्तुत के द्वैत का निरसन अनिवार्य परिणति के रूप में समझना चाहिए। यौवन के परिज्ञान से सरोज के दृगों में छलकते उल्लास और भीतर छिपी लज्जा की दुहरी अवस्थिति को अपार भोगावती के बिंब में कवि ने संगुम्फित कर दिया है और वर्णन में बहुत दूरी तक जाकर यह बिंब सरोज को सूक्ष्मस्थिति से एकरूप हो जाता है। वर्ण्य और उसके बिंब की संपृक्ति के प्रसंग में कला-प्रयास और सहजता का बहुत संक्षिप्त उदाहरण 'तुलसी-दास' की इस पंक्ति में द्रष्टव्य है—

बोली भाभी, लाना कुंकुम शोभा को।

बिलकुल बोलचाल के स्तर पर प्रयुक्त हुआ रत्नावली के लिए कुंकुम शोभा का यह बिंब उसके सौभाग्य, सौंदर्य और गौरव को हल्के से उभारता है।

बिंब-विधान के परंपरित उपकरणों को लेने के बावजूद संदर्भ का नयापन उन्हें अभूतपूर्व ताज़गी से भर देता है। निराला काव्य में इसके प्रचुर उदाहरण हैं। हिंदी काव्य परंपरा में 'शतदल' एक बहुप्रयुक्त अप्रस्तुत है, किन्तु अपनी युवा-कन्या की मृत्यु से संतप्त कवि की विचलित मनःस्थिति के अंकन में वह भाषा को नई दीप्ति देता है। यहाँ वह 'तुलसीदास' काव्य का निश्चल प्राण शतदल (मुँदा हुआ कमल) नहीं है, शीत का विनष्ट शतदल है—

हो इसी कर्म पर वज्रपात्
यदि धर्म रहे नत सदामाथ
इस पथ पर, मेरे कार्य सकल
हों भ्रष्ट शीत के से शतदल।

कवि अपनी क्षुब्ध मनःस्थिति में व्यर्थ प्रतीत होने वाले कार्यों के भ्रष्ट होने की कामना करता है—वे ठीक उसी तरह भ्रष्ट हो जाएँ, जैसे शीत के शतदल नष्ट-प्राय हो जाते हैं। निस्सार लगने वाले कार्यों के प्रति विक्षोभ और आत्मविश्वास-हीनता के भावों को संवेद्य बनाने के लिए शीत के शतदल का बिंब नया और

सटीक है। 'प्रेयसी' कविता में प्रिय की निरलस दृष्टि का अंकन बिंब योजना के परंपरित उपकरणों पुष्प, सूर्य-किरण को लेने के बावजूद ताज़गी से भरपूर है :

कैसी निरलस दृष्टि !
सजल शिशिर-धौत पुष्प ज्यों प्रात में
देखता है एकटक किरण-कुमारी को

इस ताज़गी का एक कारण तो पुष्प के साथ एक भरे-पूरे वातावरण की विन्यस्ति है। पुष्प शिशिर-धौत हैं, प्रातःकाल का समय है। ये दोनों तत्त्व आलस्य-शून्य दृष्टि को संवेद्य बनाते हैं। फिर शिशिर-धौत पुष्प के किरण कुमारी को एकटक देखने की प्रक्रिया में कवि प्रिय की निरलस दृष्टि में निहित ताज़गी, तल्लीनता, मुग्धता को संश्लिष्ट रूप में छूता है।

बिंबेतर प्रयोगों के माध्यम से भी काव्य-रूढ़ि तोड़ने की कोशिश निराला की काव्यभाषा को ऊर्जा प्रदान करती है। 'गीतिका' का आमुख गीत द्रष्टव्य है—

हूँ दूर—सदा मैं दूर।
कल्लोलिनी-कला-जल-कलरव,
सुमन-सुरभि समीर सुख अनुभव
कुमुद-किरण-अभिसार-केलि नव
देख रहा तू भूल शूर।
हूँ दूर-सदा मैं दूर।

यहाँ 'कल्लोलिनी-कला-जल-कलरव', 'सुमन-सुरभि', 'कुमुद-किरण-अभिसार' जैसे प्रयोग छायावाद की शब्द-रूढ़िक्रम के हैं। आत्मिक मुक्ति के संदर्भ में ऐसे रूढ़ प्रतीकों और शब्दों को कवि नये अनुषंगों से संपृक्त कर देता है। छायावादी काव्य में ये शब्द उल्लास, उन्माद, स्वच्छंदता, उन्मुक्तता के प्रतीक रूप में प्रयुक्त हुए हैं; किन्तु निराला इस कविता में इन शब्दों को तुच्छता, हल्केपन के अर्थ में स्थान देते हैं। आगे की पंक्तियाँ इस संदर्भ में देखी जानी चाहिए—'देख रहा तू भूल-शूर।' कवि ठंडे व्यंग्यात्मक लहज़े में (जो ग़ैर-रोमाण्टिक कविता का गुण है) उन्मुक्त उल्लास के अंकन के लिए छायावादी कवियों द्वारा प्रयुक्त 'सुमन-सुरभि', 'कुमुद-किरण-अभिसार केलि' जैसे शब्दों को जीवन की व्यर्थता के रूप में परिकल्पित करता हुआ हल्का तिरस्कार करता है। काव्य-रूढ़ शब्दों को ऐसे नये संदर्भ से निखारने की प्रक्रिया सही अर्थों में सर्जनात्मक काव्यभाषा की प्रतिनिधि विशेषता है।

काव्य-रूढ़ि तोड़ने का दूसरा ढंग वह है, जिसमें कवि एक रूढ़ शब्द को लेकर उसके निकट एक ताज़ा शब्द रख देता है, जिसके आलोक में वह रूढ़ शब्द नवीकृत

हो उठता है। 'गीतिका' के 'स्पर्श से लाज लगी' गीत की यह पंक्ति द्रष्टव्य है—

प्रेम-चयन के उठा नयन नव

शरीरोल्लास के अंकन में नेत्रों की सुकुमार क्रिया का कवि संकेत देता है। प्रिया के नयनों के लिए वह छायाबादी काव्य में बार-बार आने वाले 'नव' जैसे प्रचलित शब्द को विशेषण रूप में प्रयुक्त करता है और यह 'नव' विशेषण आश्चर्य-जनक रूप से नयनों को 'नवीनता' प्रदान करता है, जबकि एक काव्य-रूढ़ शब्द होने की हैसियत से उसको एक भाव-रूढ़ि मात्र जाग्रत करनी चाहिए थी। इस नवीनता के मूल में है—'प्रेम-चयन' का शब्द-विन्यास और उसमें अनुस्यूत ताज़गी। प्रिया के नयन प्रेम-चयन करने वाले हैं, प्रेम को चुनने के लिए तत्पर हैं, अत: शरीर-सुख की इस स्थिति में वे 'नव' प्रतीत हो रहे हैं। यहाँ यह संकेत देना संगत रहेगा कि निराला की तरह प्रसाद की कविता में भी छायावाद की शब्द-रूढ़ि-क्रम के प्रयोग (जैसे 'मधु', 'मलयज', 'शिशिर', 'शिरीष', 'लहर') आचार्य रामचन्द्र शुक्ल के मधु-चर्या वाले आरोप के बावजूद एक नई संवेदना से परिपूर्ण हो जाते हैं, प्रसाद की विशिष्ट वैयक्तिकता, उनका आत्म-मंथन उनसे एकरूप हो जाता है।

अपनी काव्यभाषा की प्रक्रिया में कई बार कवि रूढ़ि को विपरीत प्रयोग या 'कंट्रास्ट' से तोड़ता है, जैसे 'आराधना' के प्रस्तुत गीत में—

तुम से लाग लगी जो मन की
जग की हुई वासना बासी,

'वासना बासी' के इस प्रयोग में तत्सम-तद्भव का रचनात्मक मेल अर्थ की दो विपरीत दिशाओं की ओर एक साथ उन्मुख होता है। 'वासना' के आभिजात्य में जहाँ आकर्षण है, वहाँ 'बासी' के ठेठ रूप में उपराम की अवस्थिति है। 'वासना' के साथ 'बासी' जैसा यह नया और साहसिक प्रयोग कवि की पूरी मान-सिकता को (जो इस गीत में उभरी है), 'वासना' शब्द के परंपरित संस्कार को एक नयी दिशा में मोड़ देता है, जहाँ कोरी निवृत्ति के बजाय एक विशिष्ट ढंग की उदासीनता की अवस्थिति है।

इसी तरह कभी कवि एक परंपरित तत्त्व को संवेदना और अभिव्यक्ति के स्तर पर लेने के बावजूद उसमें नवोन्मेष भर देता है। 'बेला' का ७८वाँ गीत द्रष्टव्य है :—

मिट्टी की माया छोड़ चुके
जो, वे अपना घट फोड़ चुके।

नभ की सुदूरता से ऊँचे
जीवन के क्षण अब हैं छूँछे
आकर्षण के अभियानी के
गतिक्रम को जब वे तोड़ चुके।

सांसारिक माया से निरासक्त मानस के अंकन में नवीनता का एक कारण प्रथम दो पंक्तियों का वाक्य-विन्यास है। कवि ने पहले तो मिट्टी की माया छोड़ चुकने का उल्लेख किया है, फिर अपना घट फोड़ने की बात कही है। जिसे मिट्टी में कोई आकर्षण नहीं महसूस होगा, वह स्वभावतः अपना घट फोड़ देगा। घट फोड़ने में शारीरिक मोह-माया से उपराम होने का कलात्मक संकेत है। मध्यवर्ती दो पंक्तियाँ परस्पर अर्थगत 'कंट्रास्ट' से आत्मिक मुक्ति के अंकन में जीवन्तता की सृष्टि करती हैं। मुक्त मानस ऊँचाई में नभ की दूरी का भी अतिक्रमण कर गया है ('नभ की सुदूरता से ऊँचे'), फलतः जीवन के क्षण उसे अब छूँछे लगने लगे हैं ('जीवन के क्षण अब हैं छूँछे')। एक ओर आत्मिक मुक्ति की नभ से अधिक ऊँचाई है, दूसरी ओर जीवन के क्षणों का मामूलीपन है। मुक्त मानस कब नभ की सुदूरता से ऊँचा होता है और जीवन के क्षणों का छोटापन महसूस करता है, इसका संकेत आगे की पंक्तियों में है—

आकर्षण के अभियानी के
गतिक्रम को जब वे तोड़ चुके।

अभियानी का यह चित्र नभ की सुदूरता से ऊँची स्थिति के अंकन में नया और साथ ही समीचीन है। आकर्षण के अभियानी के गतिक्रम को तोड़ने पर यानी आकर्षण जाल को छिन्न-भिन्न करने पर जीवन के क्षणों का 'छूँछा' रूप आभासित होने लगता है। निराला का अपनी कविताओं में लय और विराम पर सधा हुआ अनुशासन है। हिंदी भाषा की सांगीतिक संभावनाओं के दूरगामी विस्तार में, मँजी हुई गीत-रचना में लय और विराम का सूक्ष्म और सुकुमार कौशल कवि ने प्रस्तुत किया है। लय के विविध उपयोग की दृष्टि से उनकी अनेक कविताएँ और गीत लिये जा सकते हैं। 'परिमल' का 'शेष' गीत दो लय-गतियों की टकराहट से भाषा को लचीली बनाता है और जीवनानुभूति को गहरे रंग देता है—

सुमन भर न लिये
सखि, वसंत गया।
हर्ष-हरण-हृदय
नहीं निर्दय क्या ?

मानवीय जीवन की विडंबना, लाचारी और अस्थिरता पर बसंत के आ कर लौट जाने के रूप में गहरा पश्चाताप किया गया है। इस जटिल मनःस्थिति को संवेद्य बनाने के लिए कवि लय का मौलिक रीति से निर्माण करता है। छोटी-छोटी पंक्तियाँ और उनमें निहित ठहराव से निर्मित लय बेचैनी और कदर्थना की संवेदना से एकरूप हो जाती है। गीत के अंत में लय का परिवर्तित रूप मिलता है—

याद थी आई
एक दिन जब शांत
वायु थी, आकाश
हो रहा था क्लांत,
ढल रहे थे मलिन-मुख रवि, दुख-किरण
पद्म-मन पर थी, रहा अवसन्न वन,
देखती वह छवि खड़ी मैं, साथ वे
कह रहे थे हाथ से यह हाथ ले—
"एक दिन होगा
जब न मैं हूँगा
हर्ष-हरण-हृदय
नहीं निर्दय क्या ?"

बाद की पंक्तियों की अपेक्षाकृत दीर्घता में एक प्रकार की करुणा, ढीलापन और ख़ामोश उदासी आ गई है। कवि ने सूर्यास्त के चित्र में प्रेयसी के जीवन के सूनेपन और संसार की अनित्यता की सूक्ष्मता और मार्मिकता के साथ नियोजना की है।

'विधवा' कविता में विधवा की मूक-असहाय मूर्ति के अंकन में काफ़ी दूर तक एक-सी वर्णनात्मकता चलती है, जैसे—

वह इष्टदेव के मंदिर की पूजा-सी
वह दीपशिखा-सी शांत, भाव में लीन,

लेकिन कविता के अंत तक आते-आते कवि के मानस में विधवा के एकांत दुःखमय जीवन के प्रति इतनी निकट सहानुभूति उद्भूत हो जाती है कि कविता की लय भी बदल उठती है, अब नमित, उदास, मार्मिक :

कौन उसको धीरज दे सके ?
दुःख का भार कौन ले सके ?

यह दुःख वह जिसका नहीं कुछ छोर है
दैव, अत्याचार कैसा घोर और कठोर है !
क्या कभी पोंछे किसी के अश्रु-जल ?
या किया करते रहे सब को विकल ?
ओसकण-सा पल्लवों से झर गया
जो अश्रु, भारत का उसी से सर गया।

छायावादी युग के प्रारंभ में लिखी गई ये कविताएँ इस बात की ओर संकेत करती हैं कि इन कवियों ने खड़ीबोली पर आधारित काव्यभाषा में लय और संवेदना का निकटतम संबंध स्थापित करने की कोशिश की। स्पष्ट ही खड़ी बोली के परिष्कार में यह पहला महत्त्वपूर्ण क्रम था। मुक्त छंद की रचना में लय पर सधा हुआ अधिकार निराला की खास विशेषता है, जिसका बढ़िया उदाहरण उनकी प्रथम प्रकाशित रचना 'जुही की कली' है। 'स्नेह-स्वप्न-मग्न', 'अमल-कोमल-तनु-तरुणी' जुही की कली का अंकन आरंभ में अलसाई लय के माध्यम से हुआ है—

विजन-वन-वल्लरी पर
सोती थी सुहाग भरी
स्नेह-स्वप्न-मग्न अमल-कोमल तनु तरुणी
जुही की कली,

ऐसी सुकुमारी प्रिया की बहुत मादक स्मृति दूर देश गए पवन के मानस में उभरती है। यह मादक स्मृति बदलती हुई तेज़ लय में साकार हो उठी है—

आई याद बिछुड़न से मिलन की वह मधुर बात,
आई याद चाँदनी की धुली हुई आधी रात,
आई याद कांता की कंपित कमनीय गात,

'मैं अकेला', 'स्नेह निर्झर बह गया है' जैसी रचनाओं में कवि ने अंतर्मन की थकावट और विषाद को लय की एक अलग विशिष्ट बनावट में अभिव्यक्त किया है। इस भावभूमि की कविता 'भग्न तन रुग्णमन' (आराधना) लय की एकात्मता और खामोशी की दृष्टि से कवि के 'भग्न तन रुग्ण मन' का मार्मिक साक्षात्कार संभव करती है। इस संदर्भ में लय के जटिल रचाव का कदाचित् सब से अच्छा उदाहरण 'अनामिका' का 'मरण-दृश्य' गीत है, जिसमें कवि सर्वथा मौलिक लयात्मक उद्भावना के माध्यम से भाषा को गतानुगतिकता से मुक्त करता है। एक अंश प्रस्तुत किया जा रहा है—

विश्व सीमाहीन;
बाँधती जातीं मुझे कर कर;
व्यथा से दीन!
कह रही हो—"दुःख की विधि—
यह तुम्हें ला दो नयी निधि
विहग के वे पंख बदले—
किया जल का मीन;
मुक्त अम्बर गया, अब हो
जलधि-जीवन को!"

विराम की सुकुमार और सतर्क विन्यस्ति निराला की काव्यभाषा की एक सूक्ष्म विशेषता है, जिसका लयधर्मी कवि को पूरा ध्यान रहा है। 'स्नेह-निर्झर बह गया है' गीत का यह अंश उल्लेखनीय है—

आम की यह डाल जो सूखी दिखी,
कह रही है—"अब यहाँ पिक या शिखी
नहीं आते, पंक्ति मैं वह हूँ लिखी
नहीं जिसका अर्थ—
जीवन दह गया है।"

यहाँ 'नहीं आते' और 'पंक्ति मैं वह हूँ लिखी' के बीच का अंतराल कितनी काव्यात्मक सार्थकता से परिपूर्ण है, यह देखने योग्य है। आम की डाल के मन में अपनी अनुपयोगिता, शोभाहीनता, निरुद्देश्यता के एहसास से उत्पन्न मार्मिक पीड़ा को बीच का यह विराम रचनात्मक अभिव्यक्ति देता है। ऐसे सुकुमार और सूक्ष्म कलात्मक संकेतों को उनकी पूरी अर्थवत्ता में परखने के लिए यह आवश्यक हो जाता है कि पाठक की अपनी मानसिक प्रक्रिया भी किसी सीमा तक कवि जैसी संवेदनशील हो, अन्यथा जल्दी पकड़ में न आनेवाली ऐसी सूक्ष्म कला-चेष्टाओं में निहित कविता की रचना-क्षमता का पूरा उद्‌घाटन नहीं हो पाता।

अपने निर्वासन से उपजी वेदना और रचनात्मक व्यक्तित्व के एहसास से प्राप्त तोष की दुहरी मनःस्थिति को 'बेला' के ३८वें गीत में अर्द्ध-विराम ने विशेष रूप से संवेद्य बना दिया है—

बाहर मैं कर दिया गया हूँ। भीतर, पर, भर दिया गया हूँ।

ख़ास तौर से यहाँ 'भीतर' और 'पर' के बाद के अर्द्ध-विराम भरे जाने की सुखानुभूति को अतिशय सुकुमार रीति से रूपायित करते हैं।

बिंब और वस्तु के संघटन की तरह ही निराला ने अलंकार को भाषा में

पर्यवसित करने की कोशिश की है, जिसके फलस्वरूप वह कविता में ऊपरी सज्जा के रूप में न रहकर भाषा के साथ घुल-मिल जाता है। इस प्रक्रिया को भाषिक वर्णन में बिंब के पर्यवसान की प्रवृत्ति के समानान्तर रखने से यह तात्पर्य नहीं है कि यह बिंब की घुलनशील स्थिति की तरह ही कविता को अर्थ-समृद्धि प्रदान करती है। वस्तुतः जीवन-स्थितियों को उनके संश्लिष्ट रूप में साक्षात्कृत करने की महत्त्वाकांक्षी कोशिश में बिंब-प्रक्रिया की विशिष्टता बिलकुल अकेली और अलग है। शाब्दिक अलंकरण का प्रयोग आधुनिक कवि कला-प्रयास और सहजता का मेल दिखाने के लिए करता है। खासतौर से परवर्ती गीतों में निराला ने इस तरह के अनेक दक्ष प्रयोग किये हैं, जिसका बढ़िया उदाहरण 'भग्न तन रुग्ण मन' (आराधना) गीत के निम्न अंश में देखा जा सकता है—

चलता नहीं हाथ,
कोई नहीं साथ,
उन्नत, विनत माथ,
दो शरण, दोषरण।

कुशल कवि दीनता और अनुनय की सीधी-सादी भावभूमि में भी कितनी अघोषित कला-चेष्टा के साथ कथन में प्रभावपूर्ण खानी ला सकता है, यह 'दो शरण, दोषरण' प्रयोग में द्रष्टव्य है। यमक जैसे द्वयर्थक चमत्कारिक शब्दालंकार की मार्मिक और कातर प्रार्थना जैसी संवेदना को सीधे संस्पर्श करने की यह शक्ति कवि के सावधान काव्यानुशासन से छनकर आई है। इसी तरह 'मानव के तन केतन फहरे' (आराधना) आवाहन गीत में 'के तन' और 'केतन' का यमक मानव के विजय-पर्व को अलंकरण और सहजता की संपृक्ति के माध्यम से अंकित करता है। ऐसे प्रयोग भाषा-प्रवाह को गतिशील बनाते हैं, और गीत के विधान में समरस हो जाते हैं। 'आराधना' के एक अन्य गीत 'निर्झर के शर केशर के हैं' में 'केशर' के 'शर' के यमक में यही वैशिष्ट्य देखा जा सकता है। 'भगवान बुद्ध के प्रति' (अणिमा में संकलित) कविता की इन पंक्तियों में भी यमक की घुलनशीलता देखने योग्य है—

फूटे शत-शत उत्स सहज मानवता-जल के
यहाँ वहाँ पृथ्वी के सब देशों में छलके;
छल के, बल के पङ्किल भौतिक रूप अदर्शित
हुए तुम्हीं से, हुई तुम्हीं से ज्योति प्रदर्शित।

'छलके' 'छल के' का अलंकारिक विन्यास भाषा-प्रवाह से बड़ी प्रसन्न मैत्री करता प्रतीत होता है। भगवान बुद्ध की ज्योति से विश्व में समता स्थापित हुई

और परिणामस्वरूप मानवता-जल के शत-शत उत्स फूटकर सर्वत्र छलके। मानवता-जल के छलकने से बल के निम्नस्तरीय रूप लुप्त हो गये। छलकन में जो द्रवणशीलता है, वही जैसे 'छलके-छल के' की यमक-योजना में उभर उठी है। ऐसे अंशों और ऊपर विश्लेषित 'आराधना' के अनेक उद्धरणों के बीच 'आराधना' के ही कोरी चमत्कारिकता और अलंकरण से प्रेरित 'छल के छल के छलके न हुए' जैसे गीत के प्रयोग एक विचित्र विरोधाभास की सृष्टि करते हैं। पर 'अनामिका' की 'सच है' कविता में यमक प्रयोग शब्दों की सामान्य प्रकृति में घुल-मिलकर फिर एक रचाव उत्पन्न करता है—

> यह सच है
> तुमने जो दिया दान—दान वह,
> हिन्दी के हित का अभिमान वह,
> जनता का जन-ताका ज्ञान वह,
> सच्चा कल्याण वह अथच है—
> यह सच है।

हिंदी भाषा और साहित्य को आत्म-दान से समृद्ध करना निराला के काव्य-जीवन की सबसे बड़ी महत्त्वाकांक्षा रही है। जन-संवेदना से संसक्त अपने काव्य पर गर्व का अनुभव करते हुए कवि 'जनता का' 'जन-ताका' के प्रयोग में अलंकरण और बातचीत का अद्वैत स्थापित करता है। अलंकारिक प्रयोग से द्वन्द्वमयी मनः-स्थिति का अंकन 'रेखा' कविता के इस अंश में वक्रता के साथ हुआ है :

> तृष्णा हो थी सजग
> मेरे प्रति रोम में।
> रसना रस-नाम-रहित
> किन्तु रस-ग्राहिका

शारीरिक सम्पर्क के लिए आकुल, किन्तु वास्तविक प्रणय भाव के संस्पर्श से अछूते युवा-हृदय की सुकुमार संवेदना रस शब्द के विविध प्रयोगों में संश्लिष्ट अभिव्यक्ति पा सकी है। युवक की रसना (जिह्वा) रसनाम रहित (प्रेम के संस्पर्श से अछूती) है, किन्तु रसग्राहिका (भोग की आकांक्षिणी) है। यहाँ उल्लेखनीय है—'रसनाम-रहित' और 'रस-ग्राहिका' में आये हुए शब्द के दुहरे अर्थ-स्तर जिनमें प्रेम और भोग का सूक्ष्म विवेक अनुस्यूत है।

गीतों के विधान में यमक-योजना स्वच्छ संगीतात्मकता की सृष्टि करती है। इसके बहुतेरे उदाहरण 'गीतिका', 'बेला' और परवर्त्ती गीत-संकलनों में देखे जा सकते हैं, जैसे—

केशर के केश ('गीतिका', गीत सं० ३)
वासना बासी ('आराधना', गीत सं० ५०)
दे सकाल काल देश
दिशावधि अशेष शेष ('आराधना', गीत सं० ६२)

निराला की काव्यभाषा शब्दावली, वाक्य-विन्यास, लय, अलंकरण, छंद प्रायः हर स्तर पर यांत्रिकता से बचने की सफल कोशिश करती है। उनके मुक्त छंद इसका बढ़िया उदाहरण हैं, जिनके निर्माण में कवि का यह विचार है—"मनुष्यों की मुक्ति की तरह कविता की भी मुक्ति होती है। मनुष्यों की मुक्ति है कर्मों के बंधन से छुटकारा पाना और कविता की मुक्ति छंदों के शासन से अलग हो जाना।"[1] यह तो मुक्त छंद की बात हुई, निराला ने बँधे-बँधाये छंदों में वाक्य-भंग-पद्धति के प्रयोग से अतिरिक्त खानी ला दी है। एक पंक्ति को तोड़कर दूसरी पंक्ति में बड़े सहज भाव से पहुँचने की प्रवृत्ति उन अंशों में अधिक महत्त्वपूर्ण हो जाती है, जहाँ संवेदना बहुत तीव्र-प्रखर हो, बंधन तोड़ने के लिए आकुल हो। 'बादल राग' का यह अंश अंतिम पंक्तियों को तोड़ने की प्रक्रिया में जैसे बादल के विराट्-क्रांतिकारी व्यक्तित्व को स्वर देता है—

घन, भेरी-गर्जन से सजग, सुप्त अंकुर
उर में पृथ्वी के, आशाओं से
नव जीवन की, ऊँचा कर सिर,
ताक रहे हैं, ऐ विप्लव के बादल !

'राम की शक्ति-पूजा' में हनुमान के आकाश-गमन के अंकन में पंक्ति की तोड़-फोड़ साभिप्राय है—

वज्राङ्ग तेज घन बना पवन को, महाकाश
पहुँचा, एकादश रुद्र क्षुब्ध कर अट्टहास।

पंक्ति को तोड़ देने से क्षुब्ध और शक्तिशाली पवन-पुत्र हनुमान के त्वरायुक्त आकाश गमन का चित्र सजीव और नाटकीयता से युक्त हो उठता है।

वाक्य-भंग का प्रयोग करते हुए निराला ने गीत को संगीत-रूढ़ि से मुक्त करने की कोशिश की है। 'स्नेह-निर्झर बह गया है' से एक उदाहरण प्रस्तुत किया जाता है—

आम की यह डाल जो सूखी दिखी,
कह रही है—"अब यहाँ पिक या शिखी

---

१. परिमल, भूमिका : पृ० १२

नहीं आते, पंक्ति मैं वह हूँ लिखी
नहीं जिसका अर्थ—
जीवन दह गया है।"

यहाँ पंक्तियों के कहीं बीच में टूट जाने या लटके रहने से अवसाद और सूनेपन की व्यंजना है। विशेषतः दूसरी पंक्ति के टूटने में जैसे सचमुच आम की सूखी डाल के रूप में रिक्त जीवन की मनोव्यथा उजागर हो गई है। पिक या शिखी के न आने का अवसाद पंक्ति के टूटे रूप में केन्द्रीभूत होने से कविता का जो रूप यहाँ निर्मित होता है, उसकी परख ही सच्ची आस्वादन-प्रक्रिया है।

विपरीत-भाव के शब्दों की निकट विन्यस्ति भी कवि की भाषा-प्रक्रिया का एक महत्त्वपूर्ण अंग है। कुछ उदाहरणों से यह बात स्पष्ट हो जाएगी। 'बादल-राग' (६) का एक अंश है—

घन, भेरी-गर्जन से सजग, सुप्त अंकुर
उर में पृथ्वी के, आशाओं से,
नवजीवन की, ऊँचा कर सिर,
ताक रहे हैं, ऐ विप्लव के बादल !
फिर फिर।

यहाँ 'सजग' और 'सुप्त' (जो अर्थ की दृष्टि से परस्पर विरोधी हैं) शब्दों की साथ-साथ नियोजना साभिप्राय है। बादलों के भेरी-गर्जन से सुप्त अंकुर सजग हो गये हैं। अभी तक तो वे सुप्त थे, किन्तु एकाएक सजग हुए हैं। 'सजग' के ठीक बाद 'सुप्त' के प्रयोग से यह सूक्ष्म ध्वनि निकलती है, और प्रकारान्तर से बादलों के भेरी गर्जन की प्रभावोत्पादकता और बढ़ जाती है।

इसी कविता में फिर कुछ पंक्तियों के बाद विपरीत-भाव की नियोजना से उत्पन्न अर्थ-क्षमता का उदाहरण इस अंश में मिलता है—

अशनि-पात से शायित उन्नत शत शत वीर,
क्षत-विक्षत-हत अचल-शरीर
गगन-स्पर्शी स्पर्द्धा-धीर।

यहाँ भी विपरीत अर्थवाले शब्दों की सह-अवस्थिति के मूल में बादल की दुर्निवार शक्ति की सशक्त व्यंजना है। उन्नत शत-शत वीर शायित हो गए हैं, अचल शरीर क्षत-विक्षत हो गए हैं। बादल का अशनि-पात इतना प्रभावकारी है। 'शायित' में शक्तिमत्ता 'उन्नत' के बिलकुल पास में रहने से बढ़ गई है और यही स्थिति 'अचल शरीर' के समीप रखे गये 'क्षत-विक्षत-हत' पद की है।

समग्र रूप में शब्द की नाद और अर्थ-शक्ति के प्रति निराला बहुत गंभीर

निष्ठा के साथ सजग रहे हैं। 'गीतिका' के एक गीत में उन्होंने वर्ण-चमत्कार की सशक्त व्याख्या की है—

वर्ण-चमत्कार,
एक-एक शब्द बँधा ध्वनिमय साकार।
पद-पद चल बही भाव धारा,
निर्मल कल-कल में बँध गया विश्व सारा,
खुली मुक्ति बंधन से बँधी फिर अपार—
वर्ण-चमत्कार।

यहाँ वर्ण से लेकर कविता बनने तक की प्रक्रिया का सूक्ष्म अंकन हुआ है। भाषा के मूर्त्त रूप को निराला ने महत्व दिया है, यह दूसरी पंक्ति में देखा जा सकता है—'एक-एक शब्द बँधा ध्वनिमय साकार'। निराला की लगभग सभी लंबी और प्रसिद्ध कविताओं में, सांस्कृतिक गीतों में इस वर्ण-चमत्कार का भव्य प्रसार हुआ है। 'राम की शक्ति-पूजा' का आरम्भिक समासपरक बंध अपनी कठोर नाद योजना के कारण युद्ध-क्षेत्र का बहुत भयावह और वास्तविक चित्र प्रस्तुत करता है। शब्दों का आपस में भिड़ना भाषा में सीधे ही युद्ध को रचा देता है। इस संदर्भ में आंतरिक साम्य की दृष्टि से नियोजित ध्वनि-आवर्त्तों को भी देखा जाना चाहिए। 'जागो फिर एक बार' का यह अंश प्रस्तुत है—

प्यारे जगाते हुए हारे सब तारे तुम्हें,
अरुण-पंख तरुण-किरण
खड़ी खोल रही द्वार—
जागो फिर एक बार!

'हारे' और 'तारे', 'अरुण' और 'तरुण' के ध्वनि-आवर्त्तों से मुक्त छंद में प्रवाह तथा आंतरिक संबद्धता की अवस्थिति हुई है। निराला के काव्य में संगीत का-सा आनन्द मिलने के मूल में उनका विशिष्ट नाद-तत्व और ध्वनि-आवर्त्त है। 'कुकुरमुत्ता' और 'नये पत्ते' की सीधी-सादी प्रकृति की तुलना में आरम्भिक क्लैसिकल काव्य की यह आभरणपरकता उल्लेखनीय है।

छायावादी कवियों में निराला और प्रसाद की वाक्य-विन्यास संबंधी सजगता और संवेदनशीलता ध्यान आकृष्ट करती है। लंबे और छोटे दोनों तरह के वाक्य निराला काव्य की रचनात्मक आवश्यकताओं की पूर्ति करते हैं। लय पर एकान्त अधिकार होने के कारण वाक्य का विस्तार केन्द्र-च्युत नहीं होता। पहले 'सन्ध्या-सुन्दरी' कविता का दीर्घ वाक्य लिया जाता है—

सिर्फ एक अव्यक्त शब्द-सा 'चुप, चुप, चुप'
है गूँज रहा सब कहीं—
व्योम मण्डल में – जगतीतल में—
सोती शान्त सरोवर पर उस अमल-कमलिनी-दल में—
सौन्दर्य-गर्विता सरिता के अतिविस्तृत वक्षःस्थल में—
धीर-वीर-गम्भीर शिखर पर हिमगिरि-अटल-अचल में—
उत्ताल-तरंगाघात-प्रलय-घन-गर्जन-जलधि प्रबल में—
क्षिति में – जल में – नभ में – अनिल – अनल में—
सिर्फ एक अव्यक्त शब्द-सा 'चुप, चुप, चुप'
है गूँज रहा सब कहीं,—

वाक्य के इतने लम्बे विस्तार में, लय की एकात्मता, अनुभव की एकतानता और समासों की गतिशीलता वज़नदार काव्यभाषा ही नियोजित कर सकती है। नीरवता—और वह भी सन्ध्याकालीन नीरवता—के प्रकृतिव्यापी अंकन में इतने लम्बे वाक्य और उसमें इतनी उदग्र शब्दावली की विन्यस्ति भाषा-प्रयोग-विधि की मौलिक दिशा की ओर संकेत करती है। 'बादल राग' का तीसरा भाव-बंध सव्यसाची अर्जुन के रूप में परिकल्पित बादल की लम्बी यात्रा को भी बड़े लम्बे-लम्बे वाक्यों में चित्रित करता है। 'बादल राग' के अन्तिम भाव-बंध में छोटे समझे जानेवाले मनुष्यों में क्रान्ति के लिए ललक को हरे-भरे छोटे पौधों के बिंब में अभिव्यक्ति दी गई है। यहाँ छोटी-छोटी पंक्तियों से बने वाक्य की संरचना देखते बनती है—

हँसते हैं छोटे पौधे लघुभार—
शस्य अपार,
हिल हिल,
खिल खिल,
हाथ हिलाते,
तुझे बुलाते,
विप्लव रव से छोटे ही हैं शोभा पाते।

वाक्य की ऋजु-स्वच्छ प्रकृति में छोटे पौधों का हार्दिक उल्लास उभर उठा है।

निराला की वाक्य-संरचना में बँगला भाषा की सामासिक और विभिन्न क्रमिक संरचना का यदि कुछ प्रभाव पड़ा हो, तो यह स्वाभाविक है। 'जुही की कली' उनकी पहली प्रकाशित कविता है, जिसमें इस प्रभाव का संक्रमण देखा जा

सकता है। भाषा-वैज्ञानिकों ने परिलक्षित किया है कि हिंदी की तुलना में बंगला भाषा में संस्कृत की संश्लेषात्मक स्थिति के अवशेष अपेक्षाकृत अधिक हैं। संस्कृत की समास-योजना को आधार बनाकर कवि ने 'राम की शक्ति-पूजा' के आरंभिक समास-बंध की रचना की है, बहुत कुछ बँगला की तरह संज्ञा शब्दों की गति में ही बिना क्रिया-पदों के यह वाक्य चलता है। युद्ध-क्षेत्र की भीषणता, राम और उनकी वानर सेना की संकुल मनःस्थिति, रावण और उसकी राक्षस सेना का दमन-चक्र अपने विधान में जटिल, संश्लिष्ट और सामासिक वाक्य में महाकाव्योचित गरिमा के साथ रूपायित हुआ है। अतएव संस्कृत शब्दों और रूपों के प्रति कवि का आग्रह होने के बावजूद यह नहीं कहा जा सकता कि ऐसे वाक्यों की रचना कवि ने केवल पाण्डित्य प्रदर्शित करने के लिए की है। 'शक्ति-पूजा' के इस आरम्भिक बंध का भाषिक संरचना की दृष्टि से सर्जनात्मक स्तर पर निश्चित प्रयोजन है।

'कुकुरमुत्ता' और 'नये पत्ते' की ठेठ कविताओं की भाषिक प्रक्रिया बिलकुल अलग है। वहाँ भाषिक आभिजात्य के सभी उपादानों की एकांतिक वर्जना है, जिसे इन रचनाओं के विश्लेषण-क्रम में देखा गया है। इस अध्ययन में यह कहना शेष रह जाता है कि इनकी रचना में कवि ने बोलचाल के स्तर पर प्रयुक्त होनेवाली भाषा को आश्चर्यजनक रूप से काव्यभाषा की गरिमा प्रदान की है। खुरदुरे शब्दों, ठेठ मुहाविरों, एकदम गद्यात्मक लय, अचूक व्यंग्य प्रणाली के प्रयोग से कवि ने इन कविताओं में हिंदी काव्यभाषा के एक नये और अपेक्षाकृत अकृत्रिम आयाम का संस्पर्श किया है।

भाषा-प्रक्रिया के संबंध में कवि की यह सतर्क संवेदनशीलता खड़ीबोली पर आधारित काव्यभाषा को एक अपूर्व रचना-क्षमता देती है। उसमें जहाँ आरम्भिक चरण के परिष्कार प्रयत्नों की पूर्णता है, वहीं आगामी रचना-युग की विद्रोही वृत्ति के बीज भी निहित हैं। इस प्रसंग में निराला की यह उक्ति अच्छी तरह समझ में आती है—

'अभी न होगा मेरा अंत।'

नामवाची शब्दावली के विविध प्रयोग

(क) 'राम की शक्ति-पूजा'

(१) तत्सम	(२) तद्भव-देशज	(३) विदेशी	
६०५	१०	३	
———	———	———	= ६१८
९७.८	१.६	.५	

(ख) 'कुकुरमुत्ता'

(१) तत्सम	(२) तद्भव-देशज	(३) विदेशी	
३९	१३२	१००	
———	———	———	= २७१
१४.४	४८.७	३६.९	

(ग) परवर्ती गीत

'अर्चना'—(१) बाँधो न नाव इस ठाँव, बंधु। (गीत सं० ३०)
(२) गीत गाने दो मुझे तो,
वेदना को रोकने को। (गीत सं० ५९)
'आराधना'—(१) खड़ा हुआ विश्व कर पसारे। (गीत सं० १६)
(२) छोटा है तो जी छोटा कर। (गीत सं० १८)
(३) दुखता रहता है अब जीवन। (गीत सं० २२)
'गीत-गुंज'—(१) बादल छाये।

(१) तत्सम	(२) तद्भव-देशज	(३) विदेशी	
३३	४२	५	
———	———	———	= ८०
४१.२	५२.५	६.२	

: २ :

निराला की कविताओं का अध्ययन

जुही की कली

'जुही की कली' (१९१६ ई०) के माध्यम से हिंदी कविता समग्र रूप में पहली बार अकुंठ उन्मुक्तता का अनुभव करती है—विशेषतः शृङ्गारिक कविता के संदर्भ में इस अकुंठ उन्मुक्तता का अनुभव और भी प्रीतिकर लगता है। छायावादी काव्यभाषा में अनुस्यूत होती नई और सघन अर्थ-छवियों का सशक्त साक्षात्कार 'जुही की कली' कराती है। निराला ने इसकी रचना के माध्यम से हिंदी कविता के संदर्भ में छंदमुक्त कविता में पहल की; अतएव यह रचना अपना ऐतिहासिक महत्त्व भी रखती है।

'जुही की कली' और मलयानिल के स्वच्छंद शारीरिक व्यापार का अंकन कर कवि ने उन्मुक्त मानवीय प्रणय व्यापार को स्वर दिया है। प्रणय-स्थिति के अंकन में इस तरह का वातावरण ताजगी से भरपूर है :

विजन-वन-वल्लरी पर,
सोती थी सुहागभरी—
स्नेह-स्वप्न-मग्न—अमल-कोमल-तनु तरुणी
जुही की कली

यहाँ 'सुहाग-भरी', 'स्नेह-स्वप्न मग्न', 'अमल-कोमल-तनु-तरुणी' जैसे प्रयोग इस बात का स्पष्ट संकेत देते हैं कि जुही की कली का चित्रण ही कवि का मूल अभिप्रेत नहीं है, वह ऊष्मामय मानवीय संवेदन को व्यंजित करने का माध्यम भी है। बँगला पद-विन्यास से अनुप्राणित इस अंश में संस्कृत शब्दावली के बीच एक विशिष्ट प्रयोग कवि ने रखा है—'सुहाग-भरी', जो इस मानवीय ऊष्मा में गहरी आत्मीयता भर देता है—

आगे मलयानिल का चित्रण हुआ है :

वासंती निशा थी;
विरह-विधुर प्रिया संग छोड़
किसी दूर देश में था पवन
जिसे कहते हैं मलयानिल।

अंतिम पंक्ति में एक प्रयोग मुक्त छंद की प्रकृति के अनुकूल एकदम अयांत्रिक ढंग से कवि ने रखा है—'जिसे कहते हैं मलयानिल।' बातचीत के ढर्रे का यह प्रयोग भाषा-मुक्ति के आरंभिक सिलसिले में उल्लेखनीय है।

आगे एक स्मृति-चित्र आता है, जो प्रिया से बिछुड़े मलय के मानस में निर्मित होता है :

आई याद बिछुड़न से मिलन की वह मधुर बात,
आई याद चाँदनी की धुली हुई आधी रात
आई याद कांता की कंपित कमनीय गात,

लय का यह अकस्मात् परिवर्तन संयोगकालीन स्मृतिपरक संवेदना को अनुभव के धरातल पर विश्वसनीय बनाता है। इन तीन तीव्र-प्रखर पंक्तियों में संयोगात्मक उत्तेजना की स्मृति बहुत जीवंत बन पड़ी है। चाँदनी रात के लिए 'चाँदनी की धुली हुई आधी रात' का प्रयोग गत्यात्मक वातावरण की सृष्टि करता है। इस मादक स्मृति से परिचालित मलय की सक्रियता को कवि शब्दों में यों उतारता है :

फिर क्या ? पवन
उपवन-सर-सरित् गहन गिरि कानन
कुञ्ज-लता-पुञ्जों को पार कर
पहुँचा जहाँ उसने की केलि
कली-खिली-साथ,

'उपवन-सर-सरित्' की अबाध गति पवन की अदम्य उत्कण्ठा को रूपायित करती है। मलय के इस आवेगमयव्यापार को बंधन-विहीन छंद ही अभिव्यक्ति दे सकता था। छंद की बँधी-बँधाई गति जैसे इस स्वच्छंदता के स्वरूप को आघात पहुँचाती। भाषा, छंद और संवेदना की परस्पर संश्लिष्ट प्रकृति का रहस्य निराला ने शुरू में ही पहचान लिया था।

इसके बाद के अंशों में कवि ने मलय के उद्दाम प्रणय का बेलौस चित्रांकन किया है, जो अपने सारे खुलेपन के बावजूद हल्केपन का आभास नहीं होने देता—

निर्दय उस नायक ने
निपट निठुराई की
कि झोंकों की झड़ियों से
सुन्दर सुकुमार देह सारी झकझोर डाली
मसल दिए गोरे कपोल गोल,

चौंक पड़ी युवती—
चकित चितवन निज चारों ओर फेर,

प्राकृतिक व्यापार को प्रणय-व्यापार में समग्रतः रूपांतरित या कि संक्रमित कर सकने की यह क्षमता छायावादी काव्यभाषा में विकसित होती है, इसीलिये इस सारी प्रक्रिया को मानवीकरण भर न कहकर प्रकृति और जीवन का संश्लेष कहा जाएगा।

यहाँ छंद-मुक्ति की प्रक्रिया संवेदना से आंतरिक स्तर पर जुड़ी हुई है या नहीं, यह प्रश्न विचारणीय है। निराला के संवेदनशील समीक्षक दूधनाथ सिंह ने छंद-मुक्ति की प्रक्रिया को बहुत स्थूल धरातल पर ही देखा है, तभी वे कहते हैं : "छंद से मुक्त हो जाने पर कविता अपनी छंदानुशासन की परंपरा से मुक्त हो सकती है, लेकिन मात्र इसी से उसमें संवेदनागत मुक्तता कैसे आ जाएगी ?[१]"

विचार के इस धरातल पर तो छंद और संवेदना को अलग-अलग तत्त्व के रूप में मान लेना पड़ेगा, जिससे रचना को उसकी संश्लिष्टता में नहीं देखा-परखा जा सकता। वस्तुतः 'जुही की कली' में मुक्त छंद की योजना भाव-मुक्ति से सीधे संबद्ध है, मलयानिल का स्वच्छंद प्रणय-व्यापार मुक्तछंद में सजीव, उन्मुक्त हो उठा है। निराला ने भाव और छंद की संपृक्त स्थिति को समझा है। 'परिमल' की भूमिका में छंद-मुक्ति की प्रक्रिया को उन्होंने इसी बिन्दु से देखा है। इस पक्ष को थोड़ा विस्तार देते हुए यह सवाल उठाया जा सकता है कि क्या 'जुही की कली' में निराला का भाषा प्रयोग, उनका मुक्त छंद-विधान प्रणय के नये स्तर का संस्पर्श करता है ? इस संदर्भ में पहले तो कवि की विशिष्ट रचना-प्रक्रिया को देखना होगा। पूरी कविता में जुही की कली और मलयानिल प्रतीक रूप में लिए जाकर फिर अपने में एक संश्लिष्ट बिंब विकसित करते हैं, जिसे कहीं बीच से तोड़ा-मरोड़ा नहीं जा सकता। उल्लेखनीय यह है कि संरचनागत यह कसाव परंपरित सांगरूपक के ढंग का नहीं है, क्योंकि तब तो प्रणयानुभव और शरीर सुखानुभव का एक साथ उन्मुक्त संचरण न हो पाता। प्रकृति और प्रणय के अनुभव यहाँ महज़ प्रस्तुत-अप्रस्तुत न होकर एक दूसरे से संश्लिष्ट हो गए हैं। 'जुही की कली' या इस जैसी अपनी अन्य छोटी कविताओं की संपूर्ण कला का उद्‌घाटन निराला ने उचित ही किया है : "यह ऐसी रचना नहीं कि सूक्ति रूप इसका एक अंश उद्‌धृत किया जा सके। मेरी छोटी रचनाएँ (लीरिक्स) और गीत (सांग्स)

---

१. निराला : आत्महंता आस्था, पृ० २०८।

प्रायः ऐसे ही हैं। इनकी कला इनके संपूर्ण में है, खण्ड में नहीं।"[1]

लेकिन दूधनाथ सिंह ने इस तरह की कविता को छंद-मुक्ति की कोशिश भर माना है, संवेदना का यहाँ कोई नवोन्मेष हुआ है, ऐसा वे नहीं मानते। उनके अनुसार "सुन्दर सुकुमार देह सारी झकझोर डाली', 'मसल दिये गोरे कपोल गोल' या 'बंद कंचुकी के सब खोल दिये प्यार से / यौवन उभार ने' जैसी पंक्तियाँ नितान्त रीत्यात्मक हैं। मैथिलीशरण गुप्त की 'सखि, वे मुझसे कहकर जाते' के सामने ये पंक्तियाँ भले ही नयी लगें—बिहारी, देव, घनानन्द की रचनाओं के आगे इनकी कोई अलग से विशिष्टता नहीं बतायी जा सकती।"[2]

वस्तुतः इस तरह से दो-तीन पंक्तियाँ उद्धृत करके कोई संगत निर्णय नहीं दिया जा सकता (स्मरणीय निराला का उपर्युक्त उद्धरण)। इस तरह की पंक्तियाँ हिंदी की रीतियुगीन कविता में हैं, इसमें संदेह नहीं। लेकिन 'जुही की कली' की पूरी जो एक भाव-प्रतिमा बनती है—सुकुमार-स्वच्छंद प्रणय का संश्लिष्ट चित्र—वह रीति-युग में नहीं।

संध्या-सुंदरी

छायावादी काव्यभाषा का स्वरूप बनाने में 'संध्या-सुंदरी' (१९२१ ई०) जैसी कविताओं का विशिष्ट योग रहा है, जिसमें द्विवेदीयुग तक कुल मिलाकर इतिवृत्तात्मकता के सोपान पर आरूढ़ खड़ी बोली के संस्करण और परिष्करण की भरी-पूरी कोशिश है।

प्रकृति छायावादी कवियों का विषय रही है—विशेषतः उनके प्रारंभिक रचना-काल में। प्रकृति में भी संध्या के प्रति अपेक्षाकृत सघन आकर्षण इन कवियों को रहा है—और प्रसाद तथा निराला ने तो उसमें से अपना रचनात्मक उन्मोचन भी किया है। दृष्टव्य—'विषाद' (झरना); मधुर माधवी संध्या में जब रागारुण रवि होता अस्त (लहर)-प्रसाद। 'संध्या-सुंदरी', 'अस्ताचल रवि छलछल' (गीतिका-निराला)। इसका कारण यही हो सकता है कि संध्या की प्रशांत-उदास भव्यता छायावादी कवियों के आत्मनिष्ठ व्यक्तित्व को गहरे में छूती है, इस प्रक्रिया में भाषा की आंतरिक पर्तें खुलती हैं। यों खड़ी बोली कविता में छायावादी काव्य से पूर्व भी संध्या को बराबर काव्य-विषय बनाया जाता रहा है, पर वहाँ संध्या अनुभव नहीं बन पाती, उसमें अपनी रचनात्मक मुक्ति कवि नहीं ढूंढ़

---

१. निराला : आत्महंता आस्था, पृ० २८४

२. वही, पृ० २०८

पाता । हरिऔध के 'प्रियप्रवास' में संध्या-संबंधी अनेक चित्र हैं । प्रसिद्ध पंक्तियाँ आरंभ की हैं—

दिवस का अवसान समीप था
गगन था कुछ लोहित हो चला
तरुशिखा पर थी अब राजती
कमलिनी-कुल-वल्लभ की प्रभा ।

यहाँ संध्या के ब्योरे हैं, पर यह चित्र प्रकृति के प्रति कवि की किसी अनुभवपरक प्रतिक्रिया को नहीं उभारता । सूर्य के लिए प्रयुक्त 'कमलिनी कुल वल्लभ' किसी भी तरह विशिष्ट अर्थ-सृष्टि नहीं करता, इतने भारी-भरकम प्रयोग को रख कर उससे कोई सार्थक व्यंजना न उद्भूत की जाए, यह काव्यभाषा के संदर्भ में एक विडंबना ही है । इसके आगे 'संध्या-सुंदरी' का सांध्य-चित्र खड़ी बोली के संवेदनात्मक विकास का अच्छा उदाहरण प्रस्तुत करता है, जिसमें एक संश्लिष्ट चित्र रचने की कोशिश विद्यमान है :

दिवसावसान का समय
मेघमय आसमान से उतर रही है
वह संध्या-सुंदरी परी-सी
धीरे-धीरे-धीरे

कवि आसमान से उतरती परी के रूपक में संध्या को परिकल्पित कर आगे अंकन को विस्तार देता है, जिसमें सौंदर्यात्मक चित्र-योजना है, लेकिन यह विशिष्टता अनदेखी नहीं की जा सकती कि परी के अप्रस्तुत का सांगरूपक की ब्योरेवार वर्णन-प्रणाली के ढंग पर निर्वाह नहीं किया गया है, जैसा कि महादेवी के एक रजनी-गीत ('धीरे-धीरे उतर क्षितिज से आ वसंत-रजनी') में देखा जा सकता है । एक बार परी का उल्लेख कर निराला अपने दृश्य-विषय में फिर रम जाते हैं और द्विपक्षीय वर्णन से तटस्थता की यह प्रवृत्ति ही उनके संध्या-चित्र को स्वच्छ-तरल बनाये रहती है ।

आगे कवि ने संध्याकालीन नीरवता, अलसता, छायामयता, सूक्ष्मता को या यों कहें कि संध्या के अमूर्त्त छायामय व्यक्तित्व को एक संश्लिष्ट और कल्पनात्मक चित्र में उतारा है :

अलसता की सी-लता
किन्तु कोमलता की वह कली
सखी नीरवता के कंधे पर डाले बाँह
छाँह-सी अंबर-पथ से चली ।

इतनी सूक्ष्म, ऐन्द्रिक विशेषताओं में भी निराला ने संध्या को मानवीय ऊष्मा से संपृक्त कर दिया है, संध्या के मौन की व्यंजना के लिए तीसरी पंक्ति का विशिष्ट प्रयोग 'सखी नीरवता के कंधे पर डाले बाँह' मानवीय संसक्ति का समावेश कर देता है, संध्या असंपृक्त दृश्य-विषय नहीं रह जाती। प्रकृति-बिंब और मानवीय बिंब की घुली-मिली स्थिति ऐसे अंकनों में देखी जा सकती है। इस विन्दु पर दूधनाथ सिंह का यह कथन संगत नहीं लगता—"स्वयं 'जुही की कली' या 'संध्या सुंदरी' की भाषिक संरचना छायावादी है और वे किसी खास संवेदनागत नवीनता की कविताएँ नहीं हैं। 'धीरे-धीरे उत्तर क्षितिज से आ वसंत-रजनी' और 'संध्या-सुंदरी' की 'सखी नीरवता के कंधे पर डाले बाँह' की रूपकात्मकता में कोई विशेष फ़र्क नहीं है। सखी का प्रसंग ही रीतिकालीन है।"[१]

एक तो संध्या के संदर्भ में इस तरह का सूक्ष्म मानवीय गुणों से समन्वित संश्लिष्ट-सुकुमार चित्र अपने में नया है, फिर सखी के उल्लेख-मात्र से रीतिकालीन चित्र-संस्कार नहीं बनता, और उस पर भी 'सखी नीरवता' की। दूसरे अपनी यत्किंचित् रूपकात्मकता के बावजूद यह चित्र महादेवी के 'धीरे-धीरे उतर क्षितिज से आ वसंत-रजनी' गीत की शिल्पकारिता और प्रसाधन-प्रियता से अलग है। महादेवी के गीत में शुरू से अंत तक सज्जा की सतर्क आयोजना है, काव्यात्मक शब्दावली का सुरुचि-सम्मत विन्यास है। आरंभिक अंश प्रस्तुत है—

धीरे धीरे उत्तर क्षितिज से
आ वसंत-रजनी!
तारकमय नव वेणी-बंधन
शीशफूल कर शशि का नूतन
रश्मि-वलय सित घन-अवगुंठन
मुक्ताहल अभिराम बिछा दे
चितवन से अपनी
पुलकती आ वसंत-रजनी!

दूसरी ओर निराला अपने चित्र को अर्थ की नयी संभावनाएँ प्रदान करते हैं, रूपकात्मकता के आकर्षण में नहीं पड़ते। यहाँ तक कि कविता के आरंभिक अंश में, जहाँ रूपकात्मकता का वातावरण है, आसमान से उतरती परी का रूपक संध्या के लिए बाँधा गया है, कवि ने ब्योरेवार द्विपक्षीय अंकन को महत्त्व नहीं दिया है। ठीक बाद के अंश में तो वह रूपकात्मकता से बिल्कुल अलग हो गया है, नीरव वातावरण के अंकन की ओर उसका रुझान होता जाता है—

---

१. निराला : आत्महंता आस्था, पृ० २०८

नहीं बजती उसके हाथों में कोई वीणा
नहीं होता कोई अनुराग-राग-आलाप
नूपुरों में भी रुनझुन-रुनझुन नहीं,
सिर्फ़ एक अव्यक्त शब्द-सा 'चुप, चुप, चुप'
है गूंज रहा सब कहीं—

नीरवता की अमूर्त, सूक्ष्म और सुकुमार स्थिति के अंकन के लिए कवि बहुत प्रखर आवेग के साथ, लयात्मक विस्तार में, 'चुप-चुप-चुप' की गूँज को उल्लिखित करता है। वीणा का न बजना, अनुराग-राग-आलाप का न होना और नूपुरों में रुन-झुन-रुनझुन का अभाव 'संध्या-सुंदरी' के प्रशांत, सादे व्यक्तित्व को ध्वनित करते हैं। फिर बचा क्या है 'सिर्फ़ एक अव्यक्त शब्द-सा' 'चुप-चुप-चुप'—जो सब तरफ़ गूंज रहा है।

इसके बाद कवि संध्याकाल में गहराती हुई निस्तब्धता का विराट् चित्र प्रस्तुत करता है। इस अंश में छायावादी काव्यभाषा की जीवनी-शक्ति जैसे विवृत हुई है :

व्योम-मण्डलमें-जगतीतल में—
सोती शांत सरोवर पर उस अमल कमलिनी-दल में—
सौन्दर्य-गर्विता सरिता के अति विस्तृत वक्षःस्थल में—
धीर-वीर गंभीर शिखर पर हिमगिरि-अटल-अचल में—
उत्ताल-तरंगाघात-प्रलय-घन-गर्जन-जलधि-प्रबल में—
क्षिति में-जल में नभ में अनिल अनल में—
सिर्फ़ एक अव्यक्त शब्द-सा 'चुप, चुप, चुप'
है गूंज रहा सब कहीं—

लय के इतने भव्य प्रसार में नीरवता का यह प्रकृति-व्यापी अंकन बेजोड़ है। प्रकृति के सुकुमार और भयानक दोनों क्षेत्रों में 'चुप, चुप, चुप' की गूँज परि-व्याप्त है। उत्ताल तरंगाघात के दीर्घ और कठोर वर्ण स्तब्ध वातावरण का सशक्त चित्र निर्मित करते हैं। क्षिति में, जल में, नभ में अनिल-अनल में उसी 'चुप, चुप, चुप' की गूंज-अनुगूंज को प्रतिष्ठापित कर निराला इस विराट् चित्र को गरिमा प्रदान करते हैं अर्थात् पंच तत्त्व भी संध्याकालीन नीरवता से परिव्याप्त है। निस्त-ब्धता का सर्वग्रासी प्रभाव अर्थ के सूक्ष्म स्तर पर कदाचित् सर्वत्र एक तत्त्व की व्याप्ति की व्यंजना करता है। निराला ने अपने एक निबंध में कहा है "काव्य में साहित्य के हृदय को दिगंतव्याप्त करने के लिए विराट् रूपों की प्रतिष्ठा करना

अत्यन्त आवश्यक है।"[1] अपनी आरंभिक कविताओं से ही निराला इस दिशा में प्रयत्नशील रहे हैं। 'संध्या-सुंदरी' का यह अंश एक अच्छा उदाहरण है। विशिष्टता यह है कि 'चुप, चुप, चुप' की गूंज-अनुगूंज इस विराट् अंकन को प्रखर गतिशीलता और द्वन्द्वात्मकता प्रदान करती है। यह स्मरणीय है कि तत्सम शब्दावली प्रधान इस अंश में अभिव्यंजना का मुख्य और केन्द्रीय शब्द-प्रयोग 'चुप' है, जिसकी विभिन्न आवृत्तियों में संध्याकालीन निस्तब्धता को कवि ने व्यक्त किया है। हरिऔध के द्रुतविलंबितों में संध्या का परंपरित सूचीबद्ध चित्रण है, निराला का मुक्त छंद संध्या के विशिष्ट अनुभव को रूपाकार देता है। नीरवता अपने में सुकुमार स्थिति की सूचक है, कोमल संदर्भ में ही कवि उसका संस्पर्श करता है। 'एक तारा' में कवि पंत ने संध्याकालीन प्रशांति को बहुत सुकुमार, अछूते विंब में अंकित किया है :

पत्रों के आनत अधरों पर सो गया निखिल वन का मर्मर,
ज्यों वीणा के तारों में स्वर।

इस दृष्टि से निराला का विराट् चित्र उनके पौरुष-दीप्त काव्य-व्यक्तित्व का प्रतिनिधित्व करता है। 'संध्या-सुन्दरी' के इस अंश की कठोर शब्द-योजना को लेकर आचार्य नंददुलारे वाजपेयी ने एक अच्छी टिप्पणी की है : "प्रशांत प्रकृति के चित्रण के संदर्भ में इस प्रकार की प्रचण्ड ध्वनिमयी शब्दावली का प्रयोग उचित है या नहीं, यह एक अलग प्रश्न है। परन्तु ऊपर उद्धृत कविता में विवादी स्वर का यह संधान अपूर्व सामर्थ्य के साथ किया गया है, इसमें संदेह नहीं।" प्रचंड ध्वनिमयी शब्दावली का यह प्रयोग प्रशांत प्रकृति के चित्रण के संदर्भ में असाधारण है, किन्तु विपरीत भाव की प्रक्रिया में अर्थ की व्यापकता और प्रखरता को क़ायम किये हुए है। कवि निराला का क्रांतिकारी व्यक्तित्व जैसे इस परंपरित धारणा को यहाँ निर्मूल सिद्ध करता है कि प्रशांत प्रकृति का चित्रण कोमल शब्दावली ही कर सकती है।

दृश्य-संवेदन के इस विराट्-भव्य चित्र के बाद अगले बंध में निराला संध्या के दूसरे तत्त्व विश्राम का अंकन करते हैं। इस स्थल पर वे संध्या को सहज मानवीय जीवन से बिलकुल संपृक्त कर देते हैं, छायावादी कवि का आत्मनिष्ठ स्वर यहाँ मुखरित होता है :

---

१. प्रबंध-पद्य, पृ० १७२

२. कवि निराला, पृ० १०८

और क्या है ? कुछ नहीं
मदिरा की वह नदी बहाती आती,
थके हुए जीवों को सस्नेह
प्याला एक पिलाती,
सुलाती उन्हें अंक पर अपने,
दिखलाती फिर विस्मृति के वह अगणित मीठे सपने,
अर्द्धरात्रि की निश्चलता में हो जाती जब लीन
कवि का बढ़ जाता अनुराग,
विरहाकुल कमनीय कण्ठ से
आप निकल पड़ता तब एक विहाग।

'और क्या है ? कुछ नहीं' का शब्द-प्रयोग बोलचाल की उन्मुक्तता बनाये रहता है। निराला की 'संध्या-सुंदरी' मदिरा की नदी बहाती हुई आती है। यह बिंब ('मदिरा की नदी बहाती आती') प्रगाढ़ होते संध्याकाल में प्राणियों के विश्राम, क्लांति-मुक्तता और अलसता की व्यंजना करता है। अर्थ के अधिक सूक्ष्म-स्तर पर एक सुकुमार-तन्मय परिवेश निर्मित होता है—संध्या-समय अपने आवास में लौटे हुए प्राणियों को प्रेयसी के सान्निध्य-सुख का। जो संध्या प्रारंभ में 'परी सी' प्रतीत हुई थी, वह मनुष्य लोक में आकर उनके जीवन में हिस्सा लेती है। अपने कर्त्तव्य की समाप्ति के बाद वह अर्द्धरात्रि की निश्चलता में लीन हो जाती है।

इस पूरे शृंगारपरक बिंब से जैसे कवि की चेतना खुद भी प्रभावित होती है। वह उससे तादात्म्य का अनुभव करने लगता है—

कवि का बढ़ जाता अनुराग,
विरहाकुल कमनीय कण्ठ से
आप निकल पड़ता तब एक विहाग।

'विहाग' की निःसृति कवि की बेचैनी, मधुर खीज, उत्तेजना की सूचक है। संध्या का मौन भाव कवि के कण्ठ से विहाग बनकर फूटता है। इस रूप में संध्या एक जीवंत अनुभव बन जाती है, उसमें से कवि अपना रचनात्मक उन्मोचन करता है, उसके साथ एक जीवन जीता है। संध्या और रचना का भी सार्थक संबंध जुड़ता है—'विरहाकुल कमनीय कण्ठ से / आप निकल पड़ता तब एक विहाग।'

दूधनाथजी ने 'जुही की कली' और 'संध्या-सुंदरी' की संवेदनागत नवीनता पर प्रश्न-चिन्ह लगाया है। संध्या-सुंदरी का यह अंतिम अंश, जहाँ कवि संध्या में से अपना रचनात्मक उन्मोचन करता है, संवेदनागत नवीनता और आधुनिक भाव-

बोध का अच्छा प्रमाण है। मध्यकालीन काव्य में इस तरह की वैयक्तिक संसक्ति तथा सार्थकता का अनुभव नहीं है। घनआनंद की प्रसिद्ध पंक्तियाँ 'मोहि तौ मेरे कबित्त बनावत' रीतिकालीन भाव-बोध के परिप्रेक्ष्य में अपवाद ही हैं, जहाँ वैयक्तिकता, रचनात्मकता और सार्थकता के रोमैण्टिक भाव-बोध से कवि अनुप्राणित है। इस स्तर पर 'संध्या-सुंदरी' कविता 'जुही की कली' से अधिक संभावनापूर्ण है। 'जुही की कली' अपने नये, संश्लिष्ट रचना-विधान के बावजूद संवेदना के लिहाज़ से रीतिकालीन प्रणय-चित्रों से बहुत अलग नहीं प्रतीत होती, संध्या-सुंदरी का समापन अंश समूची कविता के अनुभव को एक खास ढंग की आत्मीयता और उन्मुक्ति से संपृक्त कर देता है।

बादल-राग

'बादल-राग' से संबद्ध छः भाव-बंध हिंदी की अपनी व्यंजना-क्षमता के उत्कृष्ट उदाहरण हैं और इस प्रकार कवि के 'राग अमर' संबोधन को सार्थकता प्रदान करते हैं। कविता का आनंद उसके अर्थ-विस्तार में निहित होता है। जितनी बार उसका विश्लेषण किया जाए, उतनी ही बार वह किसी-न-किसी संवेदना से हमारा परिचय कराए, कवि का मूल अभिप्रेत भाषा की विकसनशील और तनाव-युक्त प्रकृति के बल पर किसी न किसी जटिलता से हमें समीपता का बोध कराए। 'बादल-राग' की विविध कविताएँ बहुमुखी जीवनानुभूतियों को साक्षात्कृत करती चलती हैं।

पहले भाव-बंध में कवि अमर राग के गायक बादलों का आवाहन करता है। पंक्तियों की विशिष्ट लयात्मकता कवि के आह्लाद, उन्माद को, उसके मुक्तिकामी प्राण को पूरी अभिव्यक्ति देती है :

झूम झूम मृदु गरज-गरज घन घोर।
राग अमर ! अंबर में भर निज रोर
झर झर झर निर्झर-गिरि-सर में,
धर, मरु, तरु-मर्मर, सागर में,
सरित-तड़ित्‌गति-चकित पवन में
मन में, विजन-गहन-कानन में
आनन-आनन में, रव घोर कठोर-
राग अमर ! अंबर में भर निज रोर।

निराला-काव्य की विशिष्ट श्रुतिधर्मिता का परिचय यह पूरा गति-चित्र संभव करता है। मुक्त-गीत में प्रवाह और आंतरिक गठन के लिए ध्वनि-आवर्त की

आवश्यकता का अनुभव रचनात्मक उपकरण के रूप में करना संवेदना के गहरे स्तरों का संस्पर्श करने का सूचक है। श्रावणिक तथा चाक्षुष बिंबों की सृष्टि तो होती ही है, अर्थ के सघन स्तर पर यह शब्दावली उन्मुक्त, अबाध प्राण के संचरण को भी स्वर देती है। कवि का अभिप्रेत वह अमर राग है, जो प्रकृति में ही नहीं, मानव-मन में भी, आनन-आनन में अपनी अकृत्रिम मनोवृत्ति, स्वच्छन्द आनन्द को स्थान दे। 'राग अमर' की पुनः आवृत्ति उसकी संश्लिष्ट गूंज-अनुगूंज को विस्तार देती है। शब्दों की तथाकथित सरलता अपने विशिष्ट क्रम में, लय और अनुभूति की संगति में एक स्थायी प्रभाव छोड़ जाती है।

आगे की पंक्तियों में कवि का बादल के लिए 'अरे वर्ष के हर्ष' का प्रयोग अपनी निश्छल प्रकृति से कवि की 'राग अमर' के प्रति नितान्त आकुलता को व्यंजित करता है। यह संबोधन जीवनानुभूति में से उत्तीर्ण होकर निकला है। आवेगमय व्यापारों में सीधे-सपाट कथन भी अपनी उत्तेजक शक्ति के माध्यम से अभिप्रेत के प्रति ईमानदारी का निर्वाह करते हैं :

पार ले चल तू मुझको
बहा, दिखा मुझको भी निज
गर्जन-भैरव-संसार !
उथल-पुथल कर हृदय-
मचा हलचल-
चल रे चल,
मेरे पागल बादल !

ये पंक्तियाँ कवि और बादलों के बीच घनिष्टता को घोषित करती हैं। निराला की कविताओं की उत्कृष्टता का एक कारण उनमें रचनाकार के अनुभूतिशील हृदय का संश्लेष है। केवल दृश्य-विषय को चित्रित करनेवाला (फिर वह चित्र-निर्माण कितनी भी बारीकी से क्यों न किया गया हो) कवि बलिष्ठ संवेदनाओं को प्रश्रय नहीं दे सकता। निराला या प्रसाद अपने अभिप्रेत के साथ गहरे स्तरों पर जुड़े हुए प्रतीत होते हैं। 'पागल-बादल' न केवल बादल के, बल्कि कवि के भी स्वातंत्र्य-कामी मानस को अभिव्यक्ति देता है।

रसधार बरसाने वाले बादल से प्रकृति-जगत् और कवि-हृदय में जो प्रतिक्रियाएँ हुई, उनका संश्लेष प्रस्तुत ध्वन्यात्मक चित्र में दर्शनीय है :

धँसता दलदल,
हँसता है नद खल्-खल्
बहता, कहता कुलकुल कल कल

देख-देख नाचता हृदय
बहने को महा विकल बेकल

शब्द-शब्द से उल्लास का उत्स फूट रहा है, जैसे कवि की मुक्ति के लिए चिपल ग्रान्तरिक ललक मूर्तिमान् हो उठी हो। आगे की तीन पंक्तियों का विन्यास अर्थ-समृद्धि की दृष्टि से महत्त्वपूर्ण है।

इस मरोर-से-इसी शोर से—
सघन घोर गुरु गहन रोर से
मुझे-गगन का दिखा सघन वह छोर

अपनी विशिष्ट लयात्मकता से ये पंक्तियाँ न केवल बादलों के साथ निकटता की चाह करने वाले कवि मानस को अभिव्यक्ति देती हैं, अपितु सीमाओं में न बँधकर असीमता का संस्पर्श करने को व्यग्र उसकी आत्मा को भी स्वर देती हैं। 'मुझे गगन का दिखा सघन वह छोर' जो सघन है, जो निराला के—या अधिक व्यापक स्तर पर हर सर्जनशील व्यक्तित्व के—विकास के लिए उचित दिशा-निर्देश कर सके।

'बादल-राग' का दूसरा भाव-बंध ओजस्वी संबोधन, लय की उन्मुक्तता तथा शब्दों की अनेक अर्थ-स्तरीय शक्ति के कारण उदात्त क्रान्तिकारी व्यंजना संभव करता है :

ऐ निर्बन्ध !
अन्ध-तम-अगम-अनर्गल-बादल !
ऐ स्वच्छन्द !—
मंद-मंद-समीर रथ पर उच्छृंखल

यहाँ कवि की भाषा किसी निश्चयात्मक उक्ति की ओर संकेत न करके अपनी द्वन्द्वात्मक प्रकृति से बहुमुखी अभिव्यक्तियाँ संभव करती है, जैसे कवि मानस ने बंधनमय राह का प्रत्याख्यान किया हो। निराला की ही एक कविता याद आ जाती है :

आज नहीं है मुझे और कुछ चाह
अर्ध-विकच इस हृदय-कमल में आ तू
प्रिये, छोड़ कर बंधनमय छंदों की छोटी राह।

जैसे कवि ने पूर्ववर्ती हिंदी काव्य-परंपरा की संकुचितता एवं गतानुगतिकता का अतिक्रमण किया हो, समस्त सामाजिक, राजनीतिक जड़ निषेधों का विरोध कर उन्मुक्त विकास की व्यंजना की हो, या अधिक सूक्ष्म स्तर पर (और वस्तुतः जो निराला की उदात्त कवि-मनोवृत्ति का सूचक है) अंधकार की शक्ति से जूझते

हुए ओजस्वी, जिजीविषाशक्ति-संपन्न व्यक्तित्व को रूपायित किया हो। 'अंध-तम-अगम अनर्गल बादल' का अप्रतिहत प्रवाह बादलों की दुर्दम्य शक्ति को ध्वनित करता है। यह विशेषण यथार्थ का डटकर मुकाबला करने वाले पौरुष-दीप्त व्यक्तित्व का जीवन्त चित्र उतारता है। कालिदास ने जिसे 'सूचीभेद्य अंधकार' कहा है, या निराला की ही 'राम की शक्ति-पूजा' में 'है अमा निशा; उगलता गगन घन अंधकार' का जो चित्रण है, वही अंध तम बादलों की दुर्धर्ष शक्ति के द्वारा अतिक्रमित हो जाता है। इसी अपराजेय शक्ति की अभ्यर्थना में कवि ने 'राम की शक्ति-पूजा' के नितान्त मानवीय राम का भी यों चित्रण किया है :

वह एक और मन रहा राम का जो न थका,
जो नहीं जानता दैन्य नहीं जानता विनय,

राजनीतिक और सांस्कृतिक दोनों स्तरों पर आत्म-विश्वास से रहित, बँधी लीक पर चलने वाली तत्कालीन भारतीय आत्मा को ये संबोधन जैसे उद्बोधित करने वाले हैं :

ऐ उद्दाम !
अपार कामनाओं के प्राण।
बाधा रहित विराट् !
ऐ विप्लव के प्लावन !
सावन-घोर गगन के
ऐ सम्राट् !

किन्तु काव्यभाषा की अपनी उन्मुक्त और उदार प्रकृति के कारण ये पंक्तियाँ सामयिक परिवेश के प्रति सजगता के साथ-साथ सार्वभौम अर्थ को भी लेकर चलती हैं। रचना की प्रासंगिकता इसी रूप में संभव होती है। विशृंखलित और चेष्टा-शून्य जीवन को इस संबोधन की ताज़गी झकझोरने वाली है—

अपार कामनाओं के प्राण !

'बाधा रहित विराट्' संबोधन स्पष्ट रूप से निरा के ही अजेय व्यक्तित्व की ओर इशारा करता है। बादल कोरा बादल नह है निराला की सर्जनात्मक भाषा में ढलकर प्रबल जीवन-आकांक्षा, मुक्त आदर्शों का पोषक बन गया है।

आगे की पंक्तियों में निराला ने बादल के रौद्र रूप को चित्रित किया है। जो बादल सामान्य दृष्टि में जल-दान करने वाले हैं, वे कवि की संवेदनशील कल्पना के साँचे में ढलकर रचना और संहार के माध्यम से क्रान्ति उत्पन्न करते हैं। रचना और संहार एक ही प्रक्रिया के दो पक्ष हैं। बादल का विप्लवी रूप

विकास को ही सुलभ करता है। अंतिम पंक्तियाँ पूरे बंध को एक ऊर्ध्व विराम दे देती हैं :

भय के मायामय आँगन पर
गरजो विप्लव के नव जलधर !

'मायामय' के साथ संयुक्त होकर 'भय' अर्थ की विविध छायाएँ उद्भूत करता है। पौरुष-उपासक कवि को भय की सत्ता उखाड़नी ही है। अर्थ के प्राथमिक स्तर पर विधिनिषेधों में परतंत्र भयाकुल मानवात्मा का निर्देश है, सूक्ष्म स्तर पर अपनी विजय, अपने लक्ष्य में स्खलन का बोध करने वाले साधक-मन के भय की व्यंजना है, जिसे संशय कहना अधिक उचित होगा। 'राम की शक्ति-पूजा' में मानवीय संकल्प-विकल्प के पुंज राम की स्थिति आँखों के निकट आ जाती है—'स्थिर राघवेन्द्र को हिला रहा फिर फिर संशय।'

'गरजो विप्लव के नव जलधर' जैसे मानव में ही निहित (किन्तु प्रसुप्त) शक्ति के सक्रिय होने की पुकार लगाता है। कवि की रोमांटिक कवियों जैसी भाव-विह्वलता तथा आवेगमयता क्लैसिकल कवि की गम्भीरता से संचालित हो जाती है। इसी स्थल पर आकर बादल की प्रतीक-योजना विराटता को प्रश्रय देती प्रतीत होती है।

तीसरा भाव-बंध क्लैसिकल प्रतीक के माध्यम से सांस्कृतिक व्यंजनाएँ उद्भूत करता है, जिसमें वीरव्रती अर्जुन के स्वर्ग-प्रवास और वहाँ से सफल प्रत्यावर्त्तन के मिथक द्वारा कवि बादल का तपःपूत कर्त्तव्य-निष्ठ रूप खड़ा करता है। इसके लिए कवि-कल्पना आरंभ से ही पृष्ठभूमि तैयार करती है :

सिंधु के अश्रु !
धरा के खिन्न दिवस के दाह !

बादल की उत्पत्ति के भौतिक सत्य को सर्जनशील भाषा कविता के साँचे में किस तरह से ढाल देती है, यह द्रष्टव्य है। सूर्य की ऊष्मा और समुद्र के वाष्प से बादल का जन्म होता है। उस बादल का सेवा-रत जीवन 'तरु के सुमन' के बिंब में कवि ने प्रस्तुत किया है :

विदाई के अनिमेष नयन !
मौन उर में चिह्नित कर चाह
छोड़ अपना परिचित संसार—
सुरभि का कारागार,
चले जाते हो सेवा पथ पर,
तरु के सुमन !

सफल करके
मरीचिमाली का चारु चयन।

सेवा में ही जीवन की सार्थकता है और उस सेवा-कार्य में वैयक्तिक आकांक्षाओं की बलि देनी पड़ती है, इन दोनों भावों की यहाँ व्यंजना है। 'विदाई के अनिमेष नयन' का काव्यात्मक सौन्दर्य सामान्य शब्दों में कहने की चीज़ नहीं है। एक ओर अपने परिचित संसार का मोह है, ममत्व है; दूसरी ओर कर्त्तव्य-भावना है। इन दोनों की टकराहट में विवेक को प्राथमिकता देना ही मनस्वी व्यक्तित्व का धर्म है। बादलों के माध्यम से इस सत्य को कवि ने प्रस्तुत किया है।

एक बार फिर 'सिन्धु के अश्रु' संबोधन की ताज़गी का अवलोकन किया जा सकता है, जो पूरे भाव से संबद्ध है, विच्छिन्न नहीं। बादल जड़ बादल नहीं है, सिन्धु के अश्रु है। सेवा-पथ पर जाते हुए प्रियजनों से विछोह की अनुभूति को निराला ने इस सूक्ष्म उपमान में मार्मिकता से रूपायित किया है।

आगे 'सव्यसाची' अर्जुन का बिंब पूरे बंध को एक सांस्कृतिक तेज प्रदान करता है। इतनी दूर तक इस रूपक का निर्वाह जैसे कवि की सर्जनशील जीवन के प्रति उत्कट आस्था को घोषित करता है :

स्वर्ग के अभिलाषी हे वीर,
सव्यसाचो से तुम अध्ययन-अधीर
अपना मुक्त विहार
छोड़ बंधुओं के उत्सुक नयनों का सच्चा प्यार
जाते हो तुम अपने पथ पर,
स्मृति के गृह में रख कर
अपनी सुधि के सज्जित तार।

'सव्यसाची' अर्थ की अनेक छायाएँ उद्घाटित करता है। 'अर्जुन' संबोधन में वह बात न आती। दायें ही नहीं, बायें हाथ से भी समान कौशल से धनुष चलाने में निपुण होने के कारण अर्जुन सव्यसाची कहलाये। बादल भी उत्कट जीवनी-शक्ति, प्रखर पराक्रम से परिपूर्ण है। इस पराक्रम के विरोध में ये दो पंक्तियाँ :

स्मृति के गृह में रख कर
अपनी सुधि के सज्जित तार।

बड़ी ही मर्मस्पर्शिनी प्रतीत होती हैं। वस्तुतः बादल तो कवि के लिए केवल प्रतीक मात्र है—जीवन निष्ठा, दृढ़ संकल्प, दुर्धर्ष शक्ति का। अतएव वह विविध सांस्कृतिक संदर्भों के आलोक में उसकी क्षमता की परख करता है। इसे केवल

मानवीकरण कह देना कविता की प्रकृति के साथ अन्याय करना है। इस प्रसंग में सुमित्रानन्दन पन्त की 'बादल' शीर्षक कविता याद आ जाती है, जिसमें अनुभव के साथ रचनाकार की गहरी संसक्ति का परिचय न्यून मात्रा में मिलता है, हाँ, अलग-अलग बिंबों, कल्पनाओं की राज-धज अवश्य विद्यमान है।

सव्यसाची अर्जुन का यह पौराणिक रूपक रचनाकार की सृजन-प्रक्रिया को समृद्ध करता है—

पूर्ण मनोरथ ! आए,
तुम आए;

यह संबोधन भी बड़ा ही सटीक है। पौरुष में आस्था रखने वाला ही ऐसा संबोधन कर सकता है। साधनावस्था तथा सिद्धावस्था का संश्लेष यहाँ सशक्त भाषा द्वारा संभव हुआ है, जो एक माने में कला की चरम सिद्धि कही जा सकती है। पौरुष और उत्साह से परिपूर्ण व्यक्तित्व की यह परिकल्पना निराला ने एकान्तिक स्तर पर नहीं की है, वरन् वह सामूहिक आकांक्षा को बल देती है। प्रकारान्तर से यह कवि की अद्वैत दृष्टि की ही प्रेरणा है :

विजय ! विश्व में नव जीवन भर,
उतरो अपने रथ से भारत !

अर्जुन के लिए विशेष रूप से 'भारत' संबोधन साभिप्राय है, मानों कवि दिग्भ्रमित आत्मविश्वास-शून्य देश को जागरण का संदेश देता है। समूचे बिंब-विधान की परिणति दाम्पत्य-प्रेम के अनुभव में होती है। योग-भोग, साधना-तृ.., दोनों का संश्लेष हो जाता है। प्रसाद के नाटकों के पौरुष-दीप्त प्रणयी पात्र याद आ जाते हैं। 'कामायनी' की श्रद्धा का यह उद्‌बोधन—'कर्म का भोग, भोग का कर्म / यही जड़ का चेतन आनन्द' जैसे इस बंध में अपना स्थान बनाता प्रतीत होता है :

उस अरण्य में बैठी प्रिया अधीर,
कितने पूजित दिन अब तक हैं व्यर्थ,
मौन कुटीर।
आज भेंट होगी—
हाँ, होगी निस्सन्देह
आज सदा सुख छाया होगा कानन—गेह

लय की घटती-बढ़ती गति, पंक्तियों की क्षिप्रता प्रणय-भाव में निहित आकुलता को व्यंजित करती हैं। 'पूजित' शब्द इस प्रणय को वैयक्तिक स्तर से

ऊपर उठाकर सांस्कृतिक गरिमा प्रदान करता है, जिसमें भारतीय पत्नी की उत्कंठा, समर्पण और साधना की संश्लिष्ट गूंज-अनुगूंज परिव्याप्त है।

आज अनिश्चित पूरा होगा श्रमित प्रवास,
आज मिटेगी व्याकुल श्यामा के अधरों की प्यास।

उपर्युक्त पंक्तियाँ जीवन में प्रणय के केन्द्रीय स्थान को घोषित करती हैं, जैसे उसके बिना यह सारी दौड़-धूप, यह सारी साधना के प्रति सचेष्टता अधूरी है। 'अनिश्चित' और 'श्रमित' विशेषण प्रणयाभाव में जीवन की रिक्तता को सूक्ष्म अभिव्यक्ति देते हैं। 'श्यामा के व्याकुल अधरों की प्यास का मिटना' पंक्ति अपने विशिष्ट सौन्दर्य-बोध के बल पर ऐन्द्रिक के साथ मानसिक तृषा की परितृप्त की व्यंजना करती है। 'श्यामा' के माध्यम से एक सूखी धरती की हरीतिमा का चित्र साकार होता है, दूसरी ओर समर्पणशील प्रिया की तुष्ट उत्कंठा दृष्टिगोचर होती है। प्रसाद के 'स्कंदगुप्त' नाटक की विजया स्कंदगुप्त के प्रथम दर्शन पर कहती है—अहा! कैसी भयानक और सुन्दर मूर्त्ति है।[1] भयानक और सुन्दर के तनाव और संश्लेष से अर्थ की सूक्ष्म छायाएँ इस बंध में निराला ने प्रस्तुत की हैं।

चौथे खण्ड में बादल के क्रीड़ा-रत रूप को प्रस्तुत किया गया है। उदात्त दृष्टि जीवन को एक क्रीड़ा-रूप में ग्रहण करती है। बादल के लिए 'क्रीड़ा-रत' बालक का बिंब अर्थगर्भी है। गोरखनाथ ने परम तत्त्व को आकाश में बोलनेवाला बालक कहा है—'गगन सिखर महिं बालक बोले, ताको नाम धरोगे कैसा?'

पाँचवें बंध में 'निरंजन' का संबोधन इस शिशु-प्रतीक को परम तत्त्व के बालक-प्रतीक से अनायास ही सम्बद्ध कर देता है। चौथे बंध का प्रारम्भ यों होता है :

उमड़ सृष्टि के अंतहीन अम्बर से
घर से क्रीड़ा-रत बालक-से
ऐ अनंत के चंचल शिशु सुकुमार!
स्तब्ध गगन को करते हो तुम पार
अंधकार-घन-अंधकार ही क्रीड़ा का आगार।

'अंधकार घन अंधकार' अर्थ के विस्तार द्वारा संघर्ष, बाधा, निराशा, अवसाद की प्रबल सत्ताओं को प्रश्रय देता है, जिनका सामना 'चंचल शिशु सुकुमार' करता है, अथवा यों कहें, तो अधिक सार्थक होगा कि वह कटु यथार्थ जैसे क्रीड़ा-स्थल है। स्थिति जितनी विषम है, उसे उतनी ही सरलता से कहा गया है, पर यह

१. स्कंदगुप्त, पृ० ४४

सरलता या कहने का हल्का-फुल्का ढंग ही उस विषमता को और भी गहरा रंग देता है :

> अंधकार-घन-अंधकार ही
> क्रीड़ा का आगार।

जैसे कवि की एक हल्केपन को समेटे हुए यह शब्दावली घोर अंधकार—सूक्ष्म स्तर पर कटु यथार्थ के साथ संघर्ष में निडरता और क्रीड़ा वृत्ति को व्यंजित करती है। आगे विद्युत-कान्ति के चमक कर छिपने के चाक्षुष दृश्य को कवि ने संगीत-शास्त्रीय उपमान में संवेद्य बनाया है :

> **चौंक चमक छिप जाती विद्युत**
> **तड़िद्दाम अभिराम,**
> **तुम्हारे कुञ्चित केशों में**
> **अधीर विक्षुब्ध ताल पर**
> **एक इमन का-सा अति मुग्ध विराम।**

विद्युत के चमक कर तुरन्त छिपने का वह एक क्षण ताल पर इमन राग के अति मुग्ध विराम द्वारा कविता में जीवित हो जाता है। शिशु रूप में परिकल्पित बादल के साथ क्रीड़ा करती सूर्य-रश्मियों का भी बिंबपरक अंकन हुआ है। इन दो उपमानों में कवि ने ध्वनि और रंग का संश्लेष संभव किया है, जो छायावादी बिंब-विधान की विशेषता है।

सप्तवर्णी इन्द्रधनुष को लेकर कवि-कल्पना ने औदात्य के उच्च धरातल की सृष्टि की है। कवि वीणा के सप्तक से इन्द्रधनुष का समीकरण करता है। 'गुडाकेश' विशेषण बादल की सक्रियता, गान में निरंतरता को लक्षित करता है। ये पंक्तियाँ कवि की ऊर्ध्वोन्मुखी दृष्टि की परिचायक हैं—

> **इन्द्रधनुष के सप्तक, तार,**
> **व्योम और जगती के राग उदार**
> **मध्यदेश में, गुडाकेश !**
> **गाते हो बारंबार।**

हिंदी प्रदेश का प्राचीन नाम मध्यदेश है। जैसे बंगाल-प्रवासी निराला के तेजस्वी बादल पिछड़े हुए हिंदी प्रदेश को चतुर्दिक् जागरण का संदेश सुनाते हों।

मेघ-घोष में कवि-कल्पना संगीत-स्वर की विभिन्न स्थितियों का समाहार कर लेती है। अकेला 'मुक्त' विशेषण ही कवि की स्थूल परिवर्तन के प्रति सचेष्टता से ऊपर उठकर सांस्कृतिक उच्चता के प्रति आदर-भाव को स्वर देता है :

मुक्त ! तुम्हारे मुक्त कंठ से
स्वरारोह, अवरोह, विघात
मधुर, मन्द्र उठ पुनः-पुनः ध्वनि
छा लेती है गगन, श्याम कानन,
सुरभित उद्यान,
झर झर रव भूधर का मधुर प्रपात

बादल की मुक्त आत्मा इस कविता की मुक्त आत्मा को भी सूचित करती है। वह ध्वनि, जो गगन, श्याम कानन, उद्यान आदि सभी को छा लेती है, कोई साधारण नहीं है, वरन् साक्षात् मुक्ति का संदेश देनेवाली है।

बधिर विश्व के कानों में
भरते हो अपना राग,
मुक्त शिशु ! पुनः पुनः एक ही राग

'राग अमर अंबर में भर निज रोर' की गूँज पुनः छा जाती है। यहाँ विश्व के लिए 'बधिर' विशेषण उसकी जर्जर जीवन-पद्धति, कृत्रिम विधि-निषेध के प्रति श्रद्धा, चिन्तन क्षमता के बासीपन का लक्षित करता है। बादल के लिए मुक्त शिशु संबोधन पुनः एक स्वच्छ, उन्मुक्त वातावरण की सृष्टि करता है। जो 'बधिर' है, वह कैसे उस संदेश को, उस अमर गान को सुनेगा; मगर 'मुक्त शिशु' का निर्दोष प्रयास दर्शनीय है।

पाँचवें बंध में कवि की उन्नत दृष्टि बादल में ब्रह्म की परिकल्पना करती है। वह निराकार ब्रह्म, जो सगुण रूप धारण करके अवतरित हुआ है, अपनी संपूर्ण चित्रात्मकता में साकार हो उठता है। यहाँ 'निरंजन बने नयन अंजन' का विरोध द्रष्टव्य है। सावन के सघन श्यामल मेघ जल से परिपूर्ण रहते हैं और उन्हीं को लक्ष्य करके मध्यकालीन कवि सेनापति ने 'कवित्त रत्नाकर' की 'ऋतु-वर्णन' तरंग में उन्हें 'आने हैं पहार मानो काजर के ढोइ कै' कहा है। निराला ने भी उन्हें 'नयन अंजन' विशेषण प्रदान किया है, जो अपेक्षाकृत अधिक संवेदनशील है। 'नयन अंजन' कितना सुखकर होता है ! बादल के प्रति कवि की ललक, उमंग को यह एक ही विशेषण प्रकट कर देता है। बादल के विविध रूपों की झाँकियाँ प्रारंभिक चरणों में कवि ने प्रस्तुत की हैं। 'बने नयन अंजन' की बार-बार आवृत्ति कवि के आत्मिक तोष का बोध कराती है। उसे श्याम घन में कृष्ण का आभास होता है :

आज श्याम घन श्याम, श्याम छवि,
मुक्त कंठ है तुम्हें देख कवि,

अहो, कुसुम कोमल कठोर पवि !
शत-सहस्र-नक्षत्र-चन्द्र-रवि संस्तुत
नयन-मनोरंजन !
बने नयन अंजन !

रचना को यह दार्शनिक मोड़ भाषा की क्षमता द्वारा ही दिया जा सकता है। कवि की यह विह्वलता इस दार्शनिकता को रुक्ष नहीं बनाती, वरन् उससे तादात्म्य की प्रतीति कराती है।

अन्तिम भाव-बंध क्रान्तिकारी व्यंजना और उदात्त स्वर-सौन्दर्य से परिपूर्ण है। 'बादल राग' का यह उत्कृष्टतम गीत है।

तिरती है समीर-सागर पर
अस्थिर सुख पर दुःख की छाया—
जग के दग्ध हृदय पर
निर्दय विप्लव की प्लावित माया—
यह तेरी रण-तरी
भरी आकांक्षाओं से,
घन, भेरी गर्जन से सजग सुप्त अंकुर
उर में पृथ्वी के, आशाओं से
नवजीवन की, ऊँचा कर सिर।
ताक रहे हैं, ऐ विप्लव के बादल !
फिर-फिर।

इतना दीर्घ वाक्य अनुभूति की लय पर सधा हुआ है। प्रारम्भ में क्रियापद का प्रयोग नाटकीयता की सृष्टि करता है। इसी नाटकीयता के उल्लेख में 'राम की शक्ति-पूजा' का 'है अमा निशा; उगलता गगन घन अन्धकार' भी स्मरित हो उठता है। आरंभ में दो अमूर्त अप्रस्तुतों का सन्निवेश और फिर 'भेरी गर्जन से सजग अंकुर' का चित्रण एक वाक्य के विस्तार में कृतीकवि द्वारा ही हो सकता है। छंद संवेदना को बहुत कुछ नियमित और अनुशासित करता है। एक बँधे-बँधाये छंद में यह ओज, प्रवाह और जीवनी-शक्ति नहीं आ सकती थी। 'बंधन-मय छन्दों की छोटी राह को छोड़ने की' कवि-आकांक्षा अर्थ की सर्जनात्मक संभावनाओं से उत्प्रेरित है। बादल की कान्ति-शक्ति का कुछ संकेत उद्धरण की अन्तिम पंक्तियों को तोड़-तोड़कर कवि ने दिया है—'घन, मेरी गर्जन से सजग सुप्त अंकुर / उर में पृथ्वी के, आशाओं से / नवजीवन की, ऊँचा कर सिर / ताक रहे हैं, ऐ विप्लव के बादल ! / फिर-फिर।'

बादल में युद्ध-नौका की परिकल्पना कविता को महाकाव्योचित औदात्य प्रदान करती है। 'भरी आकांक्षाओं से' प्रयोग अपार कामनाओं के प्राण बादल की अदम्य जिजीविषा को ध्वनित करता है। 'भेरी गर्जन' से 'सजग अंकुर' लहलहाने लगते हैं, इस प्राकृतिक सत्य के माध्यम से काव्यभाषा की उन्मुक्तता सूक्ष्म अर्थ-स्तरों को उद्‌घाटित करती है। क्रान्ति की सूचना मिलने पर नयी उमंगें सर्जनात्मकता की विविध संभावनाओं से भर उठती हैं। सुप्त अंकुर सजग होकर, सिर ऊँचा कर, विप्लव के नव बादल की ओर नव जीवन (जल) की आशा से ताक रहे हैं, मानों नयी पीढ़ी पौरुषदीप्त व्यक्तित्व के नेतृत्व के पथ में आँखें बिछाये खड़ी हो। 'नव जीवन' का श्लेष प्रस्तुत संदर्भ में श्लेष के दोहरे अर्थ से ऊपर उठकर गहरी व्यंजनाएँ संभव करता है, नवजीवन—जिसमें व्यर्थ विधि-निषेध न हों, जिसमें उनकी कोमल संभावनाओं को क्षति न पहुँचे। 'सजग' के ठीक बाद 'सुप्त' का प्रयोग दोनों की अर्थगत विपरीतता के कारण 'सजग' की अर्थ-क्षमता में वृद्धि करता है, और विप्लव के बादल का भेरी-गर्जन अधिक प्रभावकारी प्रतीत होने लगता है। 'सजग' और 'सुप्त' के स्थान पर कवि उनके पर्यायों का प्रयोग कर सकता था, पर तब अर्थ की वैसी उन्मुक्तता सम्भव न होती। 'सुप्त' में जैसे चेतना-शून्य, आत्मविश्वास-स्खलित, जड़ व्यक्तित्व की व्यंजना है, और 'सजग' अधोमुखो वृत्तियों से व्यक्तित्व के उत्तीर्ण होने की सूचना देता है।

सक्षम भाषा अपनी अर्थवत्ता के बल पर सूक्ष्म प्रतिक्रियाओं को उभारने में कृत-काम होती है, इस दृष्टि से दो कृतियों का संवेदनागत अंतर बहुत कुछ उनकी भाषा-प्रयोग-विधि पर निर्भर करता है :

बार-बार गर्जन,
वर्षण है मूसलधार,
हृदय थाम लेता संसार
सुन सुन घोर वज्र-हुंकार।

द्विवेदी-युगीन खड़ीबोली की इतिवृत्तात्मकता इतने साधारण-से प्रतीत होने वाले शब्दों में सूक्ष्म प्रतिक्रियाओं को अंकित न कर पाती। यहाँ लय की बनावट कुछ ऐसी है कि एक गति-चित्र निर्मित हो जाता है। बादलों का वज्र-सदृश गर्जन एवं अनवरत वर्षण संसार की सहन-शक्ति के बाहर है, मानो श्रेष्ठ प्रतिभा को झेलना, सही मूल्यांकन करना सब के बूते की बात नहीं है। एक चित्र द्रष्टव्य है :

अशनिपात से शायित उन्नत शतशत वीर,
क्षत-विक्षत-हत अचल शरीर,
गगन-स्पर्शी स्पर्द्धा धीर।

पौरुष के प्रतीक बादल की प्रचण्ड क्षमता का सशक्त उद्‌घाटन इस बिंब द्वारा हुआ है। स्फीत शब्दावली ओलों के गिरने की प्रतिक्रिया को स्वर देती है। 'शायित' के बाद 'उन्नत' का प्रयोग अपनी अर्थगत विपरीतता से ओलों के सर्व-ग्रासी प्रभाव को व्यंजित करता है।

और दूसरा चित्र है :

हँसते हैं छोटे पौधे लघुभार—
शस्य अपार,
हिल हिल,
खिल खिल,
हाथ हिलाते,
तुझे बुलाते,
विप्लव-रव से छोटे ही हैं शोभा पाते।

क्रान्ति का आवाहन छोटे लोग ही करते हैं। 'छोटे' जैसा सामान्य शब्द संदर्भानुरूप प्रयुक्त होने से बड़ा ही भावपूर्ण है। तिरस्कृत, निम्न तथा महत्त्वहीन को कवि ने विशिष्टता प्रदान की है। यह शब्द-चित्र कवि की संवेदना को उन्मुक्त अभिव्यक्ति देता है। 'हिल हिल खिल खिल' आदि से पौधों का एक गतिशील बिंब निर्मित होता है, जो बिंब के चाक्षुष स्तर तक ही सीमित न रहकर अर्थ की द्वन्द्वात्मकता को भी आत्मसात् करता है। पौधों के उल्लास, उन्माद, आवेग को वाणी मिली है। इसके विपरीत :

'अट्टालिका नहीं है रे
आतंक भवन'

में कवि का आक्रोश मुखर हो उठता है। निराला की ही एक कविता 'तोड़ती पत्थर' की पंक्तियाँ 'सामने तरुमालिका अट्टालिका, प्राकार' याद आ जाती हैं, जिस पर भग्न हृदय, पत्थर तोड़ती युवती जैसे हथौड़ा मारती है। दोनों कविताओं का विपरीत भाव एक जैसा है—अट्टालिका के सामने 'कृषक अधीर' और पत्थर तोड़ती स्त्री। 'विप्लव रव से छोटे ही हैं शोभा पाते' की गूंज बहुत दूर तक व्याप्त होकर इस कविता का केन्द्रीय तत्त्व बन जाती है। अगले चरणों में कवि ने विविध बिंबों में से इसी भाव को विकसित किया है :

सदा पंक ही पर होता
जल-विप्लव प्लावन,
क्षुद्र प्रफुल्ल जलज से सदा छलकता नीर,

'पंक' के बजाय 'पंकज' को महत्त्व देने वाले क्लैसिकल और रोमांटिक कवियों के सौन्दर्य-बोध के विपरीत यह दृष्ट साहसपूर्ण है। 'जल-विप्लव-प्लावन' की तुलना में 'नीर' का प्रयोग नीर की लघुता को व्यंजित करता है।

रोग शोक में भी हँसता है
शैशव का सुकुमार शरीर।

इस बिंब में बालक की क्रीड़ा-वृत्ति, उसकी उन्मुक्तता के माध्यम से बहुत कुछ कह दिया गया है। उसकी तुलना में ये धनी हैं :

रुद्ध कोष, है क्षुब्धतोष
अंगना-अंग से लिपटे भी
आतंक-अंक पर काँप रहे हैं
धनी वज्र-गर्जन से बादल !
त्रस्त नयन मुख ढाँप रहे हैं।

धनी व्यक्तियों में नैतिक बल के अभाव का निराला ने निर्ममता से पर्दाफ़ाश किया है। क्षोभ, दया, ग्लानि की मिली-जुली प्रतिक्रियाएँ इस चित्र को देखकर होती हैं। कदर्थना के पात्र ये विलासी शीत से नहीं काँप रहे हैं, वरन् भय से। 'अंगना अंग से लिपटना' और 'आतक अंक पर काँपना' ये दोनों चित्र एक के बाद एक विरोध में आकर लक्ष्मीपतियों की विलासिता और आत्म-बल-शून्यता को लक्षित करते हैं।

और अंत का यह कृषक-चित्र पूरी कविता को एक संगति प्रदान करता है,

जीर्ण बाहु, है शीर्ण शरीर
तुझे बुलाता कृषक अधीर,
ऐ विप्लव के वीर !
चूस लिया है उसका सार
हाड़-मात्र ही है आधार
ऐ जीवन के पारावार !

उपर्युक्त अंश निराला की प्रबुद्ध वर्ग चेतना का प्रतीक है। उस विषण्ण कृषक का साक्षात्कार भाषा की प्रतीकात्मकता संभव करती है—'चूस लिया है उसका सार' निःसत्व जीवन की करुण और आक्रोशपूर्ण अभिव्यक्ति करता है। 'जीवन के पारावार' में सर्जन, उत्साह या यों कहें, परिपूर्णता की स्पष्ट व्यंजना है। 'जीवन-

नद' या 'जीवन-सरिता' आदि कहने से वह बात न आती जो 'पारावार' के प्रयोग में निहित है। 'जीवन के पारावार' बादल द्वारा ही हाड़-माँस-शेष सर्वहारा वर्ग का उद्धार हो सकता है। सुमित्रानन्दन पन्त ने 'बादल राग' कविता की इन पंक्तियों को उद्धृत करते हुए स्थापना की है 'बादल को क्रान्ति का दूत मान लेना और उस क्रान्ति को युग-क्रान्ति से संबद्ध करना उनके (निराला के) समर्थकों की कल्पना को उड़ान-भर है।'[१]

वस्तुतः कविता की भाषा केवल अर्थ-सजगता को प्रश्रय न देकर उसकी संचरणशीलता को दृष्टि-पथ में रखती है। अर्थ के विविध स्तरों से पूर्ण यह समूची कविता इस दृष्ट से युग-क्रान्ति को ही स्वर नहीं देती, वह नैतिक जागरण, स्वच्छंद जीवन-पद्धति, नूतन प्रयोगों की संभावना को भी प्रमुखता देती है। निराला जैसा सांस्कृतिक कवि क्रान्ति के केवल स्थूल रूप से संतुष्ट भी नहीं हो सकता। लेकिन पंत जी का यह कथन कि 'बादल को युग-क्रान्ति से संबद्ध करना केवल उनके समर्थकों की कल्पना की उड़ान भर है'—कविता के संवेदनशील विश्लेषण के बाद स्वीकार्य नहीं होता।

भाव के दूरगामी निर्वाह की क्षमता इस कविता की भाषा में सन्निहित है। तीसरा भाव बंध है—

'उमड़ सृष्टि के अन्तहीन अंबर से,' जिसमें बादल के लिए शिशु का बिंब प्रस्तुत हुआ है। यह बिंब-निर्वाह पूरी कविता में हुआ है और 'मुक्त शिशु पुनः-पुनः एक ही राग अनुराग' में ही उसकी परिसमाप्ति होती है। कविता में अखंड आंतरिक एकता इसी कारण संभव हो सकी है। पंत जी ने भी अपनी 'बादल' कविता में शिशु के बिंब को बादलों की क्रीड़ावृत्ति के चित्रण के लिये प्रयुक्त किया है; पर चूंकि कलाकार की दृष्टि रम्य, किन्तु खण्ड-खण्ड कल्पनाओं में है, अतः वहाँ यह बिंब एक छंद में ही समाप्त हो जाता है—

फिर परियों के बच्चों से हम
सुभग सीप के पंख पसार
समुद पैरते शुचि ज्योत्स्ना में
पकड़ इन्दु के कर सुकुमार।

'बादल-राग' में एक ही बादल में ब्रह्म, मुक्त शिशु, क्रान्ति दूत की परिकल्पनाएँ करना कोई मामूली बात नहीं है, और विशिष्टता तो यह है कि वे परिकल्पनाएँ कहीं भी ऊपर से लादी हुई नहीं लगतीं, वरन् अनुभव का अंग बन गयी हैं।

१. 'छायावाद : पुनर्मूल्यांकन'—सुमित्रानन्दन पंत, पष्ठ ६७

इसका कारण यह है कि भाषा कवि की विविध संवेदनाओं के साथ सक्रिय है चाहे वह अमर राग के गायक बादल का गर्जन हो—शब्दों की संस्पर्श शक्ति का कवि पूरा-पूरा ध्यान रखता है—या विप्लव के माध्यम से नव-निर्माण को संभव करनेवाले 'अंध-तम-अगम-अनर्गल बादल' का रूप हो। रचना की आंतरिक एकता और शब्दावली का ओज सर्वत्र पूरी ईमानदारी का निर्वाह करता है।

गीतिका

'गीतिका' निराला का एक महत्त्वाकांक्षी प्रयोग है, महत्त्वाकांक्षी इस अर्थ में कि हिंदी भाषा की सांगीतिक संभावनाओं को मुख्यतः तत्सम शब्द-प्रयोगों से उभारने का साहसपूर्ण प्रयास उसमें है। पुनर्जागरण की मूल भावना से प्रेरित होने के कारण संस्कृतनिष्ठ शब्दावली को अपनाती हुई 'गीतिका' की काव्यभाषा सांस्कृतिक परिवेश और सूक्ष्म संवेदनों को अपने भीतर आत्मसात् करने में एक बड़ी सीमा तक कृतकाम हुई है, और इस प्रकार हिंदी भाषा की व्यंजना-क्षमता को जीवंत अनुभव के रूप में प्रस्तुत करती है। इसमें कोई संदेह नहीं कि 'गीतिका' में कुछेक गीत ऐसे हैं, जिनमें रचना-संघटन गहरे स्तर पर सक्रिय नहीं प्रतीत होता, दार्शनिक चिन्तन का भाषा से वह रचनात्मक रिश्ता नहीं जुड़ता, जिसके बल पर वैचारिक दुरूहता कुज्झटिका से आच्छन्न न होकर काव्य के अनुभव में, गीत की अनुभूतिगत सघनता और तीव्रता में पर्यवसित हो जाती है। आत्म-ज्ञान, रहस्यानुभूति की विशुद्ध दार्शनिक स्थितियाँ प्रत्यक्ष जीवनानुभूतियों के स्पंदन से असंपृक्त रहकर काव्य के लिए कहाँ तक ग्राह्य हो सकती हैं, यह एक विचारणीय प्रश्न है।

अस्तु, जिन गीतों में कविता की रचना-प्रक्रिया जागरूक प्रतीत होती है, उनमें से कुछ गीतों के विश्लेषण के आधार पर निराला के इस 'महत्त्वाकांक्षी प्रयोग' की परख की जा सकती है। यह तो स्पष्ट ही है कि 'गीतिका' की रचना में निराला की दृष्टि ने संगीत-तत्व को केन्द्र में रखा है (द्रष्टव्य 'गीतिका' की भूमिका)। यह अपने आप में एक सुखद अनुभव है कि यह संगीत-तत्त्व काव्यभाषा की संभावना को समृद्ध करता चलता है। यों तो खड़ी बोली में नये गीतों की सृष्टि सर्वप्रथम जयशंकर प्रसाद ने अपने नाटकों के माध्यम से की है, जैसा कि निराला ने स्वयं स्वीकार किया है[1] और प्रसाद के कुछ गीत—'मीड़ मत खिंचे बीन के तार' (अजातशत्रु), 'माँझी साहस है खे लोगे', 'सब जीवन बीता जाता

---

१. गीतिका—भूमिका, पृ० १९

है', 'आह ! वेदना मिली विदाई' (स्कन्दगुप्त), 'तुम कनक-किरन के अंतराल में लुक-छिपकर चलते हो क्यों ?' 'हिमाद्रि तुङ्ग शृंङ्ग से प्रबुद्ध शुद्ध भारती' (चन्द्र-गुप्त) अपने रचना-संघटन में बेजोड़ हैं, किन्तु यह नहीं कहा जा सकता कि प्रसाद ने गीतों की संभावना को पराकाष्ठा पर पहुँचा दिया। तत्सम शब्दों के ज़बर्दस्त आकर्षण से युक्त निराला के गीत संगीत और काव्य को एक सार्थक सर्जनात्मक रिश्ते में बाँधते हैं। 'गीतिका' की रचना द्वारा उन्होंने यह घोषित कर दिया कि खड़ी बोली में कविता के अनुभव को प्रायः अक्षत रखते हुए संगीत शास्त्रानु-मोदित गीतों की सृष्टि हो सकती है। प्रबंध और गीत-काव्य में ब्रजभाषा से अलग खड़ी बोली के वैशिष्ट्य का, उसकी प्राण शक्ति का बढ़िया संकेत निराला ने दिया है, जिसमें उनकी अपनी रचनात्मक कोशिश परिलक्षित की जा सकती है 'मैं खड़ी बोली में जिस उच्चारण-संगीत के भीतर से जीवन की प्रतिष्ठा का स्वप्न देखता आया हूँ, वह ब्रजभाषा में नहीं।''[1]

'(प्रिय) यामिनी जागी' गीत अपनी संगीतात्मक लय, मौलिक स्वर-विस्तार में सद्यः जाग्रता प्रेयसी का एक गतिशील चित्र निर्मित करता है। प्रिय के साथ देर रात तक जागरण की खुमारी को अभिव्यक्त करने के लिए यह शब्द-बंध प्रयुक्त हुआ है—

(प्रिय) यामिनी जागी।
अलस पङ्कज-दृग अरुण-मुख—
तरुण अनुरागी।

'(प्रिय) यामिनी जागी' के शब्द-प्रयोग में अनुभव की उन्मुक्तता, सघनता को प्रश्रय मिला है। यह लाक्षणिक प्रयोग महज़ छायावादी लाक्षणिकता का क़ायल नहीं है, वरन् इसके द्वारा रात्रि-जागरण के सूक्ष्मानुभव का भरपूर आस्वादन संभव हुआ है। यामिनी जाग गई है। सूक्ष्म-अमूर्त्त रूप के बावजूद 'यामिनी' में रात्रि की संपूर्ण संयोग-क्रियाओं की अर्थ-छवियाँ गीति के पूरे लाघव के साथ अंकित हो गई हैं। 'यामिनी' की अर्थ-छायाएँ देखने योग्य हैं, जो उसके किसी अन्य पर्याय में नहीं आ सकती थीं—याम-प्रहर-प्रहर वाली—यानी लम्बी रात। संयोग-सुख की दीर्घकालीनता को यह प्रयोग स्वर देता है। प्रेयसी के अलसाये पंकज-नयन अरुण-मुख प्रिय के अनुरागी हो रहे हैं। प्रिय-संयोग के बाद की खुमारी का अंकन बहुप्रयुक्त अप्रस्तुत-विधान पर आधारित है—(अलस-पंकज-दृग) जो प्रातःकालीन परिवेश को आलोकित करने के बावजूद अर्थ की गहरी संभावनाएँ नहीं उद्भूत

---

१. गीतिका-भूमिका, पृ० १८

करता। यही स्थिति प्रसाद के 'बीती विभावरी जाग री' गीत के इस अंकन में देखी जा सकती है :

तू अब तक सोई है आली
आँखों में भरे विहाग री।

यहाँ रात्रिकालीन राग 'विहाग' का सूक्ष्म-अमूर्त्त बिंब विर्णन में गहरे स्तरों पर व्याप्त होकर जागरण सुख की विविध स्थितियों—मादकता, अलसता, सुकुमारता की छायाएँ उद्‌भूत करता है। दो कवियों के पर्यवेक्षणों के इस तुलनात्मक विश्लेषण से बहु-प्रयुक्त अप्रस्तुत और ताज़े, सूक्ष्म-अमूर्त बिंब की आस्वादन-प्रक्रिया के अंतर को पहिचाना जा सकता है।

शय्या से तत्काल उठी प्रेयसी के खुले बालों की 'अशेष शोभा' 'ए' के स्वर-विस्तार, अभिधात्मकता के बावजूद शब्दों की घुलनशीलता, लय की खास नियोजना में सजीव हो उठी है—

खुले केश अशेष शोभा भर रहे,
पृष्ठ-ग्रीवा-बाहु-उर पर तर रहे,

केश के बाद 'अशेष' की जो आन्तरिक तुक है, वह केवल बाह्य अलंकृति नहीं, वरन् खुले केशों की शब्दातीत शोभा को अशेष जैसे (संभवतः सर्वाधिक अर्थक्षम) प्रयोग में बाँधने की प्रक्रिया है। संयोग-सुख से तृप्त प्रेयसी की स्थिति से जुड़कर खुले केशों की यह 'अशेष शोभा' और भी सार्थक एवं अनति-रंजित प्रतीत होती है। क्रियाओं के सुकुमार अर्थ-सौन्दर्य पर ध्यान दें—'भर रहे' और 'तर रहे' छंद की दो तुकें नहीं हैं, अपितु पहले में (भर रहे) सौन्दर्य की सतत गतिमान प्रक्रिया अनुस्यूत है और दूसरे में (तर रहे) उसका उन्मुक्त फैलाव अंकित है। इन दो पंक्तियों के मुकाबले तीसरी पंक्ति की नियोजना अर्थ के स्तर पर उतनी संचरणशील नहीं हो पाती, क्योंकि उसमें एक रूढ़ि है, भले ही वह पिछली दोनों पंक्तियों के सपाट अंकन की तुलना में अलंकारिक हो—

बादलों में घिर अपर दिनकर रहे,

यह पंक्ति संगीतात्मकता की दृष्टि से उपयुक्त हो सकती है, किन्तु सौंदर्य के प्रति कोई नवोन्मेष नहीं जाग्रत करती। इसके आगे की पंक्ति अवश्य ही लोचदार है, और प्रेयसी को अपनी दीप्ति से आलोकित कर देती है—

ज्योति की तन्वी, तड़ित—
द्युति ने क्षमा माँगी।

इस प्रयोग में कुछ-कुछ उसी प्रकार की ताज़गी है, जैसे इड़ा के सौन्दर्य-अंकन में

यह बिंब है—वह नयन-महोत्सव की प्रतीक। (कामायनी)[1] 'तड़ित-द्युति ने क्षमा माँगी' में एक परंपरित चित्र अनुस्यूत रहने पर भी शब्दों की नियोजना में नयी भंगिमा है, और इसीलिए 'बादलों में घिर अपर दिनकर रहे' की तुलना में यह पंक्ति अधिक प्राणवान् लगती है।

गीत के अंतिम अंश में मार्मिक ढंग से पारिवारिक जीवन में संपन्न शरीर-साहचर्य की परिणति को स्थान दिया गया है—

हेर उर पट, फेर मुख के बाल
लख चतुर्दिक चली मंद मराल
गेह में प्रिय स्नेह की जयमाल
वासना की मुक्ति, मुक्ता
त्याग में तागी !

पहली दो पंक्तियाँ मात्र शारीरिक चेष्टाओं तक सीमित न रहकर मानसिक स्थिति को भी समेट लेती हैं। 'हेर', 'फेर' के तद्भव शब्द-प्रयोग में हिंदी का अपना सौंदर्य है, जो घरेलू ढंग की अनौपचारिक स्थिति के संदर्भ में सटीक है। शरीर-साहचर्य की परिणति गृहस्थ जीवन के दैनिक क्रिया-कलाप में होती है और जो एक माने में दाम्पत्य-जीवन की पूर्णता है। प्रेयसी के रूपांकन में 'ज्योति की तन्वी' जैसे प्रयोग के समकक्ष 'गेह में प्रिय स्नेह की जयमाल' का प्रयोग अपने मांगलिक संदर्भ के कारण विशिष्ट अर्थवत्ता रखता है और निराला की शब्द-पारखी प्रकृति को प्रकट करता है। अन्तिम पंक्ति 'वासना की मुक्ति, मुक्ता/त्याग में तागी' का काव्यात्मक संयोजन, कल्पनात्मक पकड़ सर्वथा नवीन है। ऐन्द्रिक तृप्ति और कर्त्तव्य निष्ठा का संपृक्त अनुभव इस गीत का है, जो इन विविध शब्द-प्रयोगों में उभर उठा है।

'(प्रिय) यामिनी जागी' की तरह कला-निर्वाह की सजग चेष्टा 'मौन रही हार' (गीत सं० ६) में देखी जा सकती है, जिसमें परंपरा से रूपायित नव-वधू को नये संदर्भ में रखने की कोशिश की गई है यानी उसकी द्वंद्वात्मक मनःस्थिति को उरेहा गया है :

मौन रही हार,
प्रिय पथ पर चलती,
सब कहते शृंगार।

आभूषणों के लिए 'शृंगार' का प्रयोग और उसका नवीन वाक्य-विन्यास

---

१. कामायनी, पृ० १७६

(सब कहते शृंगार) में पिरोया जाना उल्लेखनीय है। बाह्य-भूषणों के बजने से लोक-लाजवश नववधू प्रिय पथ पर जाना छोड़ देती है, लेकिन 'बजे सजे उर के इस सुर के सब तार' के कारण वह अपनी लज्जा का परित्याग कर पुनः प्रिय के पास जाने लगती है। यहाँ शब्दों की श्लक्ष्ण संगीतात्मकता में नववधू के सारे कार्यकलाप और उसकी विशिष्ट मनःस्थिति रूपायित हो उठी है।

'दृगों की कलियाँ नवल खुली' (गीत सं० १७) परिष्कृत पद-विन्यास का एक बढ़िया नमूना है, जो प्रणय के औदात्य को गहरा रंग देता है। दृगों की कलियों का इस प्रकार का रूपकात्मक अंकन है, मानो वे नायिका हों। इसी प्रसंग में 'स्पर्श से लाज लगी' (गीत सं० २८) को लिया जा सकता है, जिसमें भाषा के साथ गहरे स्तरों पर संसक्त रचनाकार शरीर-सुख को एक विराट् उत्सव के रूप में लेता है। चुंबन की प्रतिक्रिया का अंकन बड़े दक्ष रूप में हुआ है—

चुंबन चकित चतुर्दिक् चंचल
हेर, फेर मुख, कर बहु सुख छल,
कभी हास, फिर त्रास, साँस बल
उर-सरिता उमगी।

'चुंबन-चकित' जैसा शब्द-संयोजन प्रिया की आंगिक और मानसिक प्रतिक्रिया को, उसके अक्षत यौवन को सुकुमार अभिव्यक्ति देता है। पहली पंक्ति में 'च्' ध्वनि की आवृत्ति आह्लादयुक्त वातावरण के निर्माण में सहायक हुई है। अगली दोनों पंक्तियों के प्रसंगानुरूप विराम देखने योग्य हैं। इसके आगे मधुचर्या की प्रक्रिया को कवि ने अनुभव के स्तर पर प्रखर रूप में स्थान दिया है—

प्रेम चयन के उठा नयन नव
विधु-चितवन, मन में मधु कलरव
मौन पान करती अधरासव
कण्ठ लगी उरगी।

पहिली पंक्ति में 'नयन' के पूर्व 'चयन' का प्रयोग आन्तरिक अनुरूपता की नियोजना करता है, पर वह गौण बात है। विशिष्टता तो और गहराई में पैठने पर सामने आएगी। प्रिया प्रेम को चुनने वाले नव नयनों को उठाती है, जैसे 'प्रेम' कोई मूर्त्त वस्तु हो, जिसका 'चयन' किया जाना है। स्थूल वस्तु के संदर्भ में प्रयुक्त 'चयन' शब्द की 'प्रेम' जैसी सूक्ष्म प्रक्रिया के संदर्भ में काव्यात्मक विन्यस्ति स्पृहणीय है। यहाँ, अलग से अति सामान्य, पर प्रस्तुत संदर्भ में बहुत सार्थक 'नव' विशेषण पर विचार करना संगत होगा। नयन नव हैं, क्योंकि वे प्रेम-चयन करनेवाले हैं। वाक्य-विन्यास में निहित कल्पनात्मक पकड़ द्रष्टव्य है—

प्रेम-चयन के उठा नयन नव

नव जैसा काव्य रूढ़ विशेषण—विशेषतः छायावादी काव्य के संदर्भ में—यहाँ सचमुच आश्चर्यजनक रूप से नयनों को प्रत्यग्रता प्रदान करता है। चितवन के लिए विधु का बिंब (विधु चितवन) भी ऐसी ही ताजगी से परिपूर्ण है। तीसरी पंक्ति का 'मौन' बड़ी सूक्ष्म, सटीक और सुकुमार व्यंजनाएँ उद्भूत करता है—विशेषतः अधरासव-पान-मधुचर्या के सर्वाधिक उत्तेजक और सुखद अनुभव के संदर्भ में। पंक्ति की बड़ी सधी हुई लय है—

मौन पान करती अधरासव
कंठ लगी उरगी।

'परिमल' में संकलित 'मौन' कविता के 'मौन मधु हो जाय' से अनुप्राणित संवेदनशील रचनाकार ही यहाँ मौन की अवस्थिति कर सकता था। अन्तिम वाक्यांश 'कंठ लगी उरगी' में गीत की तीव्रता को मूर्धन्य कर दिया गया है। संयोग-सुख के एकान्तिक उत्तेजन का निकटतम साक्षात्कार 'उरगी' शब्द संभव करता है, जहाँ भाषा अनुभव और अभिव्यक्ति का सर्जनात्मक रिश्ता नहीं प्रस्तुत करती, बल्कि और दूरी तक जाकर स्वयं अनुभव बन जाती है। नारी की उत्तेजित वासना का जीवंत रूप 'उरगी' में है। इस 'उरगी' का तीव्र-प्रखर रूप पूर्ववर्ती 'विधु-चितवन' की शीतलता, शालीनता और 'मौन' (मौन पान करती अधरासव) की विश्रान्ति के 'कन्ट्रास्ट' में और भी उभरता है, और इस प्रकार, यौन अनुभवों—लज्जा, द्विविधा, आकर्षण, उत्तेजना—के क्रमिक विकास को अभिव्यक्ति देता है। मांसल चुंबन का ऐसा सही साक्षात्कार छायावादी कवियों की दुर्लभ सूक्ष्मता के परिप्रेक्ष्य में स्पृहणीय लगता है।

मांसल चुंबन के अंकन के बाद कला की यह परिणति वही कवि कर सकता है, जिसमें रोमांटिक के साथ क्लैसिकल कलाकार की गहरी भंगिमा हो :

मधुर स्नेह के मेह प्रखरतर,
बरस गये रस-निर्झर, झरझर,
उगा अमर अंकुर-उर भीतर;
संसृति भीति भगी।

'अधरासव' और 'उरगी' के उत्तेजक संवेदन के बाद संभोग की उदात्त प्रतिक्रियाएँ अमर 'अंकुर' की अवतारणा में संभव हुई हैं। मेह के रूपक का निर्वाह पूरी काव्यात्मक संवेदनशीलता के साथ कवि ने किया है। अन्तिम पंक्ति 'संसृति-भीति भगी' का उदात्त संवेदन द्रष्टव्य है। कवि ने संयोग के उत्तेजन को ही नहीं अनुभूत किया, उसमें निहित ऊर्ध्व-चेतना के भी दर्शन किये हैं।

सामान्यतः क्लैसिकल स्पर्श से अभिषिक्त 'गीतिका' के गीतों की श्रेणी में 'नयनों के डोरे लाल गुलाल भरे' (गीत सं० ४१) एकदम यथार्थ चित्र है, जिसमें होली के नितान्त घरेलू और परिचित रूपक में शरीर के उल्लास का अंकन हुआ है। संगीत के स्तर पर यह लोकगीत के करीब पहुँचता है और काव्य के स्तर पर इसकी खूबी यह है कि शरीर-सुख के इस बैलीस चित्र में कहीं भी अनुभव का हल्कापन नहीं है। 'गीतिका' के साधारणतः सूक्ष्म भावभूमि वाले गीतों की तुलना में इस गीत की भाषा देखने योग्य है—

प्रिय-कर-कठिन उरोज-परस कस कसक मसक गई चोली,
एक वसन रह गई मंद हँस अधर दशन अनबोली—
कली-सी काँटे की तोली।

मौलिक और अनौपचारिक लय पर निर्मित वाक्य के इतने लंबे विस्तार में 'कसक', 'मसक', 'अनबोली', 'तोली' जैसे ठेठ शब्दों का सधा प्रयोग हिंदी भाषा की व्यंजना-क्षमता में वृद्धि करता है। इस नितांत उन्मुक्त अंकन के बाद सूक्ष्म व्यंजनात्मक भाषा में गीत की यह परिणति हुई है—

बीती रात सुखद बातों में प्रात पवन प्रिय डोली,
उठी सँभाल बाल, मुखलट, पट, दीप बुझा हँस बोली—
रही यह एक ठठोली!

यहाँ 'बीती रात' में 'बीती' क्रिया-पद की व्यंजनात्मक गहराई देखने योग्य है। वह मधुर रात बीत गई, बिताई नहीं गई। अगर कवि ने बिताई क्रिया-पद का प्रयोग किया होता, तो वह ऊब का द्योतक होता, जैसे प्रिया ने विरक्ति के साथ संयोग-सुख की वह रात बिताई हो। किन्तु 'बीती' के प्रयोग में ध्वनि यह है कि वह रात स्वयं बीत गई, मानो प्रिया को उसकी अभी और चाह थी।

प्रकृति और मानवीय जीवन का संपृक्त अंकन करने वाले प्रख्यात गीत 'सखि, वसंत आया' (गीत सं० ३) में समास-पदों की मौलिक और कलात्मक योजना से सज्जित प्राकृतिक अवयव सूक्ष्म स्तर पर मानव जीवन के वसंत—उल्लासमय यौवन—को स्वर देते हैं—गीत की अंतिम पंक्तियाँ इस कथन का बड़ा सटीक उदाहरण हैं—

आवृत सरसी-उर-सरसिज उठे,
केशर के केश कली के छुटे,
स्वर्ण-शस्य-अंचल
पृथ्वी का लहराया।

ये संस्कृतनिष्ठ शब्द कोई पाण्डित्य-प्रदर्शन के लिए नहीं हैं, कवि ने उनमें अपनी संसक्ति भर दी है। जीवन के संवेदन से सराबोर हैं, यौवनावस्था के विकास की बड़ी सूक्ष्म और संश्लिष्ट व्यंजनाएँ इनमें हैं। इसीलिये पूरी कविता एक चाक्षुष प्रतिमा-मात्र का निर्माण न कर, बड़े संश्लिष्ट ढंग से जीवनानुभव को पकड़ती है और किसी भी कविता के बिषय में ऐसा कह पाना निश्चय ही उसकी उपलब्धि का द्योतक है।

अपने गीतों में लय और विराम पर कवि ने बड़ा सधा अनुशासन रखा है और इस दृष्टि से इन दो गीतों का विश्लेषण किया जा सकता है—(१) 'सरि, धीरे बह री' (गीत सं० १९) (२) 'चाल ऐसी मत चलो' (गीत सं० ६२)। 'सरि, धीरे बह री' में थोड़े शब्दों में समाहित आशय की नियोजना शब्दों की करुण प्रकृति, साभिप्राय बिराग से संभव हुई है :

सरि, धीरे बह री।
व्याकुल उर, दूर मधुर
तू निष्ठुर, रह री!

'व्याकुल उर' और 'तू निष्ठुर' के बाद के अर्द्ध-विराम क्रमशः व्याकुलता और निष्ठुरता को गहराई देने के लिए प्रस्तुत हुए हैं। शब्द-संयोजन अत्यन्त कलात्मक है—

तृण थरथर कृश तन-मन
दुष्कर गृह के साधन,
ले घट श्लथ लगती, पथ
पिच्छल, तू गहरी।

करुण और प्रशान्त लय वाले संगीत की संभावनाओं का इतना दूरगामी उपयोग इन उद्धरणों में देखा जा सकता है। दूसरे गीत 'चाल ऐसी मत चलो' में जैसे खड़ी बोली का सारा खड़ापन निरस्त कर दिया गया हो। लय का यह ठहराव समग्र अनुभूति को एक नम्यता प्रदान करता है—

चाल ऐसी मत चलो
सृष्टि से ही गिर रहा जो
दृष्टि से फिर मत छलो।

'अनामिका' में संकलित अत्यन्त प्रौढ़ गीत-रचना 'मरण-दृश्य' की खास ढंग की लय का स्मरण प्रस्तुत गीत करा देता है। 'मरण-दृश्य' में भी ऐसी ही ठहरी-ठहरी लय है—

कहा जो न, कहो।
नित्य-नूतन, प्राण, अपने
गान रच-रच दो।

'गीतिका' के प्रस्तुत गीत में 'चाल चलना' (चाल ऐसी मत चलो) का ठेठ प्रयोग उल्लेखनीय है। 'सृष्टि' और 'दृष्टि' का आंतरिक ध्वनि साम्य सृष्टि-प्रदत्त वेदना और उसमें प्रिया की निष्ठुरता को मार्मिक अभिव्यक्ति देता है। दूसरी तथा तीसरी पंक्ति में क्रमशः 'ही' और 'फिर' अव्ययों के प्रयोग असहायता को एकांतिक स्तर पर पहुँचा देते हैं। गीत के अगले चरणों में एक खास ढंग की आत्मीयता शब्दों के रूप में उभरी है। उनमें एक विशिष्ट द्रवणशीलता है, जिसमें मन की सारी गोपनीयता अपने को डुबो देती है—

कह रहा हूँ जो कथा
बज रही उसकी व्यथा ?
या चरण चलते रहेंगे
निश्शरण पर सर्वथा ?
सुख मिला जिसको जिलाया
दुःख दे मत दलमलो।

गलदश्रुभावुकता और अति-मोह से मुक्त, कुछ-कुछ निस्संग-सी इस लय में नियति के सामने मनुष्य की लाचारी, अवचेतना की कसमसाहट ध्वनित हुई है। 'या' और 'सर्वथा' जैसे अव्ययों का सार्थक काव्यात्मक उपयोग हुआ है—'या' में विकल्प का जो भाव है, वह मानव-जीवन की अनिश्चित, अनिर्दिष्ट प्रकृति की व्यंजना के लिए एक प्रकार का मितकथन है। प्रश्नवाचक चिह्न (?) भी 'या' की इस सर्जनात्मक क्रिया में योगदान देता है। 'सर्वथा' में जीवन की भटकन, असहायता को एकान्तिक बल मिला है—या चरण चलते रहेंगे / निश्शरण पर सर्वथा ? अंतिम क्रिया-पद 'दलमलो' में गीत की तीव्रता, सघनता मूर्धन्य हो गई है—

सुख मिला जिसको जिलाया
दुःख दे मत दलमलो।

'स्नेह निर्झर बह गया है' गीत की इन पंक्तियों में 'दह' क्रिया पद में भी भाव-तीव्रता को मूर्धन्य कर दिया गया है—नहीं जिसका अर्थ / जीवन दह गया है।

इतने सज्जा से उपराम शब्दों की ताज़ी नियोजना के बाद प्रेमास्पद के लिए प्रयुक्त प्राकृतिक उपकरणों की सुकुमारता में गीत की समाप्ति जीवन-वसंत के आह्वान को स्वर देती है—

बनो वासंती मृदुल
पत्रिका तरु की अतुल,
फिर सुरस सञ्चारिका
सुख-सारिका उसकी मुकुल;
फिर मधुर मधुदान से नव
प्राण दे-देकर फलो।

छंद की मात्राओं में थोड़ी दूर तक समानता रहने पर भी इन पंक्तियों की प्रसन्नलय पूर्ववर्त्ती पंक्तियों की नमितलय से कितनी अलग हो गई है, यह उल्लेखनीय है।

अर्थ के स्तर पर उन्मुक्तता और संचरणशीलता का बढ़िया उदाहरण 'रूखी री यह डाल, वसन वासंती लेगी' (गीत सं० १४) गीत प्रस्तुत करता है, जिसमें सांस्कृतिक संदर्भ से अनुप्राणित विराट् रूपक का निर्वाह बड़ी दक्षता से हुआ है। निराला की विविधरूपा कल्पना जहाँ 'स्नेह-निर्झर बह गया है' गीत में आम की सूखी डाल के रूप में जीवन की रिक्तता और उपलब्धि के संश्लेष का साक्षात्कार करती है, वहीं 'गीतिका' के इस गीत में पतझड़ की सूखी डाल पर वर-रूप में शिव की प्राप्ति के लिए तत्पर, शैल-सुता-पार्वती का रूपक बाँधती है। कला-प्रयास और उदात्त चिन्तन का स्वच्छ रूप इस गीत में देखा जा सकता है। प्रणय की भारतीय परिकल्पना (जिसमें त्याग-तपस्या की विशेष प्रतिष्ठा है और जो पार्वती के रूपक में बड़े सटीक ढंग से उद्घाटित हुई है), पतन में उत्थान के प्राकृतिक नियम तथा जागरण के नवोल्लास का संपृक्त अनुभव इस गीत की विशेषता है, जिसके आरंभ, मध्य और परिणति का निर्वाह सधी हुई संस्कृतनिष्ठ लाक्षणिक भाषा करती है। भाषा और अनुभव के स्तर पर पुनर्जागरण का बहुत भव्य रूप ऐसे गीतों में देखा जा सकता है।

पौराणिक रूपक का ऐसा ही काव्यात्मक उपयोग 'पास ही रे, हीरे की खान' (गीत सं० २५) की इन पंक्तियों में देखा जा सकता है, जिनमें परमसत्य-सिद्धि की अवस्थिति अपने ही भीतर मानी गयी है और जिसकी उपलब्धि कठोर आत्मिक संयम के बल पर हो सकती है। द्रौपदी-स्वयंवर के लिए आयोजित 'मत्स्य वेध' का रूपक कवि की पौराणिक कल्पना-शक्ति का संकेत देता है :

चक्र के सूक्ष्म छिद्र के पार,
बेधना तुझे मीन शर मार
चित्त के जल में चित्र निहार,
कर्म का कार्मुक कर में धार,

मिलेगी कृष्णा सिद्धि महान्,
खोजता कहाँ उसे नादान ?

सिद्धि का सूक्ष्मानुभव इस रूपक के कारण काव्य के स्तर पर ग्राह्य हो सका है। व्यक्तित्व मुक्ति का अनुभवैकगम्य सुख कितनी अयान्त्रिक रीति से, लय और प्रतीकों की नियोजना में, वाक्य की आवृत्ति में ध्वनित हो उठा है, यह 'गीतिका' के आमुख गीत में देखा जा सकता है और जो इस माने में 'गीतिका' का सूत्र गीत कहा जा सकता है—

हूँ दूर—सदा मैं दूर।

यहाँ सारे संकीर्ण दायरों का अतिक्रमण है। बद्ध और मुक्त मानस की स्थितियों का अंकन प्रस्तुत शब्द-बंध में हुआ है—

कल्लोलिनी-कला-जल-कलरव
सुमन-सुरभि समीर-सुख-अनुभव
कुमुद किरण अभिसार केलिनव
देख रहा तू भूल-शूर।
हूँ दूर—सदा मैं दूर।

बद्ध मानस की सटीक अभिव्यक्ति संघर्ष शून्य इन ऐन्द्रिक-प्राकृतिक प्रतीकों में हुई है। वह कल्लोलिनी की कला वाले जल का कलरव सुन रहा है, सुमन की सुरभि और समीर के मंद संचरण से उत्पन्न सुख का अनुभव कर रहा है, कुमुद और चन्द्र किरणों की नव अभिसार केलि देख रहा है। भाषिक संरचना के स्तर पर यह अपने में एक बड़ी बात है कि इस तरह के प्रतीक, जो छायावादी-काव्य विशेषतः महादेवी की कविता में—बहुतायत संख्या में नियोजित हुए हैं, प्रस्तुत गीत में बड़ी सूक्ष्म अर्थ-ध्वनियाँ उत्पन्न करते हैं। ये शब्द—'कल्लोलिनी', 'सुमन', 'सुरभि', 'कुमुद', 'किरण', 'अभिसार' आदि—छायावाद की शब्द-रूढ़ि क्रम के होते हुए भी उनकी संवेदना के क़ायल नहीं है, कवि द्वारा नये संदर्भ में रखे जाने के कारण अनुभव की ताज़गी को क़ायम किये हुए हैं। 'देख रहा तू भूल-शूर' में 'भूल' और 'शूर' का बाह्य ध्वनि-साम्य और आन्तरिक अर्थ-विरोध एवं दोनों शब्दों के बीच का अंतराल बद्ध मानस की व्यर्थता पर मुक्त के पश्चात्ताप को बड़े काव्यात्मक अनुशासन के साथ अभिव्यक्ति देता है। 'हूँ दूर—सदा मैं दूर' की अंत में आवृत्ति इस मुक्ति-भाव को और दृढ़ता प्रदान करती है। भाषा के साथ इतनी गहरी आत्मीयता होने पर ही कवि इस सूक्ष्म सोपान का संस्पर्श कर सका है, ठीक उसी तरह जैसे 'ले चल वहाँ भुलावा देकर मेरे नाविक धीरे-धीरे' जैसे

प्रसिद्ध गीत में प्रसाद व्यक्तित्व की निस्संगता को शब्दों की एकांत निकटता में पर्यवसित कर सके हैं।

'गीतिका' में संकलित जागरण-गीतों में निराला ने तत्सम शब्दों का भरपूर और कुशल उपयोग किया है, जिनमें से एक गीत 'जागो जीवन धनिके' को विश्लेषण के लिए लिया जाता है। धन की अधिष्ठात्री के रूप में परिकल्पित लक्ष्मी के परंपरित, सीमित रूप को न लेकर उनके व्यापक रूप को इस गीत में लिया गया है। लक्ष्मी के लिए पहला संबोधन है—'जीवन-धनिके'। इसमें जीवन की समूची समृद्धि अनुस्यूत है। अंधकार को निरस्त कर अवतरित होते प्रकाश की नियोजना से जागरण का अंकन कोई नई बात नहीं, किन्तु प्रस्तुत पंक्तियों में कवि की विराट् चित्र-योजना द्रष्टव्य है—

दुःख-भार भारत तम-केवल
वीर्यसूर्य के ढके सकल दल,
खोलो उषा-पटल निजकर अयि
छविमयि दिन-मणिके !

भारत के सामूहिक पतन की तीव्र पीड़ा पहली दो पंक्तियों में मूर्त हो उठी है। 'वीर्य सूर्य के ढके सकल दल' प्रयोग तेज शून्यता को उभारता है। अंतिम पंक्ति में जागरण की कामना मुखरित हुई है।

शब्दों की विशिष्ट नियोजना के कारण अभिधा में से विराटता किस प्रकार विवृत होती है, यह गीत के अंतिम अंश में देखा जा सकता है :

दिवस-मास-ऋतु अयन वर्ष भर
अयुत-वर्ण युग-योग निरंतर
बहते छोड़ शेष सब तुम पर
लव-निमेष कणिके।

जिसमें 'जीवन-धनिके' के विराट् रूप, सार्वभौम शक्ति की प्रतिष्ठा हुई है। 'दिन-मणिके', 'ज्ञान-विपणि-खनिके', 'लव-निमेष-कणिके' जैसे प्रयोग समासप्रियता और संस्कृत ज्ञान के प्रदर्शन के अभिप्राय से नहीं प्रयुक्त हुए हैं, अपितु इनमें उदात्त संवेदन, विश्वोन्मुखी चेतना अनुस्यूत है और इस रूप में ये जागरण के विराट् भाव को आत्मविश्वास से मुखरित करते हैं।

तोड़ती पत्थर

काव्यभाषा में महत्त्व गठन का है, शब्दावली का नहीं। कवि की संवेदना की सही पहचान, उसकी ईमानदारी, ग़ैर-ईमानदारी की पकड़ केवल शब्दों की

तत्सम-तद्भव प्रकृति के अनुशीलन से नहीं की जा सकती। केवल तद्भव और देशज शब्दों का प्रयोग काव्य में जन-सामान्य की प्रतिष्ठा तब तक नहीं कर सकता, जब तक उन शब्दों में कवि की संवेदना ने अपनी ललक, संसक्ति न भर दी हो। अकिंचन, उपेक्षित को स्थान देने वाली रचना में रचनाकार के संस्कार-शील, तत्सम शब्द-प्रयोग के कारण उस रचना की वस्तुनिष्ठता और साधारण के प्रति कवि-संवेदना की प्रामाणिकता में संदेह संगत नहीं प्रतीत होता। बहुत सभव है कि संवेदनशील रचनाकार के उस विशिष्ट प्रयोग में रचनात्मकता का आग्रह हो तथा आभिजात्य के कुछ-कुछ निकट रहने वाली वह शब्दावली अकिं-चनता के विरोध में आकर संवेदना की तीव्रता को और भी अधिक उजागर करे। अपनी प्रबुद्ध समीक्षा शक्ति और यथार्थग्राही दृष्टि के बावजूद दूधनाथसिंह 'तोड़ती पत्थर' (१९३७ ई०) की मूल दृष्टि का संस्पर्श न कर पाने के कारण उसकी यथार्थ की पकड़ में संदेह करते हैं और उसकी प्रकृति को छायावादी कल्पनाशीलता से संपृक्त करते हैं—"मुक्त छंद के बावजूद 'तोड़ती पत्थर' या दूसरी कविताओं का संपूर्ण संग्रथन छायावादी है।"[१] 'कुकुरमुत्ता' तथा कुछ अन्य कविताओं की तुलना में उन्होंने यह बात कही है।

स्नेह-स्वप्न-मग्न, अमल-कोमलतनु-तरुणी जुही की कली के चित्रांकन के साथ निराला काव्य-क्षेत्र में प्रवेश करते हैं और कवि की परिवेश के प्रति उन्मुक्त दृष्टि उसे इलाहाबाद के पथ पर पत्थर तोड़नेवाली युवती मजदूरिनी के ऊपर कुछ सोचने को विवश कर देती है। क्लैसिकल काव्य का उत्कृष्ट उदाहरण प्रस्तुत करने वाले निराला जन-साधारण से जुड़कर बड़े हल्के रंगों में 'पत्थर तोड़ती' युवती का चित्र निर्मित करते हैं। इस कविता की मूल विशेषता उसमें निहित विपरीत भाव है, जिसे भाषिक संरचना रूपायित करती है। यह विपरीत भाव विपन्नता और सम्पन्नता को लेकर तो है ही, पर कविता की भाव-गंभीरता पत्थर तोड़ती मजदूरिनी के भरे यौवन और उसके प्रति स्वयं उसकी तटस्थता (जो वस्तुतः उसकी दीन स्थिति की विवशता का प्रतिफलन है) में निहित है। वैषम्य की व्यंजना कवि आरंभ से ही करता है :

नहीं छायादार
पेड़ वह जिसके तले बैठी हुई स्वीकार,
श्याम तन भर बँधा यौवन,

---

१. कुकुरमुत्ता : भूमिका 'कुकुरमुत्ता' : काव्य-आभिजात्य से मुक्ति, पृ० १४।

नत नयन, प्रिय कर्म रत मन
गुरु हथौड़ा हाथ,
करती बार-बार प्रहार
सामने तरु मालिका अट्टालिका, प्राकार।

'नहीं छायादार पेड़' और 'तरु मालिका अट्टालिका, प्राकार' का आमना-सामना होता है। दोनों स्थितियों का विरोध कविता की संरचना को समृद्ध बनाता है। श्रेष्ठ कविता में गठन की परिपक्वता होती है, शब्दों की सरलता-कठिनता उसी के आधार पर अपना रूप धारण करती है। निराला जैसे संरचना के महत्त्व पर बल देनेवाले रचनाकार इस बात को गहराई में महसूस करते हैं। जानकीवल्लभ शास्त्री को लिखे एक पत्र में उन्होंने 'तोड़ती पत्थर' की उसी संरचनागत सूक्ष्मता का उद्घाटन किया है। कुछ अंश उद्धृत किये जा रहे हैं—

"कुछ काव्य समझकर आप इसे सरल कहेंगे, मुझे विश्वास नहीं। जो गहन भाव, सीधी भाषा सीधे छन्द में चाहता है, वह धोखेबाज है।"[१]

यहाँ 'सीधी भाषा' में 'सीधी' प्रयोग द्रष्टव्य है। सीधी यानी द्वन्द्व-विरोध की प्रकृति से रहित भाषा के प्रयोगकर्ता वे नहीं हैं। भाव और भाषा की प्रकृति पर चिन्तन और उनके समतोलन पर बल रचना के साथ गहरे स्तरों में संसक्त रहने वाला रचनाकार ही कर सकता है। थोड़ी देर के लिए अभिव्यक्ति की प्रणाली को छोड दें, संवेदना को ही दृष्टिपथ में रखें (इस विचार के बावजूद कि संवेदना का साक्षात्कार अभिव्यक्ति ही तो संभव करती है), तो हम यहाँ वर्णन के भीतर से उभरती हुई व्यंग्य ध्वनि का स्वर सुन सकेंगे। यह छायावादी करुणा नहीं है, जैसा कि दूधनाथसिंह ने कहा है, वरन् उस सामाजिक-आर्थिक विषमता पर व्यंग्य है, जो मनुष्यता का नारा लगाने के बावजूद व्यवहार रूप में उसका मूल्य नहीं आँकती। सामने 'अट्टालिका-तरुमालिका' है, पर पत्थर तोड़ने वाली जिस पेड़ के नीचे बैठी है, वह छायादार नहीं है। यह वैषम्य तिलमिलाहट उत्पन्न करता है, निष्क्रिय करुणा की सृष्टि नहीं करता—

नहीं छायादार
पेड़ वह जिसके तले बैठी हुई स्वीकार,

'नहीं' का आरंभ में प्रयोग जैसे इस निषेध-भाव को बल देता है। पेड़ छायादार नहीं है, तो न हो। पत्थर तोड़ने वाली को तो उसी के नीचे बैठना है। 'स्वीकार' में बेबस आदमी के अपनी नियति से मूक समझौते की व्यंजना है। इस

१. 'साहित्य' पत्र में उद्धृत (वर्ष १, अंक ३, १९५०)।

सहनशक्ति में एक विचित्र प्रकार की उच्चाशयता के दर्शन करना और उसे छायावाद के काव्य-आभिजात्य की देन बतलाना[1] ठीक नहीं। यह स्वीकार अर्थ के प्राथमिक स्तर पर असहाय स्थिति को स्वर देता है। जो है, जैसा है, उसको उस मजदूरिनी को स्वीकारना ही होगा, अन्यथा चारा नहीं। अर्थ के अधिक सूक्ष्म स्तर पर इसकी व्यंजना और गहरी है, जिसे आगे स्पष्ट किया जाएगा।

श्याम तन, भर बँधा यौवन,
नत नयन प्रिय कर्म रत मन,

इन दो चरणों के आधार पर कवि की दृष्टि को रोमांटिक कहा गया है। कहाँ तो विषमता दीनता का चित्र है, कहाँ मजदूरिनी के यौवन का उल्लेख! मगर सूक्ष्म विश्लेषण के बाद यह तथाकथित रोमांटिक दृष्टि कविता में अर्थ-सघनता की सृष्टि करती है और उसे संपन्नता-निर्धनता का वैषम्य प्रस्तुत करने वाली अनेक कविताओं से पृथक् एक विशिष्ट स्थान देती है। 'श्याम तन, भर बँधा यौवन' पूरी कविता में गूंज छोड़ जाता है। उसका तिरस्कार-सा करता हुआ—अथवा यों कहें—उसे चुनौती देता हुआ 'नत नयन प्रिय कर्म-रत-मन' का दृश्य सामने आ जाता है। अकिंचना के भरे हुए यौवन में ऐन्द्रिक तृप्ति की लालसा को कोई स्थान नहीं है। इस वैषम्य में, आमने-सामने की टकराहट में ज़िन्दगी की 'आइरनी' मुखरित होती है। यह चित्र कवि ने निरुद्देश्य नहीं प्रस्तुत किया है वरन् वह 'भर बँधायौवन' की सारी कोमलता के द्वारा उस पत्थर को तोड़ती नारी की संघर्ष-संकुल दिनचर्या को और गहरा रंग देना चाहता है। 'भर बँधा यौवन' उमड़ता नहीं है, बँधा हुआ है। स्थिति की विवशता और उस पर व्यंग्य द्रष्टव्य है। दृष्टिगत अन्तर एक ही पंक्ति की विविध प्रतिक्रियाएँ संभव करता है। इन विविध दृष्टिकोणों की टकराहट से ही विकास की संभावनाएँ उद्भूत होती हैं। दूधनाथसिंह को इसमें काव्यात्मक आभिजात्य की प्रतीति होती है: "कोई न छायादार पेड़—के बाद श्याम तन, भर बँधा यौवन, नत नयन, प्रिय कर्म-रत मन यह पूरा बंध छायावादी शब्द-संयोजन की देन है। इससे पत्थर तोड़ने वाली के एक अभिजात से लगने वाले सौन्दर्य की सृष्टि होती है, उसका काला-कलूटा रंग और पत्थर तोड़ती हुई मुद्रा अधिक प्रकट नहीं होती।'[२]

स्पष्ट ही समीक्षक की दृष्टि यहाँ सीधे वर्णन पर अधिक है, विपरीत-भाव पर कम। यह तथाकथित 'छायावादी शब्द-संयोजन' साभिप्राय है। इससे पत्थर

१. 'कुकुरमुत्ता' : काव्य-आभिजात्य से मुक्ति।
२. वही, पृ० १५।

तोड़ने वाली के एक अभिजात-से लगने वाले सौन्दर्य की सृष्टि नहीं होती। वह निराला जैसे जन-संवेदना के कवि का (कम-से-कम यहाँ पर) उद्देश्य भी नहीं है। उसकी रचनात्मक आवश्यकता का प्रतिबिंबन नीचे की दो पंक्तियाँ करती हैं, जिनके 'कन्ट्रास्ट' में 'भर बँधा यौवन' को अंकित किया गया है :

गुरु हथौड़ा हाथ
करती बार बार प्रहार,
सामने तरुमालिका अट्टालिका प्राकार।

कवि की संवेदना 'श्याम तन, भर बँधा यौवन' से बद्ध नहीं है। उससे एक ही झटके के साथ पीछा छुड़ा लेती है। भाषिक संरचना का यह रूप, शब्दों की भिन्न प्रकृति कवि की यथार्थग्राही दृष्टि की परिचायक है। पेड़ और तरु मालिका प्रयोग कैसे निम्न और अभिजात वर्गीय जीवन की विभिन्नता को लक्षित करते हैं। वह श्यामा युवती हथौड़े से पत्थर पर बार-बार प्रहार करती है, जिसे आलोचकों ने प्रतीक रूप में ग्रहण किया है, मानों वह सामने की अट्टालिका पर प्रहार कर रही हो। स्वयं निराला ने जानकीवल्लभ शास्त्री को लिखे पत्रों में इन पंक्तियों को इसी प्रकार व्याख्यायित किया है—"यहाँ सीधा वर्णन होने पर भी हथौड़े की चोट पत्थर पर पड़ने पर भी, देखिए, किस तरह अट्टालिका पर पड़ती है ? लेखक के वर्णन-प्रकार के कारण व निर्देश से।"[1]

यह व्याख्या संगत है। स्पष्ट है कि यह प्रहार चुनौती है, ललकार है, विवश आत्म-समर्पण नहीं। अगर उपर्युक्त काव्य-पंक्तियों का अधिक सूक्ष्मता से अध्ययन किया जाए, तो एक और गहरी ध्वनि निकलती है : जैसे वह पत्थर तोड़ती युवती अपने 'भर बँधा यौवन' पर प्रहार कर रही हो—उस यौवन पर, जो छलकता नहीं, उमड़ता नहीं, जो उसके दैनिक जीवन के अनुभव का अंग नहीं बन पाया है। यह स्मरण रहे कि यौवन के प्रति उदासीनता भी विषमता की कड़ी चोटों का प्रतिफलन है। इस प्रकार भाषिक संरचना का संवेदनशील और साथ ही चुस्त अध्ययन जिस निष्कर्ष पर पहुँचाता है, वह 'छायावादी शब्द-संयोजन' के बावजूद कवि की वास्तविक पकड़ को ही व्यंजित करता है।

रही 'काला-कलूटा रंग और पत्थर तोड़ती हुई मुद्रा' के अधिक न प्रकट होने की शिकायत, तो 'श्याम तन भर बँधा यौवन' और 'गुरु हथौड़ा हाथ' के परस्पर वैषम्य द्वारा कवि अर्थ की गूंज-अनुगूंज व्यक्त करना चाहता है, वह काली-कलूटी आदि विशेषणों के सपाट कथन में संभव न होता। इस स्पष्टीकरण के

१. 'साहित्य' पत्र से उद्धृत (वर्ष १, अंक ३, अक्टूबर १९५०)।

बावजूद यदि कोई इस वैषम्य को कविता का दुर्गुण बतलाए, क्योंकि इसी के कारण भाषा और संवेदना के कलात्मक पक्ष को पकड़ना पड़ता है, तो इसके अतिरिक्त और क्या कहा जाए कि 'आइरनी' की अभिव्यक्ति में दो विभिन्न जीवन-स्थितियों से संबद्ध शब्दावली को ग्रहण करना दुर्गुण नहीं है। इस यथार्थ-परक कविता में आभिजात्य का संस्पर्श यथार्थ को और गहरा रंग देने के लिए है।

पत्थर तोड़ने वाली की सुकुमारता, गदराए यौवन को जैसे चुनौती मिलती है :

गुरु हथौड़ा हाथ,
करती बार-बार प्रहार।

'भर बँधा यौवन' के साथ हाथ में गुरु-हथौड़ा है, जिससे उसको बार-बार प्रहार करना है। यही उसकी नियति है। यहाँ दोनों अंशों के ध्वन्यात्मक वैषम्य पर ध्यान दें। एक यह है—

"भर बँधा यौवन,
नत नयन प्रिय कर्म रत मन।"

दूसरा यह है :

"गुरु हथौड़ा हाथ / करती बार बार प्रहार।"

ह्रस्व और दीर्घ, कोमल और कठोर यह विपरीत भाव भाषा से संवेदना को जोड़ता है।

परवर्ती रचना 'रानी और कानी' (नये पत्ते में संग्रहीत) में निराला ने देशज, भदेस शब्दों का आग्रहपूर्ण प्रयोग किया है :

बीनती है, काँड़ती है, कूटती है, पीसती हे,
डलियों के सीले अपने रूखे हाथों मीसती है
घर बुहारती है, करकट फेंकती है,
और घड़ों भरती है पानी।—

सामान्य का वर्णन सामान्य की शब्दावली में करने की यह प्रक्रिया निःसंदेह सराहनीय है, पर केवल शब्दावली की प्रकृति के आधार पर ('तोड़ती पत्थर' तथा 'रानी और कानी' कविताओं के संरचनागत अंतर को समझे बिना) मूल्यांकन उचित नहीं, जैसा कि दूधनाथसिंह ने किया है : "काली और नकचिप्टी के साथ 'और घड़ों भरती है पानी' वाली श्रमशीलता' और 'श्याम तन भर बँधा यौवन/ नत नयन प्रिय कर्म-रत मन' की श्रमशीलता की अभिव्यक्ति में कितना बड़ा गुणात्मक अंतर है, यह आसानी से लक्ष्य किया जा सकता है। एक नग्न यथार्थ

की कटु अभिव्यक्ति है, तो दूसरी ('तोड़ती पत्थर') यथार्थ को काव्य-आभिजात्य देने का प्रयास।"[1]

दूसरा चित्र ग्रीष्म की प्रचंड दुपहरी का है, जिसे वस्तुतः 'दूसरा' न कहकर पूर्ववर्ती अर्थ का पूरक कहना अधिक न्यायपूर्ण होगा :

चढ़ रही थी धूप
गर्मियों के दिन,
दिवा का तमतमाता रूप
उठी झुलसाती हुई लू
रुई-ज्यों जलती हुई भू
गर्द चिनगी छा गई
प्रायः हुई दुपहर
वह तोड़ती पत्थर।

वातावरण की भीषणता—दूसरे शब्दों में यथार्थ की तीव्रता—अपनी सारी प्रभाववत्ता के बावजूद अंत के वाक्य 'वह तोड़ती पत्थर' के सामने डगमगा जाती है, जैसे उस श्रमिक स्त्री को झुलसाती हुई लू, रुई-ज्यों जलती हुई भू, से कोई प्रयोजन न हो, उसका तो धर्म ही है, चुपचाप कर्म में लीन रहना। पूरे वाक्य की परिसमाप्ति 'वह तोड़ती पत्थर' में होती है, जो कवि के संरचनागत कौशल को सूचित करती है। ऐसा सजग वाक्य-विन्यास कवि की सजग संवेदना को स्वर देता है। यहाँ 'प्रायः हुई दुपहर' में 'प्रायः' का सौजन्य और मितकथन दुपहर को हल्का नहीं करता, वरन् रेखांकित कर देता है, कुछ-कुछ वैसे ही, जैसे अंग्रेज़ी कविता में 'श्योरली' का प्रयोग कहीं-कहीं शंका की अभिव्यक्ति के लिए किया जाता है। वर्णन के भीतर से करुणा और व्यंग्य की संपृक्त ध्वनियाँ सुनाई पड़ती हैं, जो 'रानी और कानी' के सीधे व्यंग्य से अधिक गहरी और जटिल हैं। एक बार पूर्ववर्ती 'स्वीकार' (नहीं छायादार / पेड़ वह जिसके तले बैठी हुई स्वीकार) को इस पूरे अंश से सम्बद्ध करके देखें। इस विशिष्ट संरचना में अर्थात् 'श्याम तन भर बँधा यौवन' और 'रुई-ज्यों जलती हुई भू' के विरोध में 'स्वीकार' की अर्थ-सघनता दृष्टिगोचर होगी, जिसमें कातरता नहीं है, मुकाबिले का भाव है, तीखापन है। अंतिम बंध में चित्र की पूर्ण परिणति तो है ही, पत्थर तोड़नेवाली का 'मैं तोड़ती पत्थर' कहना सारी स्थिति पर एक बार फिर सोचने के लिए मजबूर कर देता है—

---

१. कुकुरमुत्ता : काव्य आभिजात्य से मुक्ति, पृ० १६।

देखते देखा मुझे तो एक बार
उस भवन की ओर देखा, छिन्नतार
देखकर कोई नहीं,
देखा मुझे उस दृष्टि से,
जो मार खा रोई नहीं,

यहाँ 'देखना' क्रियापद की सादगी, उसमें अनुस्यूत अर्थ-क्षमता द्रष्टव्य है। वह मज़दूरिनी चार बार देखती है। हर बार के देखने में कितना अंतर है—यह द्रष्टव्य है। जितना सूनापन, जितनी शोभाहीनता उसके जीवन में है, वह जैसे इस सादी और रंगहीन भाषा में समा गई है। जो मार खाकर रोती नहीं, उसमें दृढ़ता भी कितनी होगी। वह अपनी स्थिति से समझौता तो करती ही है (और जो वास्तविकता भी है); किंतु मार खाकर न रोने में बहुत कुछ कह भी जाती है। यहाँ सहने की उच्चाशयता नहीं है, चोट खा सकने की सीधी शक्ति व्यंजित है। तभी करुणा हमारी उत्तेजना को बढ़ावा देती है। इससे अधिक सक्रिय सहानुभूति और क्या हो सकती है ? रोमांटिक दृष्टि कैसे इतनी प्रखरता लाती ?

'श्याम तन भर बँधा यौवन' के साथ मिलाकर अंतिम पंक्तियाँ पढ़ें—'मैं तोड़ती पत्थर।' कविता की सघन संरचना में यह वाक्य बड़ी गहरी अर्थ-छायाएँ विवृत करता है। वह 'भर बँधा यौवन' ही मानों पुकारकर कहता है—'मेरा कोई उपयोग नहीं।' वह स्त्री पत्थर—निर्जीव पत्थर-नहीं तोड़ती, अपनी जीवित कामनाओं, यौवन के सुख-स्वप्नों का हनन कर रही है। उल्लास-उन्माद, उन्मुक्ति, निश्चिन्तता को वह जैसे चुनौती दे रही है। पूरी कविता में मूक मजदूरिनी का कंठ अंत में 'मैं तोड़ती पत्थर' के बड़े सादे और संक्षिप्त कथन में खुलता है और सारी विषमताओं, कटुताओं के बावजूद कर्म की निरंतरता, जीवन की एकांतिक यांत्रिकता को उभारता है। भाषा के संश्लिष्ट रूप में ही कविता इतनी कियायें-प्रतिक्रियायें संभव करती है।

सरोज-स्मृति

'सरोज-स्मृति' (१९३५ ई०) की रचना का प्रश्न निराला के लिए एक चुनौती से कम नहीं था। इस चुनौती के मूल में शोक-गीति जैसी एक नई काव्य-विधा (हिंदी काव्य के संदर्भ में) के प्रणयन का स्पृहणीय साहस न होकर अपनी एकमात्र पुत्री सरोज की असामयिक मृत्यु से उत्पन्न गंभीर विषाद की कविता के स्तर पर निस्संग अभिव्यक्ति थी। कहना न होगा कि इस चुनौती का सामना करते हुए कवि ने अपनी तटस्थ संवेदना और अपूर्व भाषिक संयम का परिचय

दिया है। निराला के इसी व्यक्तित्व की प्रशंसा करते हुए नंददुलारे वाजपेयी ने जो बात कही है, वह 'सरोज-स्मृति' कविता के प्रसंग में बड़ी सटीक प्रतीत होती है—'कविताओं के भीतर से जितना प्रसन्न अथच अस्खलित व्यक्तित्व निराला जी का है, उतना न प्रसाद जी का है न पंत जी का है। यह निराला जी की समुन्नत काव्य-साधना का प्रमाण है।''[१]

'सरोज-स्मृति' में संरचनागत कसावट की भित्ति पर कवि ने वैयक्तिक व्यथा को विविध जीवन-स्थितियों की सापेक्षता में अभिव्यक्ति दी है, और इस प्रकार शोक-गीति की संज्ञा से युक्त इस कविता में जीवन के संघर्ष से छनकर आयी हुई साहस, विद्रोह, वात्सल्य, अवसाद, ग्लानि की मिली-जुली अनुभूतियाँ उद्भूत होती हैं।

कविता का आरंभ सरोज के देहावसान के चित्रण से होता है, और कवि की दार्शनिक दृष्टि इस देहावसान को शोक की आवेगात्मक तीव्रता से परे दिव्य स्तर पर पहुँचा देती है—

ऊनविंश पर जो प्रथम चरण
तेरा वह जीवन-सिन्धु-तरण
तनये, ली कर दृकपात् तरुण
जनक से जन्म की विदा अरुण
गीते मेरी, तज रूप-नाम
वर लिया अमर शाश्वत विराम
पूरे कर शुचितर सपर्याय
जीवन के अष्टदशाध्याय

'ऊनविंश पर जो प्रथम चरण' की अर्थगत कोमलता के साथ 'तनये, ली कर दृकपात् तरुण' की विषमता को रखनेवाला कवि प्रौढ़ शिल्प का रचयिता है। कहने का यह ठंडापन कवि की निर्वैयक्तिता को स्वर देता है। सरोज के कुल अठारह वर्ष के जीवन को गीता के 'अष्टदशाध्याय' का रूप देकर कवि ने सरोज को 'गीते' संबोधन प्रदान किया है, जो इस वैयक्तिक दृश्य को सांस्कृतिक संदर्भ से संयुक्त कर देता है। विवेचन के इस बिंदु पर यह स्मरण रखना होगा कि यह दार्शनिकता निष्क्रिय नहीं है, जिसमें जीवनानुभूतियों की उष्णता को महसूस किये बिना तटस्थता की मुद्रा ग्रहण की जाती है, वरन् सच्चे जीवन-द्रष्टा का 'विज़न' है और जैसा कि हम आगे देखेंगे, यह कविता की संरचना का अंग है, क्योंकि इस

---

१. कवि निराला, पृ० २९

दार्शनिक दृष्टि के विपरीत रूप में एकाकी और साधनहीन पिता के ममता और अवसाद में अधिक सघनता आ जाती है।

आगे पुत्री के प्रयाण पर एक अतिशय सूक्ष्म और मार्मिक कल्पना करके कवि ने अपने जीवन के दैन्य को गहरा रंग दिया है, यद्यपि भावावेश उमड़ आया है—

जीवित कविते, शत शर जर्जर
छोड़ कर पिता को पृथ्वी पर
तू गयी स्वर्ग, क्या यह विचार
जब पिता करेंगे मार्ग पार
यह अक्षम अति, तब मैं सक्षम,
तारूँगी कर गह दुस्तर तम ?
कहता तेरा प्रयाण सविनय
कोई न अन्य था भावोदय।

सरोज के लिए 'जीवित कविते' संबोधन अपने में बहुत मार्मिक है—वह सरोज, जिसका सारा जीवन 'जीवित कविते' रहा, इस रूप में प्रस्तुत कविता को अतिरिक्त ऊर्जा देती है। यहाँ 'अक्षम' प्रयोग निराला की जीवन-स्थिति (जिसका आगे उल्लेख है) के संदर्भ में उनकी उत्तरदायित्व-निर्वाह की असमर्थता की ओर संकेत करता है। सरोज के संदर्भ में 'सक्षम' शब्द इस अक्षमता को और गहराई देता है।

इसके बाद के कुछ अंशों में पुत्री-विहीन पिता की आंतरिक व्यथा और आर्थिक क्षेत्र के अन्याय को निराला ने बहुत स्पष्ट शब्दों में व्यक्त किया है। कुछ अंश द्रष्टव्य हैं—

धन्ये, मैं पिता निरर्थक था
कुछ भी तेरे हित न कर सका।
जाना तो अर्थागमोपाय
पर रहा सदा संकुचित-काय
लखकर अनर्थ आर्थिक पथ पर
हारता रहा मैं स्वार्थ-समर
शुचिते, पहना कर चीनांशुक
रख सका न तुझे अतः दधिमुख।

प्रणय के प्रसंग में तो अनेक कवियों ने अपने व्यक्तित्व के पक्षों का प्रकाशन किया था, चाहे वह प्रकाशन प्रत्यक्ष रहा हो या अप्रत्यक्ष, परन्तु सही अर्थों में ईमानदारी का निर्वाह करने वाले 'संकुचित काय' आदमी के प्रति भाग्य की

निर्ममता की बात निराला जैसा भुक्तभोगी और साथ ही साहसी कवि ही कर सकता था। निरर्थक में अर्थहीनता और धनाभाव दोनों की व्यंजना है। सीधे आदमी की जिंदगी (छल, अन्याय, प्रतिस्पर्द्धा के साम्राज्य में) कितनी विडंबनापूर्ण होती है, इसका पूरा एहसास ये आठ पंक्तियाँ करा देती हैं। पुत्री को 'चीनांशुक' पहनाना और उसे 'दधिमुख' रखना उस पिता के लिए कैसे सुगम हो सकता था, जो 'हारता रहा मैं स्वार्थ समर' था। 'स्वार्थ-समर' और 'चीनांशुक-दधिमुख' की टकराहट से अर्थ की अनेक गूँज-अनुगूँज उत्पन्न होती हैं।

भौतिक जीवन की सुख-सुविधाओं के अभाव का बोध किंतु आत्मिक उन्नयन पर दीप्त संतोष-भाव (जो अपेक्षाकृत अधिक स्थायी है)—दो स्वरों की टकराहट निराला की अनेक कविताओं में सुनाई पड़ेगी। यहाँ अपनी साधनहीनता के अनुशोचन को निराला जो परिणति देते हैं, वह द्रष्टव्य है—

> यह नहीं हार, मेरी भास्वर
> यह रत्नहार-लोकोत्तर वर।
> अन्यथा, जहाँ है भाव शुद्ध
> साहित्य-कला कौशल प्रबुद्ध,
> हैं दिए हुए मेरे प्रमाण
> कुछ वहाँ, प्राप्ति को समाधान
> पार्श्व में अन्य रख कुशल हस्त
> गद्य में पद्य में समाभ्यस्त।

साहित्यिक जीवन के विविध घात-प्रतिघातों के बीच अपने कभी न झुकने वाले व्यक्तित्व का आख्यान कवि ने इन पंक्तियों में किया है :—

> एक साथ जब शत घात घूर्ण
> आते थे मुझ पर तुले तूर्ण।
> देखता रहा मैं खड़ा अपल
> वह शर-क्षेप, वह रण-कौशल

लेकिन इस सारी दृढ़ता, अजेयता के बावजूद स्नेह-पात्र की दबी इच्छाएँ और दृष्टि की छलक की अनुभूति, और अपने अस्खलित व्यक्तित्व की अभिव्यक्ति के प्रसंग में उसका उल्लेख निराला की संवेदनागत पकड़ और सटीक वर्णन-पद्धति का सूचक है—

> पुत्री भी, पिता गेह में स्थिर,
> छोड़ने के प्रथम जीर्ण अजिर।
> आँसुओं सजल दृष्टि की छलक

पूरी न हुई जो रही कलक
प्राणों की प्राणों में दबकर
कहती लघु-लघु उसाँस में भर :
समझता हुआ मैं रहा देख,
हटती भी पथ पर दृष्टि टेक।

शोक-गीत के इस सघन वातावरण में निराला अभिव्यक्ति की सामान्य-सी प्रतीत होने वाली (पर वस्तुतः बड़ी अर्थक्षम) प्रणाली का उपयोग करते हैं, जो समसामयिक कविता के शिल्प की एक प्रतिनिधि विशेषता है। इसका साक्षात्कार युग-कवि के प्रति गतानुगतिक विचारों के पोषक साहित्यिक व्यक्तियों द्वारा उपेक्षा-पूर्ण व्यवहार में किया जा सकता है :—

लौटी रचना लेकर उदास
ताकता हुआ मैं दिशाकाश
बैठा प्रांतर में दीर्घ प्रहर
व्यतीत करता था गुन-गुनकर
संपादक के गुण, यथाभ्यास
पास की नोचता हुआ घास
अज्ञात फेंकता इधर-उधर
भाव की चढ़ी पूजा उन पर।

'व्यतीत करता था गुन गुनकर / संपादक के गुण' में जो हल्का विनोद-भाव है, वह कवि जीवन के अवसाद को और तिक्त कर देता है। अंतिम तीन पंक्तियों में घास नोचने और उन्हें इधर-उधर फेंकने का उल्लेख कवि के मानसिक द्वन्द्व को स्वर देता है। यहाँ उपचेतन की कुछ हल्की-फुल्की क्रियाओं को अंकित किया गया है।

निराला ने अपने व्यक्तिगत जीवन में विकृतियों पर प्रबल शाब्दिक प्रहार ही नहीं किया, अपितु अपने आचरण से उसे चरितार्थ भी किया। यह अंश द्रष्टव्य है, जिसमें पत्नी की मृत्यु से एकाकी कवि अपनी कुंडली में दूसरे विवाह का उल्लेख देखकर अपनी प्रतिक्रिया करता है :—

पढ़ लिखे हुए शुभ दो विवाह
हँसता था, मन में बढ़ी चाह
खण्डित करने को भाग्य-अंक
देखा भविष्य के प्रति अशंक।

पुनर्विवाह न करने के विचार को कार्यान्वित करने के लिए उन्होंने भाग्य-

अंक को खंडित करना चाहा। इस विचार के बाद फिर निराला को कोई नहीं डिगा सकता था। किंतु शरीर का आकर्षण प्रबल होता है, एक विवाह-प्रस्ताव पर निराला असमंजस में पड़ गए। उन्हें पुनर्विवाह करने की बात फिर सोचनी पड़ी। मन की इस द्विधा को पुत्री सरोज की ममता एक मोड़ दे देती है। सामान्य वर्णन की भाषा में पूरी प्रभाववत्ता के साथ समूची स्थिति का अंकन सराहनीय है :—

दृष्टि थी शिथिल
आयी पुतली तू खिल खिल खिल
हँसती, मैं हुआ पुनः चेतन
सोचता हुआ विवाह बंधन।

यहाँ 'शिथिल' और 'खिल-खिल-खिल' की तुकें बड़ी अर्थपूर्ण हैं। सारगर्भित शब्दों में निराला ने गंभीर बात कही है 'आया मन में भर आकर्षण / उन नयनों का' से स्खलित होकर वे पुनर्विवाह के प्रश्न को एकबारगी टाल नहीं सकते थे! 'पर आयी पुतली तू खिल-खिल हँसती' के चित्र ने उन्हें एक स्थायी निर्णय को बाध्य कर दिया, क्योंकि वे इस तथ्य से अवगत थे कि पुतली का यह 'खिल-खिल-खिल' हास्य पिता के पुनर्विवाह (दूसरे रूप में अपनी सुख-सुविधा को प्राथमिकता) द्वारा मंद हो जायगा। अंत में विवाह को बंधन मानते हुए कवि ने स्थिति के द्वन्द्व को इस प्रकार समाप्त किया है—

कुण्डली दिखा, बोला—"ए—लो"
आयी तू दिया कहा, "खेलो"

'सरोज स्मृति' कविता जहाँ एक ओर कवि के रूढ़ि-विरोधी अजेय व्यक्तित्व को व्यक्त करती है, वहीं वह उसके अप्रतिम साहस से परिपूर्ण मनोजगत् का अविस्मरणीय रूप प्रस्तुत करती है (जो एक माने में अपेक्षाकृत अधिक स्पृहणीय उपलब्धि है)। आशय सरोज के यौवन-चित्रण से है। पुत्री से प्रत्यक्ष संबंध होने के कारण चित्रण में विशेष सावधानी रखनी थी। यों कवि चाहता, तो इस प्रसंग की अवतारणा ही न करता, बड़ी निर्दोष रीति से इस नाज़ुक स्थिति को परे कर देता। पर निराला जैसे अन्य बहुत-सी बातों में अपवाद थे, वैसे ही युवापुत्री के सौन्दर्य और भाव-जगत के परिवर्तन के अंकन में भी। कहना न होगा कि अंकन की यह सफलता कवि की समर्थ भाषा का प्रतिफलन है। 'बादल-राग' और 'जागो फिर एक बार' (२) के ओजस्वी गायक निराला अपनी कन्या के यौवन का चित्रण कितने कोमल, सूक्ष्म और सुकुमार बिंबों के माध्यम से करते हैं, यह द्रष्टव्य है :—

धीरे-धीरे फिर बढ़ा चरण,
बाल्य की केलियों का प्रांगण।
कर पार, कुंज तारुण्य सुघर,
आयी, लावण्य-भार थर-थर,
काँपा कोमलता पर सस्वर
ज्यों मालकोश नव वीणा पर।

धीरे-धीरे परिवर्धमान् यौवन का अंकन जिस सुकुमारता की अपेक्षा करता है, वह तो निराला को अपनी अभिव्यक्ति में निहित करनी ही थी, इसके साथ कन्या का पिता होने के कारण वह अंकन अक्षत रह सके, इसका भी पूरा-पूरा ध्यान रखना था। नव वीणा पर गाया जाने वाला मालकोश का बिंब कवि के दोनों मंतव्यों को पूर्ण करता है। वीणा के साथ 'नव' विशेषण के प्रयोग में सरोज के प्रत्यग्र यौवन की व्यंजना है। लावण्य-भार के कोमलता पर थर-थर काँपने में एक बंकिम सौंदर्य है, जो युवावस्था में क्रमशः स्थान करती सुंदरता को घोषित करता है। मालकोश गंभीर भावों का मृदु राग है। इसमें कोमल स्वरों का प्रयोग होता है। इस राग से सरोज के लावण्य को उपमित कर कवि ने युवावस्था की संकोच-मिश्रित गंभीरता, स्वर की मृदुता को अभिव्यक्ति दी है।

यह कवि-दृष्टि का साहस और शिल्प पर अखंड अधिकार है, जिसके परिणामस्वरूप वह एक बिंब का प्रयोग कर वर्णन को विराम नहीं दे देता, अपितु और आगे बढ़ता है :—

नैश स्वप्न ज्यों तू मंद-मंद
फूटी ऊषा जागरण-छंद,
काँपी भर निज आलोक-भार
काँपा वन, काँपा दिक्, प्रसार।
परिचय-परिचय पर खिला सकल
नभ, पृथ्वी, द्रुम कलि-किसलय-दल।

दिव्यता और माधुर्य के अधिक गहरे तल में कवि पैठा है। परिवर्धमान् यौवन के लिए नैश-स्वप्न का बिंब इसी कोटि का है। नैश स्वप्न प्रातःकालीन जागरण के छंद में परिणत हो जाता है। कवि-दृष्टि सरोज के यौवन-आगमन को भी इसी रूप में देखती है। प्रातःकालीन जागरण के गीत की भाँति लावण्य-भार से युक्त यह यौवन समूची सृष्टि से संपृक्त है। कन्या के रूप का यह सृष्टिव्यापी सौन्दर्य अंकित कर कवि ने औदात्य को अक्षुण्ण रखा है। मृत कन्या की स्मृति के आवेग से तटस्थ होकर ही ऐसा चित्रण किया जा सकता था।

यह सौंदर्यांकन अपूर्ण ही रह जाता, अगर कवि पुत्री के शारीरिक विकास के साथ भाव-जगत् के परिवर्तन को न पकड़ता। कवि ने इस सूत्र को पकड़ा है—

क्या दृष्टि ! अतल की सिक्त धार
ज्यों भोगावती उठी अपार।
उमड़ता ऊर्ध्व को कल सलील
जल टलमल करता नील-नील,
पर बँधा देह के दिव्य बाँध,
छलकता दृगों से साध-साध।

'क्या दृष्टि' के बाद का विस्मय-बोधक विराम बड़ा ही अर्थव्यंजक और सुकुमार है—जैसे कवि शब्दों में उस अरूप को अभिव्यक्ति नहीं दे सकता। प्रसाद के द्वारा श्रद्धा के सौन्दर्यांकन में—'आह ! वह मुख ! पश्चिम के व्योम बीच जब घिरते हों घनश्याम' ('कामायनी') में 'आह' और 'वह मुख' के बाद के विराम इसी स्थिति के द्योतक हैं।

इस अपार भोगावती के रूप में कवि जैसे अपनी अपार अभिव्यक्ति क्षमता की व्यंजना करता है। बिंब के भाषिक-वर्णन में पर्यवसान का यह अंश बढ़िया उदाहरण है। 'भोगावती' प्रयोग ही अपने में अत्यन्त सार्थक है। पाताल गंगा कहने से वह बात नहीं आती। भोगावती की अपार जल-राशि अपनी सुंदर गति से ऊपर उठती हुई जैसे पर्वत को छू लेना चाहती है। पर पृथ्वी की एक निश्चित सीमा रूपी बाँध से बँध जाने के कारण वह रुककर मंद गति से छलकने लगती है। यौवन-काल में एक ओर चंचलता, उत्तेजना और उल्लास रहता है, दूसरी ओर अवस्था-जन्य लज्जा भावों पर अंकुश रखती है। इन दो विपरीत स्थितियों की एक साथ अवस्थिति के सूचक यौवन को भोगावती के बिंब ने बड़ी सुकुमारता से अभिव्यक्ति दी है। बिंब और भाषिक वर्णन की संपृक्त स्थिति इस रूप में देखी जा सकती है कि सरोज के तारुण्य की मनःस्थिति और अपार भोगावती की उमड़न तथा बाँध का संश्लेष हो गया है :

पर बँधा देह के दिव्य बाँध
छलकता दृगों से साध-साध।

ये सारे अंश कवि की कल्पनात्मक पकड़ के बढ़िया उदाहरण हैं। सरोज (या व्यापक रूप में यौवन-काल) की सलज्ज स्थिति को, नियंत्रित चेष्टाओं को बड़े संवेदनशील ढंग से कवि ने प्रस्तुत किया है। इस स्थिति को जयशंकर प्रसाद ने लज्जा के प्रसंग में विशदता और लाक्षणिकता के साथ अंकित किया है।

'स्मिति बन जाती है तरल हँसी | नयनों में भर कर बाँकपना' या 'छूने में हिचक देखने में । पलकें आँखों पर झुकती हैं' कुछ उदाहरण हैं ।

पुत्री सरोज के संदर्भ में 'बाँध' के साथ 'दिव्य' विशेषण साभिप्राय है । प्रेम कैसे छलकता है ? साध-साध । दृष्टि की दृढ़ता ही ऐसे शब्द-प्रयोग कर सकती है । निराला की छंद की पकड़ (संवेदना के परिप्रेक्ष्य में) कितनी चुस्त थी, यह प्रस्तुत अंश में द्रष्टव्य है । जल के टलमल करने, देह के दिव्य बाँध को बाँधने, 'दृगों के साध-साध छलकने' की वास्तविकता को छंद की गति सजीव कर देती है । छंद-गत इस पकड़ के संदर्भ में 'राम शक्ति-पूजा' की ये पंक्तियाँ याद आ जाती हैं, जिनमें भाव और छंद-गति का संश्लेष हो गया है—

ज्योतिः-प्रपात-स्वर्गीय, ज्ञात-छवि प्रथम स्वीय,
जानकी नयन-कमनीय प्रथम कंपन तुरीय ।

अंत में, सरोज की युवा मूर्त्ति को कवि दिवंगता पत्नी को स्मृति से संपृक्त कर देता है । पुत्री और पत्नी के कंठ-स्वर की संगति का अनुभव निराला का अपना है—

फूटा कैसा प्रिय कण्ठः—स्वर
माँ की मधुरिमा व्यंजना भर ।

आगे वे और अधिक आत्मीय वातावरण की सृष्टि करते हैं :—

हर पिता कण्ठ की दृप्त धार
उत्कलित रागिनी की बहार ।
बन जन्मसिद्ध गायिका तन्वि,
मेरे स्वर की रागिनी वह्नि
साकार हुई दृष्टि में सुघर,
समझा मैं क्या संस्कार प्रखर ।

दिवंगत पुत्री के प्रति उपजे स्वाभाविक भावावेश को बहुत कल्पनात्मक सयम के साथ परिशमित करके ही इस तरह की पंक्तियाँ लिखी जा सकती थीं ।

आगे कवि ने विवाह-योग्य कन्या के लिए पिक-बालिका का भाव-चित्र प्रस्तुत किया है, जो मार्मिक तथा अद्वितीय है :—

जाना बस पिक-बालिका प्रथम
पल अन्य नीड़ में जब सक्षम
होती उड़ने को, अपना स्वर
भर करती ध्वनित मौन प्रान्तर

कन्या के परायेपन की व्यंजना के लिए दूसरे पक्षी के नीड़ में पलने वाली पिक-बालिका का भाव-चित्र कल्पना के सही उपयोग का द्योतक है।

कवि पुत्री की छवि को फिर सामने लाता है कुछ-कुछ पूर्वांकित—'मेरे स्वर की रागिनी वह्नि' की तरह :

तू खिची दृष्टि में मेरी छवि,
जागा उर में तेरा प्रिय कवि,

रचना के उत्स में प्रेयसी को अनेक कवियों ने स्थान दिया है। प्रसाद के 'आँसू' में यह प्रवृत्ति मिलती है, स्वयं निराला में इस प्रवृत्ति के प्रचुर संकेत हैं, जैसे निम्न दो उदाहरणों में—

तेरे सहज रूप से रँग कर
झरे गान के मेरे निर्झर

('प्रिया के प्रति'—अनामिका)

× × ×

तुम्हीं गाती हो अपना गान,
व्यर्थ में पाता हूँ सम्मान।

('गीतिका', गीत सं० ४४)

किंतु पुत्री के संदर्भ में यह अंकन दृष्टि की साहसिकता और व्यापकता का प्रतीक है। कलाकार जितना ही पूर्ण होगा, भोगने वाली और रचने वाली मनीषा का पृथकत्व उसमें उतना ही अधिक होगा—एलियट का यह कथन निराला के अंतर्गत 'सरोज-स्मृति' पर जितना लागू होता है, उतना उनकी अन्य किसी कविता पर नहीं, क्योंकि इस कविता की प्रेरणा भोक्ता की अपनी तीव्र वस्तु है, पर उसे रचने वाले की तटस्थता प्रशंसनीय है। पुत्री के प्रति यह अश्लथ दृष्टि ही आगे चलकर 'तुलसीदास' काव्य की रत्नावली का इतना तेजदीप्त व्यक्तित्व प्रस्तुत कर सकती थी—

जागा, जागा, संस्कार प्रबल,
रे गया काम तत्क्षण वह जल,
देखा वामा, वह न थी अनल प्रतिमा वह,

'सरोज स्मृति' में आगे का वर्णन द्रष्टव्य है :

उन्मनन-गुंज सज हिला कुंज
तरु पल्लव-कलिदल पुंज-पुंज
बह चली एक अज्ञात वात
चूमती केश-मृदु नवल गात,

'बह चली एक अज्ञात वात' में दीर्घ स्वरों की आवृत्ति से वायु के अबाध प्रवाह को मूर्त्त किया गया है। 'अज्ञात वात' का प्रयोग बड़ा-ही सूक्ष्म और सुंदर है। यौवन की अस्पष्ट और सूक्ष्म भावनाओं को कला के स्तर पर उतने ही अस्पष्ट और सूक्ष्म रूप में कवि ने चित्रित किया है। संवेदना और भाषा की संपृक्त प्रकृति की पहचान ऐसे ही अंकनों में की जा सकती है। शारीरिक और मानसिक छवि के चित्रण का समापन कवि जिस ढंग से करता है, वह उसकी मर्मज्ञता और भाव की आंतरिक एकता का परिचायक है :—

देखती सकल निष्पलक नयन
तू, समझा मैं तेरा जीवन।

ऊपरी दृष्टि से साधारण-सी प्रतीत होने वाली, किंतु कविता की विशिष्ट संरचना में अर्थक्षम इन दो पंक्तियों के सूत्र में कवि ने यौवन के प्रति पुत्री और पिता की भावात्मक प्रतिक्रिया गूँथ दी है। सरोज अपने समस्त शारीरिक और भाव-जगत-संबंधी परिवर्तन को देख रही है, समझ रही है, और पिता 'समझा मैं तेरा जीवन' के रूप में पुत्री के प्रति अपना उत्तरदायित्व महसूस करने लगा है, जिसका स्पष्ट संकेत सरोज की नानी के कथन में मिलता है—

सासु ने कहा लख एक दिवस
भैया अब नहीं हमारा बस
पालन-पोसना रहा काम
देना सरोज को धन्यधाम
शुचि वर के कर कुलीन लखकर
है काम तुम्हारा धर्मोत्तर

कवि और उसके परिवेश का तनाव पुनः आरंभ हो जाता है। सरोज का विवाह करना है, किन्तु कान्यकुब्ज-कुल की रूढ़ियों और वैवाहिक संबंधों की कट्टरता से कवि की उन्मुक्त मान्यताएँ मेल नहीं खाती—

सोचा मन में हत बार-बार
ये कान्यकुब्ज कुल-कुलांगार
खा कर पत्तल में करें छेद
इनके कर कन्या अर्थ-खेद
इस विषय-बेलि में विष ही फल
यह दग्ध मरुस्थल नहीं सुजल।

परिवेश के प्रति सजग दृष्टि के बिना इन पंक्तियों की अवतारणा नहीं हो सकती थी। शब्दों का विन्यास कवि के आक्रोश को उन्मुक्त अभिव्यक्ति देता है।

'कुलांगार', 'खाकर पत्तल में करें छेद' जैसे प्रयोग व्यक्तिगत द्वेष के परिचायक नहीं हैं, अपितु समाज की गतानुगतिकता, पाखंड पर प्रहार करते हैं। अंतिम दो पंक्तियों का तीखापन देखने योग्य है। मानव की परिवर्तित मनोवृत्ति के अनुरूप निराला के मन में एक बार फिर समझौते का विचार उठता है—जैसे पहले पुनर्विवाह की ओर उनका मन कुछ झुका था; किंतु व्यक्तित्व की प्रखर चेतना उन्हें अपनी ओर खींच लेती है :—

फिर सोचा - मेरे पूर्वजगण
गुजरे जिस राह वही शोभन
होगा, मुझको, यह लोकरीति
कर दूँ पूरी, गो नहीं भीति
कुछ मुझे तोड़ते गत विचार
पर पूर्ण रूप प्राचीन भार
ढोते मैं हूँ अक्षम, निश्चय,
आयेगी मुझमें नहीं विनय
उतनी जो रेखा करे पार
सौहार्द्र-बंध की, निराधार।

भाषा की एक विशिष्ट बानगी दिखलाने के लिए यह पूरा अंश उद्धृत किया गया है। निराला ने जहाँ क्लैसिकल काव्य की परिष्कृत भाषा को उसकी पूर्ण सम्भावना पर पहुँचाया है, वहीं भाषा के बोलचाल के रूप को पूरे आत्मविश्वास के साथ अपनाया है। सच तो यह है कि संवेदना और भाषा की सापेक्ष प्रकृति को जितने व्यापक संदर्भ में निराला ने पहचाना है और उसके अनुरूप काव्य-रचना की है, वह आधुनिक भाव-बोध में स्पृहणीय है। यों प्रसाद का काव्य भी अनुभव और अभिव्यक्ति की संपृक्ति को प्रश्रय देने में अग्रणी है; किन्तु वह अग्र-गामिता एक विशेष स्तर की है, उसमें निराला जैसी विविधता नहीं। यह दूसरी बात है कि उस विशेष स्तर को प्रसाद ने उसकी पूरी गहराई में संस्पर्श किया है। 'सरोज-स्मृति' के इस अंश में एक पंक्ति को तोड़कर दूसरी पंक्ति में पहुँचने की जो प्रक्रिया है, वह प्रवाह की सृष्टि तो करती ही है, इसके अतिरिक्त निराला के 'गत विचार को तोड़ने' के निश्चय को भी अभिव्यक्ति देती है। 'गो' के साथ 'भीति' ('गो नहीं भीति') का प्रयोग साहसपूर्ण है। 'गो' ठेठ अरबी का अव्यय है, 'भीति' संस्कृत की भाववाची संज्ञा। इन दोनों की समीपता से जहाँ बातचीत की-सी सहजता संभव हुई है, वहीं प्राचीन भार को ढोने में अक्षम (सूक्ष्म स्तर पर शब्दों के विशुद्ध प्रयोग की संकीर्णता के प्रति अनादर लिए) अतएव गत विचार

को तोड़ने के लिए उद्यत कवि के सबल व्यक्तित्व को स्वर मिला है। जैसे यह साहसिक प्रयोग अपने में कवि की साहसी मनोवृत्ति को मूर्त्त करता है। अंतिम पंक्तियों का विपरीत व्यंग्य द्रष्टव्य है—

.... निश्चय,
आयेगी मुझमें नहीं विनय
उतनी जो रेखा करे पार
सौहार्द्र - बंध की, निराधार।

वह विनय, वह समझौता, वह स्वीकृति, जो कूप-मण्डूकता के स्वर-में-स्वर मिलाती है, निराला को मान्य नहीं। वह निराधार है। ऐसी गतानुगतिक विनय-भावना से तथाकथित उद्धत स्वातन्त्र्य कवि के लिए अधिक वरेण्य है।

इसके पश्चात् अपने गठन में एकदम आधुनिक और प्रयोगवादी भाषा के जिस स्रोत का वे प्रयोग करते हैं, वह रूढ़ियों को ठोकर लगाते हुए उनके विकासमान व्यक्तित्व की बड़ी सशक्त अभिव्यक्ति करता है। अपनी इन पंक्तियों के लिए 'सरोज-स्मृति' भाषा और संवेदना दोनों स्तरों पर विशेष उल्लेखनीय है—

वे जो यमुना के-से कछार
पद-फटे बिवाई के, उधार
खाये के मुख ज्यों, पिये तेल
चमरौधे जूते से सकेल
निकले, जी लेते, घोर-गन्ध,
उन चरणों को मैं यथा अंध,
कल घ्राण-प्राण से रहित व्यक्ति
हो पूजूं, ऐसी नहीं शक्ति
ऐसे शिव से गिरिजा-विवाह,
करने की मुझको नहीं चाह।

ऐसे साहसपूर्ण प्रयोगोंवाला कवि ही आगे चलकर 'कुकुरमुत्ता' की ठेठ, देसी अकड़ को काव्य में स्थान दे सकता था। इन पंक्तियों का मिज़ाज बिलकुल अपने ढंग का है। इनका व्यंग्य भी निष्क्रिय न होकर कुछ कर गुजरने को आमादा निर्भीक आदमी को सामने लाता है। कान्यकुब्ज-कुल की परंपरागत सड़ी-गली मान्यताओं और असंगत आचरण के प्रति कवि का विद्रोह छायावादी उपमानों से भिन्न, नितांत देसी उपमानों का प्रयोग करता है। वे पैर, जिनकी बिवाई फट चुकी है और जिनके जूते उधार खानेवालों के मुख की तरह कान्तिहीन फैले हैं—यहाँ तक तो गनीमत है, पर जब निराला 'पिये तेल / चमरौधे जूते से सकेल /

निकले जी लेते, घोर गंध' का प्रयोग करते हैं, तो एकबारगी उनकी अप्रतिम संवेदना और शिल्पगत साहस की सराहना करनी पड़ती है। शिव से गिरिजा-विवाह का दृष्टान्त बेमिसाल है। यह बेबाक व्यंग्य और भी आश्चर्यपूर्ण तथा निर्मम लगता है, जब सरोज की मृत्यु की पृष्ठभूमि में रखकर हम इसे देखते हैं। करुणा और व्यंग्य का यह सर्जनात्मक रिश्ता 'सरोज-स्मृति' की विशिष्ट उपलब्धि है, और निराला काव्य की एक मुख्य वृत्ति है। अंग्रेज़ी की उक्ति 'Tales of misery told in joyful style' 'ग़म की कहानी मज़ा ले-लेकर कहना' यहाँ मुखरित हो उठी है। करुणा के वातावरण में विनोद-व्यंग्य की इस अवतारणा से करुणा और अधिक मार्मिक हो जाती है। चमरौधे जूते का यहाँ उल्लेख सचमुच बहुत विनोदपूर्ण है। वह एक काटते हुए व्यंग्य की सृष्टि करता है—चमरौधा, जो भद्दे क़िस्म का देशी जूता होता है, जो बेहद कड़ा होता है और जिसे मुलायम करने के लिए तेल पिलाया जाता है। कुछ लक्षण उस 'शिव' के ऊल-जलूल व्यक्तित्व पर भी लागू होते हैं, जो निराला के आक्षेप का निशाना बना है और जिससे उन्हें अपनी गिरिजा का विवाह नहीं करना है। छायावादी काव्य के संदर्भ में इस विविधभाव-स्तरीय शिल्प की अनुपमता बिना किसी अतिरंजना के सत्य है, जिसमें सौंदर्य, कुरूपता, करुणा और हास्य—विविध विरोधी रूपों की समाविष्टि हुई है।

अंत में निराला कन्या का विवाह अपनी मनोवृत्ति के अनुरूप एक सत्साहित्यिक नवयुवक से करते हैं। इस विवाह को स्वयं कवि 'आमूल नवल' विशेषण प्रदान करता है :

देखा विवाह आमूल नवल
तुझ पर शुभ पड़ा कलश का जल

'कलश का जल' अपने विशिष्ट संदर्भ में मांगलिक वातावरण का प्रतीक है। एक बार पुनः निराला नववधू के रूप में कन्या की सूक्ष्म छवि अंकित करते हैं :—

देखती मुझे तू हँसी मंद
होठों में बिजली फँसी स्पंद
उर में भर झूली छवि सुंदर
प्रिय की अशब्द शृंगार-मुखर

विवाह के समय नववधू की सुकुमार मनःस्थिति को कवि ने सुकुमार शिल्प में रूपायित किया है। कन्या के हृदय में एक स्पंदन भर कर पति की सुंदर छवि झूलने लगी। यहाँ 'झूली' के प्रयोग से उस छवि के साथ सरोज की रागात्मक लवलीनता व्यंजित होती है। साथ ही एक गतिशील बिंब की सर्जना हुई है। वह

छवि भी कैसी थी—'स्पंद उर में भर'....जैसे सरोज के पति का मौन शृङ्गार मुखरित हुआ हो। कुशल कवि इस अंकन को विस्तार देता है—

तू खुली एक उच्छ्‌वास-संग
विश्वास-स्तब्ध बँध अंग-अंग
नत नयनों से आलोक उतर
काँपा अधरों पर थर-थर-थर।

सुकुमार शब्द-विन्यास और मृदु व्यंजनों का प्रयोग वधू के मन, नयन, अधर में धीरे-धीरे स्थान बनाते विश्वास और प्रेम के भावों को स्वर देता है। यह निराला की विकसित भाषा और संवेदना है, जिसके परिणामस्वरूप वे एक ओर 'जुही की कली' में उद्दाम प्रणयानुभूति को मूर्त्त कर सके हैं, और दूसरी ओर पुत्री के प्रीति-भाव को दिव्य संवेदनशीलता के साथ प्रस्तुत करने में सफल हुए हैं। श्रेष्ठ कलाकार के लिए तटस्थता को अपनाना हर प्रसंग में सार्थक होता है। निराला आगे की आठ पंक्तियों में वधू-वेश में सरोज के प्रति अपने विराट्-सुकुमार भाव को व्यक्त करते हैं :

देखा मैंने वह मूर्ति-धीति
मेरे बसंत की प्रथम गीति-
शृंगार रहा जो निराकार,
रस कविता में उच्छ्‌वसित धार
गाया स्वर्गीया प्रिया-संग,
भरता प्राणों में राग-रंग
रति-रूप प्राप्त कर रहा वही,
आकाश बदलकर बना मही।

बड़े दिव्य स्तर पर निराला ने कन्या का वधू रूप प्रतिष्ठित किया है। वे इस दृश्य को स्वर्गीया प्रिया की स्मृति से संपृक्त कर अपनी उदात्त मनोवृत्ति का संकेत देते हैं। सरोज रवीन्द्र के स्वरों में यहाँ न माता है न कन्या है, वह विराट् सौंदर्य से युक्त है। निराला ने इसके लिए बड़ा कोमल और भावपूर्ण बिंब दिया है—'मेरे बसंत की प्रथम गीति', जिसे कवि ने अपनी स्वर्गीया प्रिया के के साथ गाया है। इसी से संबद्ध यह अगला दृश्य आता है—शृङ्गार-भाव किस तरह पत्नी से पुत्री में संक्रमित होता है, इस सुकुमार और अपने में जटिल प्रक्रिया को कवि ने गहराई में समझा है।

हो गया ब्याह आत्मीय स्वजन
कोई थे नहीं, न आमन्त्रण

था भेजा गया, विवाह-राग
भर रहा न घर निशि-दिवस जाग
प्रिय मौन एक संगीत भरा
नवजीवन के स्वर पर उतरा।

मौन की प्रभाववत्ता निशि-दिवस जाग घर भरनेवाले विवाह-राग से कहीं अधिक तीव्र और गहरी हो गई है, क्योंकि उसमें पिता के स्नेह का स्रोत उमड़ रहा है। मुखरता के बजाय मौन की अवस्थिति जैसे एकाकी पिता के एकांत ममत्व की प्रतीक है।

पूरी निस्संगता से पुत्री के जीवन-क्रम को अंकित करने के बाद निराला उसके निधन की दुःखद घटना को कुछ ही पंक्तियों में स्थान देते हैं। इतनी तिक्तताओं, वर्जनाओं, प्रहारों की अभिव्यक्ति के बाद पुत्री की मृत्यु से उत्पन्न शोकानुभूति केवल इन दो पंक्तियों में स्थान पाती है, जो कवि की गंभीर मित-कथन-वृत्ति को द्योतित करती है—

दुख ही जीवन की कथा रही
क्या कहूँ आज जो नहीं कही।

इस अंतिम अंश में भोक्ता की अनुभूतिगत तीव्रता है, जो तटस्थता के वातावरण को पीछे कर देती है, पर प्रगल्भ हुए बिना—'क्या कहूँ आज जो नहीं कही।' पर इसके बाद जैसे स्नेह-कातर पिता अपने को और अधिक वश में नहीं रख पाता :

हो इसी कर्म पर वज्रपात
यदि धर्म, रहे नत सदा माथ
इस पथ पर, मेरे कार्य सकल
हों भ्रष्ट शीत के-से शतदल।
कन्ये, गत कर्मों का अर्पण
कर, करता मैं तेरा तर्पण।

ऊपर-ऊपर से प्रतीत होनेवाली इस भावुक सरलता में सतत संघर्षशील कवि की विचलित मनःस्थिति और क्षोभ-भाव की व्यंजना हुई है। ईमानदारी, सिद्धांत-प्रियता, सीधेपन की पराजय के विडंबनापूर्ण भौतिक सत्य को निराला ने उजागर किया है। वे यथार्थ की इसी गहरी चोट से पीड़ित होकर वर्त्तमान कर्मों पर वज्रपात होने की कामना करते हैं और मृतकन्या का तर्पण पिछले कर्मों से करते हैं। कविता के आरंभिक अंश का दार्शनिक आलोक यथार्थ की इस पहचान के

आगे जैसे हतप्रभ हो गया है। यह दर्शन की अधिक मानवीय और इसीलिए काव्यात्मक परिणति है।

राम की शक्ति-पूजा

'राम की शक्ति-पूजा' (१९३६ ई०) में मानव की अस्तित्वगत छटपटाहट और उससे उबरने के लिए उसकी सक्रिय संकल्प-शक्ति को उद्घाटित करते हुये निराला की काव्यभाषा ने जहाँ खड़ी बोली हिंदी के इतिहास में निजी मौलिक प्रकृति तथा अप्रतिहत क्षमता के अविस्मरणीय आयामों को विकसित किया, वहीं भाषा को भावों की वाहिका के रूप में एक गौण स्थान देने वाली, सूक्ष्म संवेदन से रहित समीक्षा-दृष्टि का प्रत्याख्यान भी किया। पूरी कविता में कहीं भी अनुभूति का कच्चापन या औदात्य का स्खलन दृष्टिगोचर नहीं होता। यह कवि की एक स्पृहणीय उपलब्धि है, और इस उपलब्धि के मर्म की पहचान तभी हो सकती है, जब 'राम की शक्ति-पूजा' में भाषा के साथ गहरे स्तरों पर जुड़ी हुई कवि-संवेदना पर ध्यान दिया जाये। राम और रावण के पौराणिक आख्यान को कवि के सर्जनशील शिल्प ने अस्तित्व की टकराहट और उससे व्यक्तित्व के उत्तीर्ण होने की दिशा में जैसे मोड़ दिया है, वह चेतना के इतिहास को विस्तार देता है। जैसे संघर्ष (जिसमें सूक्ष्म स्तर पर नश्वरता की अनुभूति से आक्रांत मन और उसे अपनी विविध मानवीय क्षमताओं द्वारा आश्वस्त करने की चेष्टा का भी समावेश है) के बिना जीवन बेजान, गतिहीन-सा प्रतीत होता है (और यही तो मानवीय जीवन की विशिष्टता भी है) वैसे ही कविता (जो दर्शन और विज्ञान की अपेक्षा जीवन के अधिक निकट, अतएव उससे अधिक आत्मीय है और जिसका कारण उसका द्वन्द्वात्मक शिल्प है) भी भावुक सरलता के बजाय द्वन्द्वात्मक शक्ति की अभ्यर्थना करती है। इसका यह अर्थ कदापि नहीं है कि काव्य में सरलता और कोमलता जैसे गुणों को प्रश्रय नहीं मिलता। कोमलता से शून्य तो जीवन भी जीवन न रहकर एक अर्थहीन यात्रा रह जायगा, फिर काव्य की अवस्थिति की बात ही क्या है? आशय यह है कि समृद्ध काव्य शक्ति-संपन्न अवश्य होता है, वरन् कहना चाहिये कि यह उसकी प्रतिनिधि विशेषता है। निराला की ओजस्वी भाषा, अपने परिपक्व गठन के बल पर तुलसीदास के भगवत्स्वरूप राम को नितांत मानवीय बना देती है, और यह बाधा, पराजय, आशा आदि की संश्लिष्ट अनुभूतियों की टकराहट और उनसे उत्तीर्ण होने का प्रयास करती हुई राम की अदम्य जिजीविषा है, जो उन्हें 'मानस' के राम से अधिक विराट् स्वरूप प्रदान करती है।

कविता का आरंभ बड़े उदात्त ढंग से होता है—

रवि हुआ अस्त ज्योति के पत्र पर लिखा अमर
रह गया राम रावण का अपराजेय समर
आज का........

अपराजेय समर के वर्णन से भव्य समारंभ ही इस बात का सूचक है कि कवि व्यापक एवं गहन संवेदना को लेकर आगे बढ़ रहा है। निराला के काव्य 'तुलसीदास' में भी सांस्कृतिक सूर्य के अवसान का चित्र है—

भारत के नभ का प्रभापूर्य
शीतलच्छाय सांस्कृतिक सूर्य
अस्तमित आज रे तमस्तूर्य दिङ्-मंडल;

आरंभ से ही कवि की दृष्टि भाव और भाषा के समतोलन पर रही है, जिसकी पुष्टि 'रवि हुआ अस्त' द्वारा होती है। 'रवि हुआ अस्त'—मानों राम—सूर्य वंशी राम—की पराजय को स्वर देता है। कविता के मध्य में यह चित्र है : 'निशि हुई विगत, नभ के ललाट पर प्रथम किरण / फूटी रघुनन्दन के दृग महिमा ज्योति हिरण', जिसमें राम की विजय की प्रच्छन्न व्यंजना है। ये दोनों अंश कवि की संरचनागत संगति के उदाहरण हैं। निराला यहाँ संकेत देते हैं अंधकार का, निराशा का, संघर्ष के प्रगाढ़ होते रंग का। यह अस्तंगत रवि का भाव कविता में विशिष्ट स्थान बना लेता है। आगे चलकर 'नैशांधकार', 'अमा निशा', 'घन अंधकार' का जो उल्लेख हुआ है, उसको 'रवि हुआ अस्त' की पृष्ठभूमि एक संगति प्रदान करती है। रवि तो अस्त हो गया है, किंतु राम रावण का अपराजेय समर—मानव मन की प्रवृत्तियों का संघर्ष—अभी कायम है। शैली का सौंदर्य द्रष्टव्य है—

ज्योति के पत्र पर लिखा अमर
रह गया राम रावण का अपराजेय समर
आज का

'अपराजेय' जैसे अपने उच्चारण में उस युद्ध की विराटता को ध्वनित करता है। चरणांत के साथ ही वाक्य को न समाप्त करके कवि अगले चरणों में उसका विस्तार करता है। यह प्रणाली अंग्रेजी छंद-परंपरा में 'एन्जेम्बमेंट' कहलाती है। छंद की यांत्रिकता को दूर कर संभाषण-शैली जैसा प्रवाह उत्पन्न करने में कवि को इस रीति द्वारा सहायता मिली है। 'रह गया' क्रिया के साथ पूरा वाक्य 'आज का' तक अपना विस्तार करता है।

और अब आती है वह शब्द-योजना, जिसमें संस्कृत भाषा की संश्लेषणात्म-

कता का कवि ने सर्जनात्मक आवश्यकता से उत्प्रेरित होकर उपयोग किया है, जिसके लिए निराला प्रशंसा और आक्षेप दोनों के पात्र बने हैं। आक्षेप पर कुछ विचार प्रकट करने के पूर्व इतनी प्रशंसा जरूर करनी पड़ेगी कि यह पूरा बंध खड़ी बोली पर आधारित हिंदी की काव्यभाषा के लिए निराला के काल में भी एक चुनौती था, और आज भी है। युद्ध-भूमि का सजीव चित्रण और साथ ही पराजित पक्ष की विविध प्रतिक्रियाओं की प्रौढ़ अभिव्यक्ति स्पृहणीय है। इलियट ने कहा है कि क्लेसिक का रचनाकार भाषा की सर्जनात्मक संभावनाओं को इतनी पूर्णता तक पहुँचा देता है कि वह निःशेष हो जाती है। प्रस्तुत समास-परक शब्द-योजना के विषय में यह बात बहुत हद तक सही है। इस बंध की आरंभिक चार पंक्तियाँ द्रष्टव्य हैं—

तीक्ष्ण-शर-विधृत-क्षिप्र कर, वेग-प्रखर,
शतशेलसम्वरणशील, नील-नभ-गर्जित-स्वर,
प्रति-पल-परिवर्तित-व्यूह-भेद-कौशल समूह,
राक्षस-विरुद्ध-प्रत्यूह—क्रुद्ध-कपि-विषम-हूह,

मानों खड़ी बोली की व्यास प्रकृति के आधार पर उसमें अर्थ-गौरव की न्यूनता की शिकायत जो विद्वान करते थे, उन्हें निराला ने प्रस्तुत कविता द्वारा आश्वस्त किया। उल्लेखनीय तो यह है कि यह समास-योजना भाषा की निजी प्रकृति से वैमनष्य नहीं रखती, जैसा कि केशवदास की रामचंद्रिका में है और न ही वागाडंबर-संपन्न और अर्थ सघनता से रहित लगती है जैसा कि द्विवेदी युगीन कवि हरिऔध रचित 'प्रियप्रवास' के समासों में (कमलिनी-कुलवल्लभ की प्रभा) या मैथिलीशरण गुप्त के 'साकेत' में ('उपमोचितस्तनी' जैसे प्रयोग) द्रष्टव्य है।

क्रिया-पद का लोप और समासों का प्रयोग भाषा को अद्भुत समाहार-शक्ति से संपन्न करता है। 'नील नभ गर्जित-स्वर' जैसे भाषा की गूँज-अनुगूँज को भी स्वर देता है। 'शतशेलसम्बरणशील' में जो भयानक चित्र अनुस्यूत है, उसे शकारबहुला शब्दावली साकार कर देती है। सैकड़ों भालों को रोकने में समर्थ योद्धा पक्ष प्रकारांतर से काव्यभाषा की सशक्तता को भी उद्घाटित कर रहे हों। 'प्रति-पल-परिवर्तित-व्यूह-भेद-कौशल-समूह' अपनी समाहार-शक्ति द्वारा एक विशाल अर्थ-राशि को अपने में समेटे हुये है—युद्ध कितना लोमहर्षक है, उसमें कितनी कूटनीतिज्ञता अपेक्षित है, व्यूह-संरचना में प्रति पल परिवर्तन करना पड़ता है, शत्रु की प्रत्येक चाल को विफल करना पड़ता है! ध्वनियाँ आघात-प्रत्याघात से चाक्षुष दृश्य प्रस्तुत करती हैं। इन दो पंक्तियों में अर्द्ध-विराम के

पहले जो शब्द हैं, उनमें परस्पर ध्वन्यात्मक साम्य है, जो विशिष्ट श्रुतिधर्मिता का निर्माण करता है।

'व्यूह', 'समूह', 'प्रत्यूह' और 'हूह' की उच्चारण समानता द्वारा एक शक्ति-मय वातावरण की सृष्टि होती है। 'प्रत्यूह' में 'य' पर जो बलाघात है, और उसके बाद अर्द्ध-विराम की योजना है, वह सचमुच राक्षसों के विरुद्ध वानर-सेना के अभियान को वाणी देती है। 'प्रत्यूह' के पहले जो 'विरुद्ध' शब्द है, वह भी अपने संदर्भानुरूप प्रयोग से प्रतिकार की व्यंजना करता है। युद्ध की भीषणता की एक झलक कपियों की चिल्लाहट में मिलती है—'क्रुद्ध कपि विषम हूह'।

यहाँ 'हूह' का प्रयोग हमें कवि की विशिष्ट भाषिक दृष्टि पर कुछ सोचने को मजबूर कर देता है। इतनी विकट, तत्सम-प्रधान शब्दावली के बीच 'हूह' जैसा तद्भव और ध्वन्यात्मक शब्द कवि के आत्मविश्वास का द्योतक है। कवि तत्सम प्रयोग में तो निष्णात है ही, किन्तु तद्भव की क्षमता को भी उसने नज़रअन्दाज़ नहीं किया है, और न ही तत्सम के इस विशाल साम्राज्य में तद्भव को रखने में उसके आभिजात्य ने किसी प्रकार के संकोच या हीनता का अनुभव किया है। जैसे यहाँ निराला अपने समानधर्माओं को यह सीख देते प्रतीत होते हैं कि शब्द महत्त्वपूर्ण नहीं है, वरन् संदर्भानुरूप उसका प्रयोग महत्त्वपूर्ण है। तत्सम और तद्भव की टकराहट से एक नई अर्थ-क्षमता उत्पन्न हुई है, जिसका साक्षात्कार आगे चलकर अज्ञेय और मुक्तिबोध की अनेक कविताओं के शब्द-प्रयोगों में होता है। आगे की पंक्तियाँ इस प्रकार हैं—

> विच्छुरित-वह्नि राजीवनयन हत-लक्ष्य-बाण
> लोहित-लोचन-रावण-मदमोचन-महीयान,

यहाँ राजीवनयन राम की पराजय और उससे उत्पन्न क्रोध का चित्रण हुआ है। 'विच्छुरित वह्नि' का तत्सम शब्द-प्रयोग क्रोधाग्नि की लपटों के निकलने का दृश्य साकार कर देता है।

> राघव-लाघव-रावण-वारण-गत-युग्म-प्रहर,
> उद्धत लंकापति मर्दित-कपि-दल-बल-विस्तर,

स्थिति जितनी विषम है, उसे कवि ने उतनी ही संक्षिप्तता से रूपायित किया है। राघव विजय प्राप्ति के लिए हर तरह से प्रयत्न कर रहे हैं, पर रावण उनके हर प्रयत्न को विफल कर रहा है। इसी कार्य में दो प्रहर बीत जाते हैं। पंक्तियों का प्रवाह द्रष्टव्य है—'राघव-लाघव-रावण-वारण।' आंतरिक ध्वनि-योजना में निराला मौलिकता का परिचय देते हैं। यहाँ आ के स्वर-विस्तार द्वारा

लय में स्फीति आई है। दीर्घ-स्वर का प्रयोग जैसे राघव के दीर्घ प्रयासों और रावण के दमन-चक्र को स्वर देता है। 'उद्धत' और 'मर्दित' अपनी वर्ण-संघटना से लंकापति की प्रचंड क्षमता का उद्घाटन करते हैं। इस दृश्य की परिणति राम की निराश मनः स्थिति और क्षत शरीर में होती है—

> अनिमेष-राम—विश्वजिद्दिव्य-शर-भंग-भाव,
> विद्धांग-बद्ध-कोदण्ड-मुष्टि-खर-रुधिर-स्राव,

यह चित्र झकझोरने वाला है। राम के परंपरागत सर्वशक्तिमान रूप को जैसे मनोवैज्ञानिक सत्य के आगे कवि ने ओझल कर दिया है। आधुनिक संवेदना के निकट आने की जितनी सामर्थ्य इस करुण चित्र में है, उतनी भगवद्स्वरूप, अज्ञेय, परंपरागत राम के चित्र में नहीं। भाषिक संरचना की दृष्टि से इन पंक्तियों की विशिष्टता उनके नाद-सौन्दर्य, परुष वर्ण-योजना में तो है ही, साथ ही विरोधी शब्दों की निकट स्थिति के कारण अतिरिक्त अर्थ-समृद्धि का सन्निवेश हो गया है। 'अनिमेष' में राम की स्तब्ध दशा की व्यंजना है। 'अनिमेष राम' के बाद विराम की स्थिति भी उस संताप को अभिव्यक्ति देती है। 'विश्वजिद्दिव्य शर' में जहाँ राम के बाणों की प्रबल शक्ति की व्यंजना है, वहाँ 'भंग भाव' में उनके श्रीहत होने का भाव है। एक दूसरे के निकट आकर दोनों शब्द परस्पर टकराहट से एक गंभीर अर्थ की गूँज उत्पन्न करते हैं, जिसमें राम के जीवन, उनके पुरुषार्थ के दो परस्पर विरोधी रूपों की व्यंजना है। एक में पराक्रम है, उत्साह है; दूसरे में श्रीहीनता है, लाचारी है। दूसरी पंक्ति का 'विद्धाङ्ग' अपनी बनावट में संयुक्त है, और कठोरता-युक्त यह संयुक्त शब्द सचमुच बिंधने की अभिव्यक्ति करता है। वस्तुतः शब्द की सत्ता उसके ध्वन्यात्मक नियोजन तथा अर्थवत्ता से अभिन्न रूप में जुड़ी है।

'विद्धाङ्ग' की वर्ण-संघटना एक खास प्रयोजन से कवि ने की है और उस प्रयोजन में वह कृतकाम भी हुआ है। ध्वनि और शब्द को अर्थ से संपृक्त कर आर्किबाल्ड मैकलीश ने यही बात अपने ढंग से कही है :

> It would follow that it cannot be the management of the sounds alone, which produces the enhancement of meaning, which words in a poem gain. The meanings of the sounds are also present and cannot help but play a part.[1]

'विद्धाङ्ग' में ध्वन्यात्मक दृष्टि से संयुक्तता के कारण जो विकार उत्पन्न हुआ

1. Poetry and Experience, page 26.

है, वह जैसे विक्षत राम की स्थिति को ही मूर्त्त करता है। राम के अंगों में बाण बिंधने के कारण तेज़ी से रक्त बह रहा है—'विद्धाङ्ग-बद्ध कोदण्ड-मुष्टि खर-रुधिर-स्राव' अर्थगत विपरीत-भाव का समावेश यहाँ भी द्रष्टव्य है। 'बद्ध कोदण्ड-मुष्टि' का कठोर वर्ण-प्रयोग जहाँ राम की शूरता, दृढ़ता को अभिव्यक्ति देता है, वहीं 'विद्धाङ्ग' और 'खर-रुधिर-स्राव' की दीन स्थिति उस शूरता को उस दृढ़ता को कमज़ोर कर देती है। निराला में विपरीत भाव के ऐसे शब्द-प्रयोग उनकी भाषा-सजगता के परिचायक हैं।

युद्ध-प्रसंग में अब वानर-दल की प्रतिक्रिया का चित्रण होता है—

रावण-प्रहार-दुर्वार-विकल-वानर-दल-बल,
मूर्च्छित सुग्रीवाङ्गद-भीषण-गवाक्ष-गय-नल,
वारित-सौमित्र-भल्लपति-अगणित-मल्ल-रोध,
गर्जित प्रलयाब्धि-क्षुब्ध-हनुमत्-केवल-प्रबोध
उद्गीरित-वह्नि-भीम-पर्वत-कपिचतुः-प्रहर
जानकी-भीरु-उर-आशाभर-रावण-सम्वर।

'रवि हुआ अस्त' से आरंभ हुए वाक्य की परिसमाप्ति यहाँ आकर होती है। रावण के आतंक से विकल समूची वानर-सेना के मध्य केवल हनुमान ही प्रबुद्ध हैं। उनके अदम्य साहस को कवि ने सशक्त भाषा द्वारा अभिव्यक्त किया है। प्रलयकालीन समुद्र के सदृश गर्जन उनके पौरुष-दीप्त व्यक्तित्व, उनकी प्रतिरोधों से जूझने वाली दृढ़ता को प्रतिफलित करता है। चित्र का वैषम्य भाव द्रष्टव्य है: हनुमत्-केवल-प्रबोध।

इतने कोलाहल, इतनी आशंका के मध्य हनुमान—सूक्ष्म स्तर पर चेतना निष्कम्प है। ऐसे हनुमान उस विशाल पर्वत की भाँति प्रतीत होते थे, जिसमें से ज्वालामुखी की लपटें निकलती हों। जैसे किसी भी स्तर पर निराला की चेतना निष्क्रिय नहीं होती, प्रतिरोधों से जूझती रहती है। यह विराट् दृश्य इसी मनोवृत्ति के फलस्वरूप अंकित हो सका है।

'शक्ति-पूजा' के इस आरंभिक बंध की भाषा पर आक्षेप भी हुए हैं। नंद-दुलारे वाजपेयी के अनुसार 'यह अधिक सरल और संगुंफित भाषा में लिखी जा सकती थी। शक्ति-पूजा के प्रारंभ में भाषा एक ऐसी क़वायद है, जिसका समर्थन केवल यह कह कर किया जा सकता है कि हिंदी में भी ऐसी भाषा लिखी जा सकती है।'[1]

---

१. कवि निराला, पृ० ११०

वस्तुतः जिसे आचार्य वाजपेयी ने क़वायद का नाम दिया है वह अर्थ की सर्जनात्मक संभावनाओं से उत्प्रेरित भाषा है। कविता की भाषा में सरलता-कठिनता का प्रश्न अप्रासंगिक है। यों वाजपेयी जी ने सरल और जटिल प्रक्रिया के अंतर को काफ़ी बारीकी से पहचाना है, जैसा कि प्रेमचंद और मैथिलीशरण गुप्त की तुलना में प्रसाद की जटिल रचना-प्रक्रिया की व्याख्या करते हुए उन्होंने कहा है—"बड़े जीवन-चक्रों को हाथ में लेना, पेचीदा भाव-धाराओं और सांस्कृतिक परिवर्तन के फलस्वरूप उठी हुई जटिल समस्याओं का निरूपण करना, व्यक्ति, देश और जाति के जीवन के वृहद् छाया-आलोकों को उद्घाटित कर सकना, सारांश यह कि जीवन के गहरे और बहुमुखी घात-प्रतिघातों और विस्तृत जीवन-दशाओं में पद-पद पर आनेवाले उद्वेलनों को चित्रित करना, उन्हें सँभालना और अपनी कला में उन सब को सजीव करना गुप्त जी और प्रेमचंद जी की साहित्य-सीमा के बाहर है।"[1]

अच्छा होता, अगर वे निराला की इस कविता की भी पेचीदा भाव धारा को समझ कर युद्ध-प्रसंग में प्रयुक्त उसके जटिल शब्द-प्रयोगों की अर्थवत्ता की आशंसा करते। इस समूचे बंध की संश्लिष्ट शब्दावली सर्जन की मूल आवश्यकता का प्रतिफलन है। वह राम की, वानर सेना की संकुल मनःस्थिति को मूर्त्तिमंत करती है। कवि यह जानता है कि युद्ध जीवन की एक विशेष स्थिति है, सामान्य नहीं। उसी के अनुरूप भाषा के एक ख़ास रूप का उसने प्रयोग किया है। और कवि को शाब्दिक स्वेच्छाचार या चमत्कार ही दिखाना होता, तो वह संपूर्ण कविता में भाषा का यही रूप रखता, जबकि ऐसा नहीं है। अतः आरंभिक बंध की भाषा को एक ख़ास प्रयोजन का तकाज़ा समझना चाहिये। वह निराला की काव्यभाषा का सामान्य आदर्श नहीं है।

अब एक और विरोधी चित्र निराला प्रस्तुत करते हैं, जिसमें युद्धोपरांत शिविर की ओर लौटती हुई दोनों सेनाओं की भिन्न मनःस्थितियों का अंकन हुआ है। आरंभिक विकट समास-बंध के बाद भाषा का यह सहज प्रयोग जैसे संघर्ष के बाद उपराम का द्योतक है—

लौटे युग दल। राक्षस पद-तल पृथ्वी टलमल,
विंध महोल्लास से बार-बार आकाश विकल।

और दूसरी ओर वानर सेना है—

वानर-वाहिनी खिन्न, लख निज-पति-चरण-चिह्न
चल रही शिविर की ओर स्थविर-दल ज्यों विभिन्न।

१. जयशंकर प्रसाद : पृ० ६

प्रशमित है वातावरण नमित मुख-सांध्य कमल
लक्ष्मण चिन्ता पल पीछे वानर-वीर सकल;

छंद-गति के दो रूप द्रष्टव्य हैं—एक में 'टलमल', 'बिंध', 'विकल' जैसे कंपनशील, हल्के-फुल्के शब्दों द्वारा राक्षसों के 'महोल्लास' को मूर्त्त कर दिया गया है; दूसरे में छंद की बोझिल गति वानर-वाहिनी की 'खिन्न' मनःस्थिति को रूपायित करती है।

स्थविर दल की उपमा पूरे वातावरण को एक वैराग्य-भाव से संयुक्त कर देती है। लक्ष्मण के लिए 'नमित मुख सांध्यकमल' का विशेषण उनकी श्रीहीनता के साथ संध्या-काल की भी व्यंजना करता है। सूक्ष्म स्तर पर यह विशेषण निराशा को स्वर देता है, जिसका प्रगाढ़ अंधकार आगे राम के चित्र में छा जाता है :—

रघुनायक आगे अवनी पर नवनीत-चरण
श्लथ धनु-गुण है, कटि-बध स्रस्त-तूणीर-धरण,
दृढ़ जटा-मुकुट, हो विपर्यस्त, प्रतिलट से खुल
फैला पृष्ठ पर, बाहुओं पर, वक्ष पर, विपुल
उतरा ज्यों दुर्गम पर्वत पर नैशांधकार,
चमकती दूर ताराएँ ज्यों हों कहीं पार।

रघुनायक के नवनीत-चरण अवनी पर हैं। पहला ही वाक्य कोमलता और कठोरता के संघर्ष के कारण ध्यान आकृष्ट कर लेता है। यहाँ बिंबों के बल पर नहीं वरन् बिंबेतर भाषा की सृजनात्मकता के फलस्वरूप कवि ने शिथिल प्रत्यंचा वाले, परिश्रांत राम को चित्रित किया है, किंतु इसके आगे एक विराट् बिंब के प्रयोग से राम की द्विविधा, उनकी असहायता, उनकी निराशा सब दीप्त हो उठती है। दुर्गम पर्वत पर नैशांधकार (संध्याकालीन अंधकार नहीं, घन अंधकार-घोर संशय) की तरह राम की जटायें शरीर के विभिन्न अवयवों पर बिखर गयी हैं। शरीरावयवों का पृथक्-पृथक् उल्लेख 'फैला पृष्ठ पर, बाहुओं पर, वक्ष पर' सूक्ष्म स्तर पर अस्त-व्यस्त मनःस्थिति के प्रसार को बलपूर्वक व्यंजित करता है। एक ही पंक्ति में अर्द्ध-विराम के साथ पूर्वकालिक क्रियाओं का प्रयोग वाक्य-विन्यास में रचनात्मक ढीलेपन को ध्वनित करता है और कहना न होगा कि यह छिदरा-छिदरा वाक्य-विन्यास राम की शारीरिक शिथिलता और मानसिक द्विविधा को ही प्रतिध्वनित करता है। वाक्य-विन्यास और संवेदना का संपृक्त संबंध भाषा के साथ गहरे स्तरों पर प्रयत्नशील रचनाकार स्थापित कर सकता है। राम के शरीर में दुर्गम पर्वत की कल्पना बड़ी विराट् है, इतना बाहुबल-संपन्न व्यक्तित्व भी अंधकार की शक्ति से समर करता हुआ पराजित हो जाता है। निराला ने सिद्धि को ही

नहीं, साधनावस्था को भी उसके पूरे विस्तार में देखा था, जिसका साक्ष्य यह गुरु-गंभीर बिंब है। वह पर्वत भी कैसा है? दुर्गम। विशेषण का प्रयोग निराला कितना सोच-समझकर करते हैं, यह द्रष्टव्य है। 'नैशांधकार' में दीर्घ संधि पर आधारित समास जैसे अंधकार के सर्वग्रासी प्रभाव को स्वर देता है। यह प्रकारांतर से कवि के संघर्ष से जूझनेवाले मानस का ही प्रतिफलन है। इतने घोर अंधकार के मध्य प्रकाश के नाम पर दूर कहीं ताराएँ चमक रही हैं। राम के नयनद्वय के लिये कवि ने यह कल्पना की है। कवि की कल्पनात्मक पकड़ और मौलिक अभिव्यक्ति का यह अंश बढ़िया उदाहरण है। कहना न होगा कि यह प्रकाश उस अंधकार की सत्ता को, निराशा की अनुभूति को और प्रगाढ़ कर देता है। मानव के मन में जहाँ पराजयजन्य ग्लानि, अस्त-व्यस्तता, शोच है; वहीं आशा, आकांक्षा की भी गुंजाइश है। पंत ने कहा है :

दुस्तर आकांक्षा का बन्धन।

राम की अस्त-व्यस्त स्थिति को रूपायित करने वाला यह खंड बिंब और भाषिक वर्णन की संपृक्त प्रकृति की दृष्टि से उल्लेखीय है, जिसमें विपर्यस्त जटा मुकुट, क्षत-विक्षत शरीर, विपुल नैशांधकार, दुर्गम पर्वत, दूर चमकती दो ताराएँ-सब परस्पर मिलकर (खंड-खंड नहीं) एक विराट् अर्थ की सृष्टि करते हैं। इस माने में बिंब का यह स्पृहणीय प्रयोग है। राम और उनकी वानर सेना के एक संक्षिप्त वर्णनात्मक दृश्य के बाद प्रकृति की भयावह पृष्ठभूमि में राम-या अधिक सूक्ष्म स्तर पर सफलता में संशय रखने वाले मानव मात्र—के मन का बड़ा प्रभावशाली चित्र निराला ने प्रस्तुत किया है, जो कविता को महाकाव्योचित गरिमा प्रदान करता है।

है अमा निशा, उगलता गगन घन अंधकार;
खो रहा दिशा का ज्ञान, स्तब्ध है पवन चार,
अप्रतिहत गरज रहा पीछे अंबुधि विशाल,
भूधर ज्यों ध्यान-मग्न; केवल जलती मशाल।

निराला की प्रतीक-योजना वस्तु-निरपेक्ष नहीं होती, जैसा कि पंत में बहुधा देखा जाता है, जो विशुद्ध चाक्षुष दृश्य-निर्माण में सिद्धहस्त हैं। अंधकार का यह दिगंतव्यापी विस्तार और प्रकाश की एक हल्की रेखा की उससे टकराहट मानवीय जीवन के सतत संघर्ष से संपृक्त है। राम के समीपवर्ती वातावरण की भयानक निस्तब्धता उससे राम के संशय ग्रस्त मानस को स्वर देती है। इसे मानवीकरण न कहकर जीवन और प्रकृति का संश्लेष कहना अधिक संगत होगा। अमावस्या की रात्रि है, बात जितनी गंभीर है, उसे उतनी ही सहजता से कहा गया है, पर

यह सहजता प्रस्तुत संदर्भ के साथ जुड़कर गहरी व्यंजनाएँ उद्भूत करती है। 'है अमा निशा' में कवि ने क्रिया-पद का पहले ही प्रयोग कर दिया है। उसके बाद अर्द्ध-विराम की नियोजना जैसे 'अमा' की भयानकता पर हमें एक क्षण रुककर सोचने को विवश कर देती है। क्रिया-पद का आरंभ में यह प्रयोग नाटकीयता की सृष्टि करता है। 'अमा-निशा' जब सूर्य और चंद्र का मिलन होता है और अंधकार—या कहें अव्यवस्था छा जाती है।

यहाँ राम और रावण दो शक्तियों के संघर्ष की जैसे कवि प्रच्छन्न व्यंजना करता है। आगे का पूरा अंश इसी 'अमा निशा' के वातावरण के अनुरूप है। छायावादी काव्य अपने लाक्षणिक प्रयोगों के लिये प्रसिद्ध है। एक बढ़िया लाक्षणिक प्रयोग कवि ने 'उगलता गगन घन अंधकार' के रूप में किया है। गगन मानों दैत्य है, जो गहन अंधकार उगल रहा है। निराला की भाषा-विशिष्टता उनके संज्ञा-रूपों में ही नहीं, उनके क्रिया-गत प्रयोगों में भी है, जिसका एक स्पृहणीय रूप 'उगलता' में द्रष्टव्य है। 'उगलता' भयावह बिंब की सृष्टि करता है, जैसे गगन (दैत्याकार) तक भयानक अंधकार को सहन नहीं कर पा रहा, वमन-क्रिया के द्वारा अपने क्षेत्र से उसका निरसन कर रहा है। ऐसे घन अंधकार (जिसे कालिदास ने सुकुमार अर्थ में सूचीभेद्य अंधकार कहा है) के आगमन से पृथ्वी की क्या दशा होगी ? 'खो रहा दिशा का ज्ञान' में कर्तृवाच्य का लोप जैसे ध्वनित करता है कि सब कुछ अस्तित्वहीन होता जा रहा है। पवन का संचरण बंद हो गया है, मानों प्रकृति भी विकंपित हो गयी है। 'स्तब्ध है पवन चार'—'स्तब्ध' में जो अर्थ-शक्ति है, उसका स्थान अन्य कोई पर्याय नहीं ले सकता था। नाश के इन भयानक प्रतीकों के साथ विशाल समुद्र का गर्जन वातावरण को अतिरिक्त भयानकता प्रदान करता है :—

'अप्रतिहत गरज रहा पीछे अम्बुधि विशाल'

'अप्रतिहत गर्जन।' भयानकता में कहीं विराम को स्थान नहीं, उसका चक्र सदैव चलता रहता है। इतने कुचक्रों के मध्य भूधर के लिए ध्यानस्थ योगी का रूपक जैसे मन को तिलमिलाहट से भर देता है। सन्नाटा और भास्वर हो उठता है।

इस ध्यान मग्न भूधर के विरोध में जलती मशाल की प्रखर चेतना अर्थ की अनेक छायाएँ विवृत करती है। 'उगलता' के अर्थगत विश्लेषण में कहा गया था कि घन अंधकार को सहन न करने के कारण आकाश उसे पृथ्वी पर उगल दे रहा है। जिस अंधकार का बोझ दैत्य रूप, बली गगन नहीं उठा पाया, उसका सामना एक जलती मशाल कर रही है। उसने भय के कारण अपना कर्त्तव्य नहीं छोड़ा,

जबकि दिशा का ज्ञान लुप्त हो चुका है, पवन संचरण रुक गया है। जिस कवि ने आरंभ में 'अंधकार घन अंधकार ही क्रीड़ा का आगार' वाले बादल का चित्र खींचा था, वही एक जलती मशाल में इतनी अदम्य चेष्टा निहित कर सकता था। यह दूसरी बात है कि 'केवल जलती मशाल' का यह चित्र अंधकार के भाव को और गहरा कर देता है, जैसे पंत जी की पंक्ति है :

झींगुर के स्वर का प्रखर तीर केवल प्रशांति को रहा चीर,
संध्या प्रशांति को कर गंभीर। ('एक तारा')

जहाँ गहन नीरवता में झींगुर का स्वर विरोध में आकर उस नीरवता को अधिक सघन कर देता है। फिर निराला की उपर्युक्त चार पंक्तियों के अन्त्यानुप्रास 'अंधकार', 'चार', 'विशाल' और 'मशाल' जैसे अपने स्वर-विस्तार से इस अंधकारमय वातावरण की गंभीरता को और सांद्र बना देते हैं।

यहाँ विध्वंस के इतने विराट् रूपों की तुलना में एक मशाल की किरण भी अर्थगर्भी है, जैसे इतने दिगंतव्यापी अंधकार में रावण की आतंकपूर्ण सत्ता निहित हो, और छोटी-सी मशाल के लघु बिंब में राम की उस समय दीन, किन्तु हल्के विवेक से आलोकित मनःस्थिति को स्वर मिला हो। तमस शक्तियों के आतंक का निराला ने बड़ी गहराई में अनुभंव किया था, जिसका प्रमाण कवि-प्रयुक्त तामसिक शक्तियों के विराट् बिंब हैं। सघन अंधकार और उसमें क्षीण प्रकाश का उल्लेख राम के शरीर की दुर्गम पर्वत से उपमा के प्रसंग में भी आया है। अराजकता के विस्तार में न्याय को क्षीण सत्ता को ये प्रतीक अभिव्यक्ति देते हैं। आगे राम के मन की द्विधा को कवि ने कुशलता से रूपायित किया है :

स्थिर राघवेन्द्र को हिला रहा फिर-फिर संशय,
रह-रह उठता जग जीवन में रावण-जय-भय,
जो नहीं हुआ आज तक हृदय रिपुदम्य-श्रान्त,
एक भी अयुत लक्ष में रहा जो दुराक्रान्त,
कल लड़ने को हो रहा विकल वह बार-बार
असमर्थ मानता मन उद्यत हो हार-हार,

एक ओर मनुष्य में आत्मविश्वास निहित होता है, दूसरी ओर संशय। इन दोनों की टकराहट इस कविता में निराला ने प्रस्तुत की है। ध्वनियों के द्वित्त्व प्रयोग जैसे मनःस्थिति की शंका, आकुलता का गति-चित्र निर्मित कर देते हैं। राम के पूर्वविजयी दुराक्रांत रूप के विरोध में आकर यह 'असमर्थ मानता मन उद्यत हो हार हार' प्रयोग भावक के मन में एक विशिष्ट सहानुभूति और पीड़ा का भाव उद्‌बुद्ध करता है। इसके बाद नाटकीय फ्लैश-बैक पद्धति से निराला

रचना को स्मृत्याभास कल्पना की ओर मोड़ते हैं, जिसमें राम के संशय-ग्रस्त मानस में सीता का चित्र उभरता है। कष्ट में स्वजनों की स्मृति मनोवैज्ञानिक सत्य है, लेकिन यहाँ तो विशिष्टता यह है कि प्रकृति और मानव-हृदय के मादन-भाव को अंकित करने वाला यह चित्र पूर्ववर्त्ती युद्ध और उसकी भयानकता के विरोध में और भी सजीव हो उठता है। जनक-वाटिका में राम और सीता के लतांतराल मिलन में चराचर प्रकृति भाग लेती है :—

नयनों का नयनों से गोपन-प्रिय सम्भाषण
पलकों का-नव पलकों पर प्रथमोत्थान-पतन
काँपते हुए किसलय-झरते पराग-समुदय,
गाते-खग-नवजीवन-परिचय, तरु-मलय-वलय,
ज्योतिः-प्रपात-स्वर्गीय-ज्ञात छवि प्रथम स्वीय,
जानकी-नयन-कमनीय प्रथम कंपन तुरीय।

अपनी काव्यभाषा में निराला भयानक और कोमल दोनों के चित्रण में समान और सहज रूप से दक्ष हैं। मृदु शब्दों की मैत्री और लय की अनुरंजकता एक सुखकर वातावरण की सृष्टि करती है। परस्पर दृष्टिपात की कोमल स्थिति को कवि ने बड़ी संवेदनशीलता से चित्रित किया है। राम और सीता के इस प्रथम, किन्तु आत्मीय दृष्टिपात पर प्रकृति भी निरपेक्ष नहीं रहती। मनु और श्रद्धा के मिलन में भी प्रकृति वैसी ही मादन भावनाओं से संपृक्त हो जाती है :—

मधु बरसती विधु किरण है काँपती सुकुमार,
पवन में है पुलक मंथर, चल रहा मधु-भार,
तुम समीप अधीर इतने आज क्यों हैं प्राण ?
छक रहा है किस सुरभि से तृप्त होकर घ्राण ?
('कामायनी', पृष्ठ ६७)

निराला के लतांतराल मिलन के चित्र—किसलयों के काँपने, पराग-समुदाय के झरने—में सांकेतिक रूप में राम और सीता की विविध क्रियाओं-प्रतिक्रियाओं को व्यंजित किया गया है। 'झरते पराग समुदय' में झरना प्रयोग एक चाक्षुष बिंब की सृष्टि करता है। 'गाते खग नव जीवन-परिचय' में जो प्रेममय उल्लास है, जीवनाकांक्षा है, वह अंधकार की गहन पृष्ठभूमि के विरोध में बड़ी भास्वर, पर कोमल प्रतीत होती है। कवि का स्वनिर्मित यह 'शक्ति पूजा' छंद अपनी प्रकृति में इतना गत्यात्मक है कि भयानक और सुकुमार दोनों वातावरणों की तदनुरूप व्यंजना करता है। ये दो पंक्तियाँ द्रष्टव्य हैं :

ज्योतिः प्रपात स्वर्गीय-ज्ञात छवि प्रथम स्वीय,
जानकी-नयन-कमनीय प्रथम कंपन तुरीय ।

जानकी के नयनों का प्रथम गतिशील कंपन (यहाँ श्रृंगार भाव की कितनी सुंदर सांकेतिक व्यंजना है !) जैसे छंद की गति से भी अपना समीकरण कर लेता है । 'ज्योतिः प्रपात—स्वर्गीय' जैसा प्रयोग सारे दृश्य को दिव्य स्तर पर पहुँचा देता है । स्वर्गीय (उदात्तता की व्यंजना है) प्रकाश का स्रोत जैसे उस छवि में फूट पड़ा हो । इतना संयमित और गलदश्रु भावुकता से मुक्त श्रृंगार-चित्र (जबकि स्मृति-चित्र में इसकी संभावना की जा सकती थी) निराला जैसा संपूर्ण कलाकार ही प्रस्तुत कर सकता था ।

इस मिलन-चित्र के पश्चात् राम की वर्त्तमान क्रियाओं-प्रतिक्रियाओं के माध्यम से मानव-मन में एक काल में ही उठते विरोधी भावों का चित्र प्रस्तुत करके निराला ने संश्लिष्ट भावलोक की एक रागमाला तैयार की है :

सिहरा तन, क्षण भर भूला मन, लहरा समस्त,
हर धनुर्भङ्ग को पुनर्वार ज्यों उठा हस्त,
फूटी स्मिति सीता-ध्यान-लीन राम के अधर,
फिर विश्व-विजय-भावना हृदय में आई भर ।

यहाँ शब्दावली का हल्का रूप आशंका से विरहित, विजय-भावना से संपन्न राम की किंचित् मुक्त स्थिति को व्यंजित करता है । अपनी विजय-भावना में (जो वस्तुतः सीता की 'कुमारिका-छवि' की स्मृति से राम के द्विविधा-ग्रस्त मानस में उत्पन्न हुई है) वे भयानक रजनीचरों को शलभ की भाँति जलते देखते हैं । इस उत्साह-भाव को देवी की अतिप्राकृतिक शक्ति किस प्रकार मलिन कर देती है, यह द्रष्टव्य है :

फिर देखी भीमा मूर्ति आज रण देखी जो
आच्छादित किये हुये सम्मुख समग्र नभ को,
ज्योतिर्मय अस्त्र सकल बुझ-बुझकर हुए क्षीण
पा महानिलय उस तन में क्षण में हुए लीन
लख शंकाकुल हो गये अतुल-बल शेष-शयन,
खिंच गये दृगों में सीता के राममय नयन ।

देवी-रूप की यह विराटता और प्रचंडता जितनी दर्शनीय है, उतनी ही राम के हत बाणों की श्री-हीनता भी । सूक्ष्म स्तर पर अतिप्राकृतिक शक्ति से जूझते हुए मानव का चित्र सामने आ जाता है । 'अतुल-बल शेष-शयन' के साथ 'लख शंकाकुल हो गये' का प्रयोग दो विपरीत स्थितियों की व्यंजना करता है । बाद की पंक्ति

'खिच गये दृगों में सीता के राममय नयन' का काव्यात्मक सौंदर्य अनुपम है। जैसे 'सीता के राममय नयन' राम के मन में निहित आशंका और उद्वेग के भावों को चुनौती दे रहे हों, जैसे देवी की संपूर्ण अति प्राकृतिक शक्ति के मुकाबले में मानवीय प्रेम की सशक्तता के रूप में सीता के राममय नयन खड़े हों। निराला के अनेक प्रयोगों में सांस्कृतिक संदर्भ विशदता से निहित है। यहाँ राममय नयन भारतीय नारी की निष्ठा, साधना, समर्पण और स्नेह को ध्वनित करता है। इसी प्रसंग में 'बादल राग' की वे पंक्तियाँ स्मरण हो जाती हैं, जिनमें 'पूजित' शब्द का प्रयोग कुछ इसी प्रकार की अर्थ-छायाएँ उद्भूत करता है :

उस अरण्य में-बैठी प्रिया-अधीर
कितने पूजित दिन अब तक हैं व्यर्थ—

'राममय नयन' अपने गठन में सजीव करता है सीता के उन नेत्रों को, जिनमें सदा राम का संपूर्ण व्यक्तित्व छाया रहता है। 'खिच गये' क्रिया-पद में एक बंकिम सौंदर्य है, जो साकार चित्र की याद दिला देता है।

तीसरी ओर ठीक इसकी विरोधी प्रतिक्रिया द्रष्टव्य है :

फिर सुना—हँस रहा अट्टहास रावण खल-खल
भावित नयनों से सजल गिरे दो मुक्ता-दल।

सारी मनःस्थिति की परिसमाप्ति इन दो मुक्ता-दलों के गिरने में होती है। यहाँ मितकथन का रूप है। इतने तीखे भावावेग के बीच दो आँसू गिरते हैं। रावण के 'खल-खल' अट्टहास के संदर्भ में इन दो मुक्ता-दलों के गिरने का चित्र विपरीत-भाव की सृष्टि करता है।

अंधकार के अट्टहास रूप में मृत्यु की कल्पना प्रसाद ने की है : 'अंधकार के अट्टहास-सी'।

निराला के 'अट्टहास' के प्रयोग में एक अजीब खौफनाक-सा भाव निहित है।

"फिर सुना हँस रहा अट्टहास रावण खल-खल"—वाक्य-विन्यास की नवीनता यहाँ देखी जा सकती है। कवि नादानुरंजित ध्वनियों में अर्थ की बारीकी बराबर ध्यान में रखता है। 'खल-खल' ध्वनि का रावण की तामसिक शक्ति के प्रसंग में बड़ा ही सार्थक प्रयोग हुआ है। इस 'खल-खल' के विरोध में दूसरी पंक्ति आती है :

'भावित नयनों से सजल गिरे दो मुक्ता-दल।' 'खल-खल' और 'मुक्ता-दल' छंद की दो तुकें नहीं हैं, उनमें मानव-जीवन के दो परस्पर विरोधी दृश्य अपने पूरे विस्तार में अंकित हैं। फिर 'मुक्ता-दल' के पूर्व 'सजल' की जो आंतरिक तुक

है, वह ध्वन्यात्मक वातावरण को भावात्मक वातावरण से पूरी तरह जोड़ देती है। शब्द, ध्वनियाँ और अर्थ—सब परस्पर संश्लिष्ट हो गये हैं।

इसके बाद एक दूसरा दृश्य सामने आ जाता है, जो शक्ति-पूजक निराला की मनःस्थिति के सर्वथा अनुरूप है। राम के अनन्य सेवक हनुमान के विविध कृत्यों के माध्यम से कवि ने जैसे पराजित चेतना को उद्‌बुद्ध करने की चेष्टा की हो। राम के ब्रह्मत्व की जो परिकल्पना हनुमान 'युग अस्ति-नास्ति के एक रूप, गुण-गण अनिंद्य' में करते हैं, वह वस्तुतः उनके आगामी शौर्य-भाव के उत्तेजन के लिये है। वही भक्त हनुमान जब राम के अश्रुओं पर किंचित् गंभीर ढंग से विचार करते हैं, तो उनके अंदर विशिष्ट प्रतिक्रिया होती है :

ये अश्रु राम के आते ही मन में विचार,
उद्वेल हो उठा-शक्ति-खेल सागर अपार,
हो श्वसित पवन उनचास पिता-पक्ष से तुमुल
एकत्र वक्ष पर बहा वाष्प को उड़ा अतुल,

'ये अश्रु राम के' को 'भावित नयनों से सजल गिरे दो मुक्ता-दल' के साथ मिलाकर पढ़ा जाए, तो इन दो मुक्ता-दलों के उल्लेख में मितकथन की महत्त्वपूर्ण स्थिति स्पष्ट हो जायगी। राम भी नितांत मानवीय होकर रो सकते हैं, इसका भान हनुमान को होता है। यहाँ से निराला की काव्यभाषा फिर सक्रिय चेष्टाओं से भर उठती है, क्योंकि उसे दुर्धर्ष शक्ति का अंकन करना है। 'सागर अपार' का स्वर-विस्तार विराट् भाव की व्यंजना करता है। छंद की गतिशीलता में वृद्धि हो जाती है :

शत घूर्णावर्त, तरंग-भंग उठते पहाड़
जल-राशि राशि-जल पर चढ़ता खाता पछाड़
तोड़ता बंध-प्रतिसंध धरा, हो स्फीत-वक्ष
दिग्विजय-अर्थ प्रतिपल समर्थ बढ़ता समक्ष
शत-वायुवेग-बल डुबा अतल में देश-भाव
जलराशि विपुल मथ मिला अनिल में महाराव
वज्राङ्ग तेज घन बना पवन को, महाकाश
पहुँचा, एकादश रुद्र क्षुब्ध कर अट्टहास।

सशक्त संरचना के साथ वाक्य के इतने विशाल विस्तार को सँभालना कृती कवि की ही विशिष्टता है। पूरे बंध में एक भयावह बिंब की सर्जना हुई है। प्रकृति की विराट् पृष्ठभूमि में उद्वेलन, कोलाहल का यह चित्र जैसे निराला की ही अप्रतिहत कल्पना-शक्ति, अस्खलित सर्जनात्मक ऊर्जा को ध्वनित करता है।

हनुमान का आकाश-गमन और प्रकृति में विक्षोभ—दोनों का भाषा की क्षमता द्वारा संश्लेषण हो गया है। असंख्य उत्ताल तरंगों की भंगिमाओं से सागर का विक्षोभ ही नहीं, हनुमान का विक्षोभ भी ध्वनित हो रहा है। सक्षम काव्य भाषा ही इस प्रकार की संश्लिष्ट ध्वनियों को प्रस्तुत करती है। 'जल-राशि राशि-जल पर चढ़ता खाता पछाड़' का स्वर-विस्तार सचमुच लहरों के उठने-गिरने का एक गति-चित्र निर्मित कर देता है। सागर अपनी मर्यादा को छोड़कर अपना विस्तार करता ही जा रहा है :

"तोड़ता बंध प्रतिसंध धरा, हो स्फीत वक्ष
दिग्विजय अर्थ प्रतिपल समर्थ बढ़ता समक्ष"

एक पंक्ति को तोडकर दूसरी पंक्ति में पहुँचने की प्रक्रिया जैसे सागर या हनुमान—सूक्ष्म स्तर पर मानवीय जिजीविषा-की दिग्विजय कामना, सीमा-हीन विस्तार की आकांक्षा को व्यंजित करती है। वाग्धारा की स्फीतता द्रष्टव्य है। पुराने ढंग के अनुप्रास आदि के स्थान पर (जिनमें अर्थ-समृद्धि की अपेक्षाकृत कम गुंजाइश रहती थी) कविता की आंतरिक ध्वनि-व्यवस्था में एक अनुरूपता छायावादी कवियों ने प्रस्तुत की। निराला में यह प्रवृत्ति विशेष रूप से द्रष्टव्य है। शब्दावली कहीं स्खलन की गुंजाइश ही नहीं रखती। उनचास पवनों के बल की समाविष्टि, देश-भाव की समाप्ति (सीमाओं का परित्याग), विपुल जलराशि का मंथन—सभी कुछ तो सजीव हो उठा है—जलराशि विपुल मथ मिला अनिल में महाराव। बज्राङ्ग तेज घन बना पवन को, महाकाश। पहुँचा, एकादश रुद्र क्षुब्ध कर अट्टहास। पंक्ति को तोड़ देने से 'महाकाश' और 'पहुँचा' दोनों पर ही बल पड़ता है।

इस प्रक्रिया से जैसे सचमुच महाकाश में पहुँचने का चित्र सजीव हो उठता है, साथ ही इस ऊर्ध्व यात्रा में वज्राङ्ग हनुमान के मन में क्षोभ, उत्साह, उद्वेलन और पौरुष के जो भाव हैं, वे भी पंक्तियों की अयांत्रिक गति में ध्वनित हो उठते हैं।

और अब विषम स्थिति आ जाती है। एक ओर शक्ति-रक्षित रावण की महिमा है, दूसरी ओर हनुमान हैं, जिन्हें शिव-रक्षित अपने आराध्य राम का बल प्राप्त है। हनुमान द्वारा आकाश को ग्रसित करने के अटल प्रयत्न पर शिव विचलित हो उठते हैं :

करने को ग्रस्त समस्त व्योम कपि बढ़ा अटल,
लख महानाश शिव अचल हुए क्षण भर चंचल,

'अटल' और 'चंचल' का विरोध द्रष्टव्य है। शिव अपनी शक्ति पार्वती को इस प्रकार प्रबोधित करते हैं :

श्यामा के पदतल भार धरण हर मन्द्र स्वर
बोले "सम्वरो देवि, निज तेज, नहीं वानर
यह—नहीं हुआ शृंगार-युग्मगत, महावीर,
अर्चना राम की मूर्त्तिमान् अक्षय-शरीर,
चिर ब्रह्मचर्य रत, ये एकादश रुद्र, धन्य,
मर्यादा पुरुषोत्तम के सर्वोत्तम, अनन्य
लीला-सहचर, दिव्यभावधर, इन पर प्रहार
करने पर होगी देवि, तुम्हारी विषम हार,
विद्या का ले आश्रय इस मन को दो प्रबोध
झुक जायेगा कपि, निश्चय होगा दूर रोध।"

स्पष्ट है कि निराला की दिव्यता कहीं स्खलित नहीं होती। उन्होंने तपः पूत, संयमी हनुमान का जो चित्र खींचा है, वह इस बात का द्योतक है कि आत्मिक बल के आगे अति-प्राकृतिक शक्ति को झुकना ही पड़ता है—

"..इन पर प्रहार॥
करने पर होगी, देवि, तुम्हारी विषम हार"।

कवि इस संपूर्ण प्रसंग में तनाव का परिशमन शक्ति के अंजना रूप की अवतारणा द्वारा करता है। निराला की भाषा की एक और घरेलू ढंग की बानगी देखने के लिये अंजना रूप में उदित शक्ति के प्रबोधन का कुछ अंश उद्धृत करने का लोभ संवरित नहीं किया जा सकता :

बोली माता—"तुमने रवि को जब लिया निगल
तब नहीं बोध था तुम्हें रहे बालक केवल
यह वही भाव कर रहा तुम्हें व्याकुल रह-रह
यह लज्जा की है बात कि माँ रहती सह-सह।"

हनुमान-प्रसंग के बाद कवि पुनः राम और उनके शिविर की ओर लौट आता है। सखा विभीषण अवसाद-ग्रस्त राम को इस पराजय-भाव से ऊपर उठाना चाहते हैं। इस प्रसंग में वे जिस भाषण-शैली का प्रयोग करते हैं वह भी भाषा का स्वच्छ, निखरा, प्रवाहमय रूप खड़ा करती है। कुछ पंक्तियाँ प्रस्तुत हैं—

रघुवीर, तीर सब वही तूण में हैं रक्षित,
है वही वक्ष, रण कुशल हस्त, बल वही अमित,
हैं वही सुमित्रानन्दन, मेघनाद-जित-रण,
हैं वही भल्लपति, वानरेन्द्र सुग्रीव प्रमन,

'वही' की आवृत्ति साभिप्राय है। राम के हतोत्साह मानस को साधनों की

परिपूर्णता की जानकारी से पुनः जाग्रत करने की चेष्टा इसमें सन्निहित है। दो परस्पर-विरोधी चित्र प्रस्तुत करके राम के मानस को सक्रिय करने का कौशल द्रष्टव्य है :

"कितना श्रम हुआ व्यर्थ आया जब मिलन समय,
तुम खींच रहे हो हस्त जानकी से निर्दय।
रावण, रावण लम्पट, खल कल्मष गताचार,
जिसने हित कहते किया मुझे पाद-प्रहार,
बैठा उपवन में देगा दुख सीता को फिर,
कहता रण की जय-कथा पारिषद्-दल से घिर,
सुनता वसंत में, उपवन में, कल-कूजित पिक,
मैं बना किंतु लंकापति, धिक् राघव धिक् धिक्।"

यहाँ निराला ने परंपरागत प्रसंग को एक नया मोड़ दिया है, जो अभिव्यक्ति कौशल के कारण बड़ा भास्वर हो गया है। दूसरे, सारे उद्बोधन की समाप्ति 'मैं बना किन्तु लंकापति, धिक् राघव, धिक्-धिक्' में होती है, जो रावण की परिकल्पित जय-कथा के विरोध में अत्यंत नाटकीय है।

किन्तु इस सारी नाटकीयता और प्रभाववत्ता को पीछे करते हुए राम की गतिहीन स्थिति सामने आ जाती है। आचार्य रामचंद्र शुक्ल ने साधनावस्था के काव्य में विविध विरोधी स्थितियों के समावेश की बात कही थी :

'विरुद्धों का यही सामंजस्य कर्म-क्षेत्र का सौन्दर्य है।'[१] निराला की रचना-प्रक्रिया इस कविता में विरोध को अनेक रूपों में प्रस्तुत करती है—मनःस्थितियों का विरोध, ध्वनियों और शब्दों का विरोध; और इनकी सम्मिलित टकराहट से एक वृहत्तर अर्थ-सृष्टि संभव होती है। विभीषण के ओजस्वी उद्बोधन से असंपृक्त राम की दशा का अंकन यों हुआ है :

सब सभा रही निस्तब्ध; राम के स्तिमित नयन
छोड़ते हुए, शीतल प्रकाश देखते विमन,
जैसे ओजस्वी शब्दों का जो था प्रभाव
उससे न इन्हें कुछ चाव, न हो कोई दुराव
ज्यों हों वे शब्दमात्र-मैत्री की समनुरक्ति
पर जहाँ गहन भाव के ग्रहण की नहीं शक्ति।

विभीषण के ओजस्वी शब्दों का राम पर कोई प्रभाव नहीं पड़ा। राम के

---

१. चिन्तामणि, पृष्ठ १७४

स्थिर नेत्र केवल शीतल प्रकाश छोड़ रहे हैं, वह प्रकाश जिसमें जीवन नहीं, तीव्रता नहीं, उष्णता नहीं। 'शीतल' की व्यंजना द्रष्टव्य है। 'स्तिमित' में नेत्रों की शुष्कता, स्तब्धता, शून्यता का भाव है। उन शब्दों से राम को कुछ लेना-देना नहीं है। बड़े सुंदर, अमूर्त बिंब के माध्यम से कवि ने विभीषण के शब्दों की प्रभावशून्यता को व्यक्त किया है। वे शब्द 'शब्दमात्र' हैं—जड़, अर्थ से असंपृक्त। उनमें यह सामर्थ्य नहीं है कि अभीष्ट अर्थ को व्यंजित कर सकें। जैसे निराला इस बिंब के माध्यम से अर्थ को अनावश्यक समझ कर केवल शब्द पर विचार करनेवाले नये समीक्षकों का प्रत्याख्यान करते हों। सचमुच ऐसा ही कवि अर्थ-गौरवपूर्ण भाषा की सृष्टि कर सकता था, जिसने 'गहन भाव के ग्रहण की शक्ति' को बारीकी से समझा था।

इसके बाद रुद्धकंठ राम जब 'अन्याय जिधर हैं उधर शक्ति' की बात कहते हैं, तो रचना की प्रासंगिकता स्पष्ट रूप से उभर आती है—जैसे निराला स्वयं राम के माध्यम से अपने युग के अत्याचार के विरुद्ध आवाज़ उठा रहे हों। इस विडंबना की सामूहिक प्रतिक्रिया को उन्होंने सामान्य से प्रतीत होने वाले शब्दों में जिस लाघव और चित्रात्मकता के साथ समेटा है, वह उनके भाषाधिकार की सूचक है :

रुक गया कण्ठ, चमका लक्ष्मण-तेज:प्रचण्ड
धँस गया धरा में कपि गह युग पद, मसक दण्ड,
स्थिर जाम्बवान-समझते हुए ज्यों सकल भाव,
व्याकुल सुग्रीव—हुआ उर में ज्यों विषम घाव,
निश्चित्त-सा करते हुए विभीषण कार्यक्रम,
मौन में रहा यों स्पंदित वातावरण विषम।

अवसर के अनुरूप भाषा कितने रूप ग्रहण करती है, हम यह निराला से सीख सकते हैं। अंतिम पंक्ति पूरे भाव को एक नाटकीय मोड़ दे देती है। सारी प्रतिक्रियाओं की परिणति मौन में होती है। इसको कितने लाक्षणिक ढंग से कहा गया है—'विषम वातावरण मौन में स्पंदित हो रहा है।' यहाँ मौन की अवस्थिति मुखरता की तुलना में अधिक तीव्र और अर्थ-क्षम हो गयी है। 'मौन में स्पंदित' क्रिया का प्रयोग बड़ा-ही सुकुमार प्रतीत होता है। निराला की मँजी हुई काव्य-भाषा एक ओर जल तथा वायु की असंयमित क्रीड़ा को मूर्त्त करती है, दूसरी ओर छोटे-छोटे प्रतीत होने वाले (पर वास्तव में बड़े सूक्ष्म) मनोवैज्ञानिक तथ्यों को समेटती चलती है, जिनके उदाहरण क्रमशः 'शत घूर्णावर्त, तरंग-भंग उठते पहाड़' और 'मौन में रहा यों स्पंदित वातावरण विषम' हैं।

आगे राम अपने मानसिक विक्षोभ को स्वर देते हैं। जिन दिव्य शरों पर उन्हें गर्व था, जो संस्कृति के प्रतीक थे, संयम से रक्षित थे, वे शर रावण द्वारा अहत कर दिये गये। राम के इस अंतर्द्वन्द्व को बड़े तीखे रूप में कवि ने अभिव्यक्त किया है, जिसके मूल में मानवीय जीवन की विडंबना है। महाशक्ति का रावण के प्रति पक्षपात राम को आंदोलित कर देता है :

देखा, हैं महाशक्ति रावण को लिये अंक,
लांछन को ले जैसे शशांक नभ में अशंक,

प्रस्तुत उपमा रावण की कलंकी प्रकृति को व्यंजित करती है। देवी की सारी चतुराई और कार्य-कलाप के प्रति राम की प्रतिक्रिया को कवि ने शब्दों में बड़ी मजबूती से बाँधा है :

विचलित लख कपिदल क्रुद्ध युद्ध को मैं ज्यों-ज्यों
झक-झक झलकती वह्नि वामा के दृग त्यों-त्यों
पश्चात् देखने लगीं मुझे, बँध गये हस्त,
फिर खिचा न धनु, मुक्त ज्यों बँधा मैं, हुआ त्रस्त।

अंतिम दो पंक्तियों में पाँच क्रियाओं के प्रयोग द्वारा भय-ग्रस्त राम का चित्र खींचा गया है। 'मुक्त ज्यों बँधा' की अर्थ-विपरीतता में जो विवशता है, वह दर्शनीय है। कविता की रचना में विविध स्तरीय संभाषण-शैली पर निराला का जो अधिकार रहा है, उसका प्रमाण 'राम की शक्तिपूजा' है।

इस सारी निराशा, उद्वेग, संशय को उन्मूलित करते हुए जाम्बवान घटनाक्रम को एक गतिशील मोड़ देते हैं। वे शक्ति की उपासना करके सिद्धि प्राप्त करने की बात कहते हैं। उनकी यह सूक्ति अपनी अर्थवत्ता से पूरी कविता में अंतर्व्याप्त रहती है—

"आराधन का दृढ़ आराधन से दो उत्तर—"

निराला जैसा पौरुषसेवी कवि निष्क्रिय प्रतिरोध, गतिशील अहिंसा को स्वीकार नहीं कर सकता। अंग्रेजों के शासन में पराधीन, तत्कालीन भारतीय जनमानस के लिये यह उद्बोधन जितना प्रासंगिक था, उतना ही आज भी है। सच तो यह है कि श्रेष्ठ कविताएँ अपनी मार्मिक संरचना से देशकाल तक सीमित न रहकर सार्वभौम अर्थ की व्यंजना करती हैं। 'शक्ति की करो मौलिक कल्पना' में जैसे निराला हिंदी की अपनी प्रकृति को द्योतित करते हैं। पुनर्जागरण काल में हिंदी क्षेत्र की—मध्य देश की—यह अपनी विशिष्टता है, देन है। निराला अपनी कविता 'राम की शक्ति-पूजा' में अपनी सर्जन शक्ति की मौलिकता को स्वर देते हैं। वह शक्ति, जिसका उल्लेख निराला ने 'आवाहन' जैसी कविता में किया

है, अनुकरण से निर्मित नहीं होती, उसके लिये मौलिक चिंतन और कल्पना अपेक्षित है। शक्ति स्वतः अर्जित की जाती है। प्रसाद की श्रद्धा का उद्बोधन इस प्रसंग में देखा जा सकता है :

शक्ति के विद्युत्कण जो व्यस्त,
विकल बिखरे हैं हो निरुपाय,
समन्वय उसका करे समस्त,
विजयिनी मानवता हो जाय। ('कामायनी')

शक्ति के इस आवाहन के लिये कृतसंकल्प राम प्रकृति-जगत में जिस विराट् पार्वती रूप की कल्पना करते हैं, वह दर्शनीय है। यह वस्तुतः शक्ति के प्रति निराला की अपनी निष्ठा का प्रतिफलन है :

देखो, बंधुवर, सामने स्थित जो वह भूधर,
शोभित शत-हरित-गुल्म-तृण से श्यामल सुन्दर,
पार्वती कल्पना हैं इसकी, मकरंद-बिन्दु,
गरजता चरण-प्रान्त पर सिंह वह, नहीं सिन्धु,
दशदिक् समस्त हैं हस्त, और देखो ऊपर,
अंबर में हुए दिगंबर अर्चित शशि-शेखर,

यह एक प्रकार की ऊर्ध्व स्थिति है; जिसमें मन सर्वत्र उस परम तत्त्व का ही साक्षात्कार करता है। इस संपूर्ण चित्र को ये दो पंक्तियाँ उदात्तता से परिपूर्ण कर देती हैं :

लख महाभाव-मंगल पदतल धँस रहा गर्व,
मानव के मन का असुर मंद, हो रहा खर्व।

जैसे यह सारी शक्ति-विषयक कल्पना और उसकी उपासना मन के उन्नयन के लिये ही संपन्न हुई हो। उत्साह-पूरित राम सिद्धि के लिए दुर्गा का नवदिवसीय जप प्रारम्भ करते हैं। उस पूरी स्थिति का एक विशद चित्र निराला की भाषा खींचती है :

आठवाँ दिवस मन ध्यान-युक्त चढ़ता ऊपर
कर गया अतिक्रम ब्रह्मा-हरि-शंकर का स्तर
हो गया विजित ब्रह्मांड पूर्ण, देवता स्तब्ध,
हो गये दग्ध जीवन के तप के समारब्ध.

ऊर्ध्व संचरण की स्थिति के चित्रण में निराला कितने सिद्धहस्त हैं, यह द्रष्टव्य है। इस सारी घटना की नाटकीय परिणति नवें और अंतिम दिवस के उस क्षण में होती है, जब साधक राम की परीक्षा के लिए दुर्गा पूजा का सुरक्षित

कमल उठा ले जाती हैं। इस अतिप्राकृत दृश्य को प्रतीकात्मक रूप में ग्रहण करना चाहिये। बड़े उद्देश्यों की पूर्ति के लिये मनुष्य को विघ्न-बाधाओं के पथ से गुज़रना पड़ता है, अनेक बलिदान देने होते हैं। राम की इस हतप्रभ मनःस्थिति में जैसे जीवन की असहायता, कातरता ध्वनित हो उठती है। राम कहते हैं—

"धिक जीवन जो पाता ही आया है विरोध,
धिक साधन जिसके लिये सदा ही किया शोध।
जानकी, हाय, उद्धार, प्रिया का न हो सका!"

राम की निराशा में निराला का अपना जीवन—जैसे कि भारत का सामूहिक जीवन—भी मुखरित हो उठा है: वह जीवन जिसे 'सदा ही' बीहड़ रास्तों से गुज़रना पड़ा। निराला का यह व्यक्तित्व शक्ति संपन्न, पर कारुणिक है।

कवि की अन्य कविताओं की अनेक पंक्तियाँ इस भाव-भूमि को व्यक्त करती हैं: बह रही है हृदय पर केवल अमा ('स्नेह-निर्झर बह गया है'), मेरा अंतर वज्र-कठोर/देना जी भरसक झकझोर / मेरे दुःख की गहन अंधतम निशि न कभी हो भोर ('हताश')। और सब से बढ़कर 'सरोज-स्मृति' के क्षत-विक्षत पिता की करुण वाणी याद आती है: 'दुख ही जीवन की कथा रही, क्या कहूँ आज जो नहीं कही।' चाहे राम हों, या तुलसीरास, निराला व्यक्ति उनसे तादात्म्य कर लेता है। यह अंतर्मुखी स्वर कविता को कोरी बौद्धिकता से बचाकर अनुभव के निकट ले जाता है। राम की वेदना के मूल में केन्द्रीय भाव यह है कि चरम लक्ष्य उन्होंने पाया ही नहीं। कविता की अनेक अर्थ-स्तरीय भाषा स्वाधीनता-संग्राम के देशभक्त योद्धा की पीड़ा से भी उपर्युक्त पंक्तियों को संपृक्त कर देती है। उस अर्थ में जानकी परंपरागत सीता न रहकर भारतमाता का प्रतीक बन जाती हैं। पौराणिक मिथक को सर्जनशील भाषा आधुनिक संवेदना के निकट ले जाती है। इस दृष्टि से द्विवेदीयुगीन और छायावादयुगीन कृतित्व की पौराणिक संवेदना का अंतर उनकी भाषा की विविधस्तरीय सर्जनात्मकता का अंतर है।

राम की साधनादीप्त बुद्धि उन्हें इस निराशा से उबरने की प्रेरणा देती है:

वह एक और मन रहा राम का जो न थका
जो नहीं जानता दैन्य, नहीं जानता विनय,
कर गया भेद वह मायावरण प्राप्त कर जय,
बुद्धि के दुर्ग पहुँचा विद्युत-गति हतचेतन
राम में जगी स्मृति, हुए सजग पा भाव प्रमन।

'दैन्य' और 'विनय' की कमज़ोर भावनाओं से पौरुष को हानि पहुँचने की संभावना जैसे निराला ने गहराई में महसूस की थी। यह उल्लेखनीय है कि जिस

विद्युत गति से राम का मन बुद्धि के दुर्ग में पहुँचता है, वह भाषा में भी उसी प्रकार सजीव हो उठती है। पंक्तियों का प्रवाह और लय की द्रुत गति द्रष्टव्य है।

अंततः नीलकमल जैसी अपनी आँख के अर्पण द्वारा राम सिद्धि को प्राप्त करने के लिए उद्यत होते हैं। उनके इस संकल्प द्वारा उन्हें परीक्षा में उत्तीर्ण समझकर विराट्-स्वरूपा देवी उदित होती हैं और राम की विजय का आश्वासन देती हैं। 'होगी जय, होगी जय, हे पुरुषोत्तम नवीन ! कह महाशक्ति राम के बदन में हुईं लीन।'

शक्ति की मौलिक कल्पना में क्षम राम को देवी 'नवीन पुरुषोत्तम' का संबोधन देती हैं। यह अंतिम घटना—नेत्रदान के लिये राम की संकल्पबद्धता और देवी की उपस्थिति भी सूक्ष्म रूप में ग्रहण करनी होगी। शारीरिक और मानसिक दृष्टि से बलवान् व्यक्ति ही विघ्न-बाधाओं का अतिक्रमण कर उद्देश्य की पूर्ति करता है। योगमार्गी वैयक्तिक साधना का अन्याय के प्रतिकार के लिए सन्नद्ध मानव में अदम्य शक्ति भर देने के उपाय-रूप में उपयोग पुनर्जागरण युगीन चेतना के संदर्भ में निराला की श्रेष्ठ उपलब्धि है, जिसका एक अन्य रूप उनकी 'जागो फिर एक बार' (१) कविता में दृष्टव्य है।

'राम की शक्ति-पूजा' कविता का आरंभ 'रवि हुआ अस्त' की गहन-गंभीर पृष्ठभूमि के साथ होता है और उसका अंत विराट् देवी रूप के अवतरण और राम में उनकी शक्ति की समाहिति के साथ होता है। यह करुणा से शक्ति की ओर यात्रा है। इसके, और वापसी यात्रा के भी अनेक विराट् और सुकुमार रूप निराला-काव्य में मिलते हैं। श्रेष्ठ कविताएँ आदि से अंत तक अपनी गंभीरता को क़ायम रखती हैं। 'कामायनी' का 'हिम गिरि के उत्तुंग शिखर' के साथ जैसा भव्य समारम्भ होता है, वैसे ही 'आनन्द अखण्ड घना था' में उसका पर्यवसान भी होता है। यह करुणा से आनंद की ओर यात्रा है। निराला और प्रसाद दोनों ही अपने-अपने ढंग से पुनर्जागरण को शक्ति और आनंद से संपन्न करते हैं।

'राम की शक्ति-पूजा' में संघर्ष के विरुद्ध राम की विजय को लेकर आलोचकों ने कविता की संचरना के विषय में कई तरह के विचार व्यक्त किये हैं। डॉ० रामविलास शर्मा के अनुसार 'राम के संघर्ष का चित्र जितना प्रभावशाली है, उतना उनकी विजय का नहीं।'[1] इसी प्रकार डॉ० नामवर सिंह छायावादी कविताओं की सामंजस्यपरक परिणति से असंतोष प्रकट कहते हुए यही बात कहते

१. निराला, पृ० ११४

हैं : 'छायावादी कवियों में छंद को सब से अधिक दूरी तक ले जानेवाले निराला भी इस आकांक्षा (संतुलन) से न बच सके। 'राम की शक्ति-पूजा' का अंत प्रमाण है।'[1]

वस्तुतः जहाँ तक प्रभावोत्पादकता का प्रश्न है, कुशल-से-कुशल कवि भी संघर्ष की तरह समाहार का चित्रण नहीं कर सकता। संघर्ष में जो जीवंतता, गतिमयता और प्रखरता होती है, वह कविता भाषा की 'डाइलैक्टिक' प्रकृति में निखर उठती है। रमेशचंद्र शाह का कथन इस प्रसंग में उद्धृत किया जा सकता है :

'पद्य का आनंद प्रतिरोधों से भिड़ने और उन्हें अपनी गति से नियंत्रित और परास्त करने का आनंद है। यह आनंद हमें निराला सबसे अधिक देते हैं।'[2]

इस दृष्टि से समाहारगत त्रुटि की शिकायत संगत प्रतीत नहीं होती। कवि ने जादू की छड़ी के जोर से राम की सिद्धि में पूर्णता नहीं दिखलाई है, वरन् इस सिद्धि तक पहुँचने के लिये राम को विविध संघर्षों का सामना करना पड़ा है। यहाँ तक कि अंत में, 'धिक जीवन जो पाता ही आया है विरोध' के रूप में शोक प्रकट करनेवाले राम शरीर के सर्वाधिक कोमल अवयव नेत्र को भी देवी के चरणों में चढ़ा देने को उद्यत हो जाते हैं। इस प्रकार विविध द्वन्द्वों की अग्नि में तप और निखर कर उन्हें विजय का आश्वासन प्राप्त हुआ है। 'शक्ति-पूजा' साधन और साध्य दोनों बन गयी है। नामवर जी की आपत्ति के निराकरण में अंधकार और प्रकाश की प्रतीक-योजना को भी रखा सकता है। दो उदाहरण द्रष्टव्य हैं :

(१) उतरा ज्यों दुर्गम पर्वत पर नैशांधकार
चमकती दूर ताराएँ ज्यों हों कहीं पार

(२) है अमा निशा-उगलता गगन घन अधकार
\+ \+ \+ \+
भूधर ज्यों ध्यान मग्न; केवल जलती मशाल।

पराजय को गहराई में अनुभव करनेवाला, द्वन्द्व की पीड़ा को तीव्रता से झेलनेवाला कवि ही यह योजना कर सकता है। जैसे यह समाहार साधक की अदम्य साधना को भी मूर्त्तिमंत करता है। अतः यह कहना अधिक संगत होगा कि समाहार यहाँ शक्तिसेवी कवि की संरचना का अंग बन गया है। वह भीतरी भाव से ही नहीं, भाषा से भी पुष्ट है : वह भाषा, जिसने अस्तित्व की खोज में

---

१. कविता के नये प्रतिमान : पृ० १८६

२. चार छायावादी कविताएँ और उनके कवि : (कल्पना, पृ० ४५) वर्ष २२ अंक ३

विविध अप्रत्याशित मोड़ों से गुज़रते हुए मनुष्य की यात्रा का स्पृहणीय चित्र कविता में उतारा है।

तुलसीदास

निराला की श्रमसाध्य कला का सर्वोत्कृष्ट उदाहरण उनका काव्य 'तुलसीदास' है, जिसमें भाषा के अभिजात संस्कार को अपने गहन अव्यवसाय के बल पर निखारने का आग्रहपूर्ण प्रयास है। यह श्रमसाध्य कला सूक्ष्म सांस्कृतिक चिंतन से संपृक्त होने के कारण बड़े आत्मविश्वास से निराला को श्रेष्ठ कलाकार और चिंतक का समृद्ध व्यक्तित्व प्रदान करती है। 'तुलसीदास' की मूल समस्या पतनोन्मुख संस्कृति की सुरक्षा की है—मध्यकालीन विघटित संस्कृति में ह्रासोन्मुख मानव-मूल्यों की विडंबना पर कवि ने गहरी दृष्टि डाली है। इस संदर्भ में गोस्वामी तुलसीदास और उनकी पत्नी रत्नावली की लोक-प्रचलित कथा का प्रस्तुतीकरण केवल माध्यम भर है। मूल वस्तु विराट् सांस्कृतिक प्रश्न है, जिसकी अंतरंग जटिलता को झेलने के लिए कवि ने उसी के वजन की—शायद उसे संपूर्णता प्रदान करने के लिए उससे भी बड़ी—जटिलता शब्दों के रूप में प्रस्तुत की है। 'राम की शक्ति-पूजा' और 'तुलसीदास' काव्य के रचना-प्रसंग में इस वास्तविकता से अवगत रहने पर इस तरह की भाषागत आपत्ति नहीं उठाई जा सकती थी—"राम की शक्ति-पूजा' और 'तुलसीदास' दो प्रयोग हैं, सर्वश्रेष्ठ नहीं, ये दोनों अधिक सरल और संगुफित भाषा में लिखी जा सकती थीं।"[1]

कविता का प्रारंभ अस्तमित सांस्कृतिक सूर्य के कलात्मक चित्र के साथ होता है। यों पृष्ठभूमि मध्यकालीन भारत की है, जब मुसलमानों के आक्रमण से पराभूत देश श्रीहत हो गया था, पर काव्यभाषा की उन्मुक्त प्रकृति के कारण यह सांस्कृतिक ह्रास सार्वभौम स्तर पर गृहीत हो सकता है। इस विघटित संस्कृति के रूप को कविता में ढालते हुए कवि ने शब्दों की विशिष्ट संयोजना, छंद की नई बंदिश, रूपक की ताज़ी नियोजना की है—

भारत के नभ का प्रभापूर्य
शीतलच्छाय सांस्कृतिक सूर्य
अस्तमित आज रे - तमस्तूर्य दिङ्मंडल;
उर के आसन पर शिरस्त्राण
शासन करते हैं मुसलमान,
है ऊर्मिल जल, निश्चलत्प्राण पर शतदल।

१. कवि निराला—नंददुलारे वाजपेयी : पृ० ११०

प्रस्तुत छंद का धरातल अभिव्यक्ति की ऋजुता, सामान्यता से दूर है। एक औसत काव्य-बोध का पाठक शब्दों के इस अप्रत्याशित प्रयोग से अवश्य ही असंतोष प्रकट करेगा। वह यहाँ तक कह सकता है कि इन पंक्तियों में सांस्कृतिक सूर्य के अवसान की पीड़ा कम है, शब्दों पर अपने प्रखर पाण्डित्य की छाप लगाने की ललक अधिक है, यानी संवेदना मंद है, शब्द-चमत्कार अपनी पराकाष्ठा पर है। डॉ० रामविलास शर्मा ने पाठकों की प्रतिक्रिया को यों प्रस्तुत किया है :—
"'तुलसीदास' कविता दुरूह है—निराला को यह राय बार-बार सुनने को मिलती। उनके अनेक प्रशंसकों का भी कहना था—'जुही की कली' कितनी सुंदर है—अब 'शीतलच्छाय', 'निश्चलत्प्राण', जाने क्या-क्या लिखने लगे हैं ?"[१]

किंतु वास्तविकता इससे भिन्न है। महीयसी संस्कृति के पतन का प्रकृतिव्यापी चित्र प्रकारांतर से कवि के गंभीर विषाद को स्वर देता है। एक-एक शब्द संस्कृति-चेता कवि की आंतरिक प्रतिक्रिया का प्रतिफलन है। भारत का अर्थ है—प्रकाशसंपन्न। उस भारत का सूर्य—प्रकाशमान सांस्कृतिक गौरव—विलुप्त हो गया है। सांस्कृतिक सूर्य के दो विशेषण हैं—'प्रभापूर्य' और 'शीतलच्छाय'। दोनों विशेषण कवि के स्वच्छंद प्रयोग के परिचायक हैं। प्रचलित प्रयोग है—प्रभापूर्ण, किंतु निराला ने 'प्रभापूर्य' का प्रयोग किया है, जो सुनने में अधिक अच्छा लगता है और 'सूर्य' की तुक के साथ उसकी अनुरूपता बैठ जाती है, पर उसकी विशिष्ट अर्थ-क्षमता का उद्‌घाटन आगे प्रयुक्त 'तमस्तूर्य' के संदर्भ में होता है, जिस पर हम आगे विचार करेंगे। संस्कृति के सूर्य के लिए दूसरा विशेषण 'शीतलच्छाय' सटीक है। इन दोनों विशेषणों से युक्त सांस्कृतिक सूर्य की टकराहट होती है—'अस्तमित आज रे—तमस्तूर्य दिङ्‌मंडल' से। विपरीत स्थितियों की ऐसी टकराहट का अंकन निराला-काव्य की उल्लेखनीय विशेषता है। प्रकाश का विलोम अंधकार की सत्ता का सूचक है। इस प्राकृतिक दृश्य को कवि की कल्पनात्मक पकड़ यों अभिव्यक्ति देती है—'तमस्तूर्य दिङ्‌मंडल' दिशाएँ अँधेरे की तुरही बजा रही हैं। पतन के प्रतीकों में निराला की कल्पना आश्चर्यजनक रूप से क्रियाशील रहती है। यदि 'राम की शक्ति-पूजा' में—'है अमा निशा: उगलता गगन घन अंधकार'—यह भयावह बिंब है, तो 'तुलसीदास' में 'तमस्तूर्य दिङ्‌मंडल' के माध्यम से चतुर्दिक् व्याप्त अंधकार-सूक्ष्म स्तर पर विघटन-का सांकेतिक चित्रण है। एक में गगन का मानवीकरण है, दूसरे में दिङ्‌मंडल का। भाषा की मुक्ति का प्रयास निराला की रचना में हम बराबर देखते हैं, वे सर्जनात्मकता का स्रोत शब्द में न

---

१. निराला की साहित्य-साधना : (खंड १) पृ० २६०।

मानकर शब्द-प्रयोग में मानते हैं—'तमस्तूर्य' का प्रयोग उल्लेखनीय है। 'तूर्य' शब्द का 'तम' के संदर्भ में प्रयोग नवीनता के साथ अर्थ की अनंत संभावनाओं से भरा हुआ है। विनिफ्रेड नवातनी ने शब्दों को उनके संदर्भ से जोड़कर विचार करने पर बल दिया है—"कविता के शब्दों का प्रश्न इस बात का प्रश्न है कि किस प्रकार शब्द प्रभाव डालते हैं और उन कलात्मक संदर्भों द्वारा प्रभावित होते हैं, जिनमें वे प्रविष्ट होते हैं।"[1] तूर्य-वादन में जो तीव्रता, हलचल, आतंक का भाव है, वह पतन के सर्वग्रासी प्रभाव को ध्वनित करता है। इतने विराट् रूपक की इतने कम शब्दों में नियोजना निराला के असाधारण भाषा-अधिकार की परिचायिका है। इस 'तमस्तूर्य' के साथ 'प्रभापूर्य' पर दृष्टिपात् करें—बाहरी बनावट की समता अर्थगत विरोध के आलोक में अजीब प्रतिक्रिया करती है। 'प्रभापूर्य' की परिणति 'अस्तमित आज रे' में होती है और दूसरी ओर 'तमस्तूर्य' अपना प्रभूत आतंक जमाये हुए है।

आगे शब्दों की विशिष्ट बानगी मुसलमानों के आतंकपूर्ण शासन का रूप प्रस्तुत करती है—

उर के आसन पर शिरस्त्राण
शासन करते हैं मुसलमान ;

शासक के वास्तविक धर्म से च्युत मुसलमान नरेश छाती पर बैठकर शासन करते हैं, भारतीयों को प्रताड़ित करते हैं, जबकि उन्हें अपने 'शिरस्त्राण' विशेषण को सार्थक करना चाहिए। यहाँ 'शिरस्त्राण' का प्रयोग सिद्धांत और व्यवहार के बीच की खाई को बड़े कलात्मक ढंग से प्रस्तुत करता है। इस सारी स्थिति की परिणति इन शब्दों में होती है—

है उर्मिल जल, निश्चलत्प्राण पर शतद्दल।

सतही दृष्टि से सक्रिय प्रतीत होनेवाले, किंतु सूक्ष्म रूप में खोखले भारतीय जीवन के लिए प्रयुक्त जल और शतदल का यह बिंब आधुनिक जीवन की ऐन्द्रजालिक विडंबना को भी पूरे आत्मविश्वास के साथ अभिव्यक्त करता है। इस प्रकार वर्णन में बड़े गहरे स्तरों पर व्याप्त होकर यह बिंब काव्यभाषा का सामान्य अंग बन गया है। राजनैतिक विस्तार और आर्थिक संपन्नता की तुलना में संस्कृति का रूप सूक्ष्म और सुकुमार होता है; उसके मूल्यों को आत्मसात् करना कठिन

---

१. The question of the diction of poetry is a question of how words affect and are affected by the artistic contexts they enter. The Language Poets Use, p. 32.

कार्य है। 'निश्चलत्प्राण शतदल' का बिंब अपनी प्रकृति में अत्यंत सुकुमार संस्कृति की रिक्तता को कला के स्तर पर उतने ही सुकुमार ढंग से अभिव्यक्ति देता है, और जीवन की पुनर्रचना के रूप में कला की व्याख्या को व्यावहारिक स्तर पर विश्वसनीय बनाता है। पूर्ववर्ती 'अस्तमित सांस्कृतिक सूर्य' के साथ इस 'निश्चल-त्प्राण शतदल' को मिलाकर पढ़ें, तो निराला की संरचनागत कसावट का परिचय मिलेगा। सूर्यास्त होने पर शतदल का कुम्हलाना स्वाभाविक है। इसी प्रकार संस्कृति के विघटन के समय सही अर्थों में स्वस्थ जीवन की परिकल्पना दुष्कर है। नवीन संदर्भ में प्रयुक्त किये जाने पर एक घिसा-पिटा शब्द भी अर्थ की कितनी विस्तृत छायाएँ उद्‌भूत कर सकता है, इसका बढ़िया उदाहरण 'शतदल' है।

इस सांस्कृतिक संध्या की सर्वव्यापी सत्ता को निराला एक अन्य विराट् अप्रस्तुत द्वारा मूर्त्तिमंत करते हैं—

शत-शत अब्दों का सांध्य-काल
यह आकुंचित भ्रू कुटिल-भाल
छाया अम्बर पर जलद-जाल ज्यों दुस्तर

देश की सांस्कृतिक अकिंचनता से विषण्ण कवि-मानस अंबर पर छाये हुए दुस्तर जलद-जाल से सांस्कृतिक संध्या को उपमित करता है। दीर्घ स्वरों की प्रमुखता और छंद की त्वरित गति पतन के बढ़ते हुए प्रभाव-क्षेत्र को साकार करती है, जिसकी लपेट में भारत के विविध प्रांत आ जाते हैं।

तीसरे छंद में नाश के प्रतीक आक्रामक मुगलों के आतंक का भयावह चित्र प्रस्तुत करते हैं :

मोगल-दल बल के जलद-यान,
दर्पित-पद उन्मद-नद पठान
हैं बहा रहे दिग्देशज्ञान, शर-खरतर;

'मुगल' के बजाय 'मोगल' के प्रयोग में आक्रामकों की दुर्निवार शक्ति को अधिक जोरदार अभिव्यक्ति मिली है। इन मुगलों की सेना बादल है, और दर्प से चलते हुए पठान जल से भरे नद हैं। 'द' की अनेक बार आवृत्ति जैसे दर्पित आक्रामकों की शक्ति को मुखरित करती है। हिंदी कविता की सुगठित पद-योजना के उत्कृष्ट उदाहरण ये अंश हैं। इन आक्रामकों की सक्रियता का अल्प शब्दों में विस्तृत चित्र देखिए—हैं बहा रहे दिग्देशज्ञान, शर-खरतर।

मुगलों के आक्रमण की यह प्रलयंकारी वर्षा, घन अंधकार, दुर्निवार वज्रपात, शब्दों में किस प्रकार परस्पर संश्लिष्ट हो गए हैं, यह द्रष्टव्य है—

छाया ऊपर घन अंधकार–
ढूँढता वज्र दह दुर्निवार,
नीचे प्लावन की प्रलय धार, ध्वनि हर-हर।

यहाँ छंद-योजना में निराला अपने व्यक्तित्व की सारी जीवंतता, सारी सक्रियता का परिचय देते चलते हैं।

मुग़लों से समर में परास्त बुंदेलों की श्री-हीनता को कवि ने इन शब्दों में अभिव्यक्त किया है—

रिपु के समक्ष जो था प्रचण्ड
आतप ज्यों तम पर करोद्दण्ड;
निश्चल अब वही बुन्देलखंड, आभागत,

किरणों से प्रचंड सूर्य की भाँति बुंदेलखंड अंधकार-रूप रिपुओं को मर्दित कर देता था। समय के फेर से वही बुंदेलखंड अब निस्तेज हो गया है। उसकी पराजय को निराला ने निम्न दो बिंबों में संवेदनशीलता से संगुम्फित कर दिया है—

निःशेष सुरभि, कुरबक-समान
संलग्न वृन्त पर, चिन्त्य प्राण,
बीता उत्सव ज्यों, चिह्न म्लान, छाया श्लथ।

गंधहीन केतकी का वृन्त पर लटका रहना कोई अर्थ नहीं रखता। गौरव-हीन बुंदेलखंड का अस्तित्व भी ऐसा ही है। उत्सव के बाद की शोभाहीनता विषाद को जन्म देती है, बुंदेलखंड का तेज विगत की वस्तु बन गया है, उसका वर्त्तमान आशा-उत्साह से शून्य है। उत्सव के बाद की नीरवता और गंधहीन कुसुम के बिंबों में प्रसाद ने भी अपने ढंग से सम्राट् अशोक के वैराग्य-भाव और प्रेममूर्त्ति देवसेना के जीवन की करुणा को स्थान दिया है—

फिर निर्जन उत्सव-शाला
नीरव नूपुर, श्लथ माला
सो जाती है मधुबाला,
सूखा लुढ़का है प्याला,
बजती वीणा न वहाँ मृदंग।[१]

'संगीत-सभा की अंतिम लहरदार और आश्रयहीन तान, धूपदान की एक क्षीण गन्ध-रेखा, कुचले हुए फूलों का म्लान सौरभ और उत्सव के पीछे का अवसाद, इन सबों की प्रतिकृति मेरा क्षुद्र नारी-जीवन।'[२]

---

१. लहर : 'अशोक की चिंता', पृ० ४८
२. स्कंदगुप्त : पृ० १३२

लगभग एक ही प्रकार के उपकरण विविध प्रसंगों में प्रयुक्त होकर किस प्रकार अर्थ के विविध स्तर खड़े करते हैं—यह इन उदाहरणों में देखा जा सकता है।

पाँचवें छंद में विघटित भारतीय मानस के प्रति कवि का गंभीर विक्षोभ ध्वनित है—

वीरों का गढ़, वह कालिंजर
सिंहों के लिए आज पिंजर;
नर हैं भीतर, बाहर किन्नर-गण गाते।

'नर' और 'किन्नर' के विशिष्ट प्रयोग निराला की भाषा-क्षमता के उदाहरण हैं। जो वास्तव में पुरुषोचित शौर्य से संपन्न 'नर' हैं, वे तो संग्राम-भूमि में युद्ध करते हुए मुग़लों द्वारा बंदी बना लिये गये, पर जो किंपुरुष (किन्नर) हैं, वे अपने नाम की शोभा बढ़ाते हुए दासता पर उत्सव मना रहे हैं, उन्हें अपने राजनैतिक और सांस्कृतिक पराभव पर ग्लानि नहीं है, उनका पुरुषत्व विलुप्त हो गया है। इस प्रसंग में कवि ने दो पौराणिक दृष्टांतों को प्रस्तुत किया है—

पी कर ज्यों प्राणों का आसव
देखा असुरों ने दैहिक दव,
बंधन में फँस आत्मा-बांधव दुख पाते।

कवि को कदाचित् आत्मिक ह्रास के लिए इनसे उपयुक्त पौराणिक दृष्टांतों की प्राप्ति नहीं हो सकती थी। डॉ० विश्वम्भरनाथ उपाध्याय ने निराला की भाषा में अप्रचलित प्रयोगों पर आपत्ति करते हुए इस छंद को उदाहरण रूप में रखा है—'निराला की भाषा का एक दोष यह भी है कि उन्होंने विभिन्न शब्दों से मनमाने अर्थों को लिया है, प्रायः उन शब्दों से कवि द्वारा ग्राह्य अर्थ प्रचलित नहीं है, अतः उसके द्वारा अभीष्ट अर्थ कविता से ध्वनित नहीं होता, यथा 'तुलसीदास' में—'किन्नर' का अर्थ नपुंसक व आत्माबांधव का अर्थ आध्यात्मिक शक्तियाँ लिया गया है—'नर हैं भीतर बाहर किन्नरगण गाते।'[1]

किंतु 'नर' की तुलना में 'किन्नर' को प्रयुक्त करने के कारण 'किन्नर' के अर्थ-स्फुरण में कोई बाधा नहीं प्रतीत होती, प्रत्युत अर्थ-क्षमता अधिक बढ़ जाती है। एक तो किंपुरुष या नपुंसक कहने से पुरुषत्व से हीन चाटुकारों पर कवि के गंभीर व्यंग्य और क्षोभ की इतनी कुशलता से अभिव्यक्ति नहीं होती। दूसरे, यक्ष-किन्नरों के जीवन की जो एक विलासमय पौराणिक परिकल्पना हुई है, वह दासता पर

१. निराला का साहित्य और साधना : पृ० २१४

विजय मनाते, गौरवशून्य भारतीयों के संदर्भ में बड़ी सटीक प्रतीत होती है। पंक्ति को एक बार फिर पढ़ें—'नर हैं भीतर, बाहर किन्नर-गण गाते।' सच्चे वीर बंदीगृह में हैं, और नरनामधारी, किंतु वस्तुतः 'किन्नर' बाहर उल्लास मना रहे हैं। कापुरुष और विलासी किन्नर-जाति की दोनों विशेषताएँ 'किन्नर' संबोधन में समाविष्ट हो गई हैं।

'आत्मा-बांधव' भी निराला का मौलिक प्रयोग है। संभवतः माया के बंधन की प्रभाववत्ता को द्योतित करने के लिए 'आत्मा-बांधव' का प्रयोग उन्होंने किया है—बंधन, जो इतना दुष्कर है कि उसके जाल में आध्यात्मिक शक्तियाँ भी फँस जाती हैं—बंधन में फँस आत्मा-बांधव दुख पाते।

पौरुषवान् राजपूत और पौरुष का मिथ्याभास प्रस्तुत करनेवाले राजाओं का इसी प्रकार का एक और चित्र निराला प्रस्तुत करते हैं—

लड़-लड़ जो रण बाँकुरे, अमर,
हो शयित देश की पृथ्वी पर,
अक्षर, निर्जर, दुर्धर्ष, अमर, जगतारण,

शक्ति की दुर्दशा द्रष्टव्य है—'अक्षर, निर्जर, दुर्धर्ष, अमर, जगतारण' की 'हो शयित देश की पृथ्वी पर' में परिणति मानव-जीवन की दो विरोधी स्थितियों को सामने रखती है। आगे निराला कहते हैं—

भारत के उर के राजपूत,
उड़ गए आज वे देवदूत,
जो रहे शेष, नृप-वेश सूत-बंदीगण।

'भारत के उर के राजपूत' का शब्द-संयोजन सच्चे वीरों के गौरव को अपने में समेटे हुए है। नृपवेशधारी सूत-बंदीगण का शेष रहना कोई अर्थ नहीं रखता।

इसके बाद अनेक छंदों में कवि ने मुसलमानी सभ्यता के प्रसार को चित्रित किया है। वर्णन की आंतरिक एकता देखने योग्य है; इस्लामी सैन्य-आक्रमण की वर्षा के बाद जैसे इस्लामी सभ्यता-रूपी शरद ऋतु आई है। प्राकृतिक उपमानों में परस्पर संबद्धता है—

अब, धौत धरा, खिल गया गगन,
उर-उर को मधुर, तापप्रशमन,
बहती समीर, चिर आलिंगन ज्यों उन्मन,
झरते हैं शशधर से क्षण-क्षण
पृथ्वी के अधरों पर निःस्वन
ज्योतिमय प्राणों के चुंबन, संजीवन।

भारतीय संस्कृति के सूर्य के अस्त होने पर मुसलमानी सभ्यता के चंद्र का उदय हुआ है। इस विलासमयी सभ्यता के आकर्षण और उसके सम्मोहन का प्रकृति के सुकुमार उपकरणों द्वारा कवि ने सटीक चित्रण किया है। इस विलास-मय वातावरण में औसत भारतीय जनता की स्थिति द्रष्टव्य है :

भूला दुख, अब सुख-स्वरित जाल
फैला–यह केवल कल्प–काल–
कामिनी कुमुद–कर–कलित ताल पर चलता,
प्राणों की छवि मृदु–मंद–स्पंद,
लघु-गति, नियमित–पद, ललित छंद,
होगा कोई, जो निरानंद, कर मलता।

शब्दावली का सजा-सँवरा रूप जैसे जीवन में जड़ हो गई निर्जीव सुघरता को स्वर देता है। कवि की दृष्टि में यह आमोदपूर्ण जीवन वास्तविक नहीं है, केवल कल्पना में सुख देनेवाला है—'यह केवल कल्प-काल।' ऐसी दशा में जीवन मुक्त प्रवाह को कैसे आश्रय दे सकता है ?

प्राणों की छवि मृदु–मंद स्पंद
लघु गति, नियमित–पद, ललित छंद

अंतिम पंक्ति का तीखा व्यंग्य द्रष्टव्य है :—

होगा कोई, जो निरानंद, कर मलता।

विलासिता के संक्रमणशील स्वरूप पर शायद इससे अच्छी टिप्पणी नहीं की जा सकती।

छंद संख्या १० में निराला ने देश की अकर्मण्य मनोवृत्ति पर तीव्र कशाघात किया है। तरंग के फूल का बिंब इस संदर्भ में बड़ा ताजा और सटीक है।

सोचता कहाँ रे, किधर कूल
बहता तरंग का प्रमुद फूल ?
यों इस प्रवाह में देश मूल खो बहता,
'छल-छल-छल' कहता यद्यपि जल,
वह मंत्र-मुग्ध सुनता 'कल-कल',
निष्क्रिय, शोभा-प्रिय कूलोपल ज्यों रहता।

तरंग में बहता फूल अपनी गतिविधि भूल जाता है, किनारे का उसको बोध ही नहीं होता। ठीक यही दशा देश की भी है, जो इस्लामी सभ्यता के आकर्षण में फँसकर दिशा-ज्ञान खो बैठा है। पहले भी निराला ने कहा है :—

मोगल-दल-बल के जलद-यान,
दर्पित-पद उन्मद-नद पठान
हैं बहा रहे दिग्देश ज्ञान, शर-खरतर,

स्थिति की विडंबना द्रष्टव्य है, जल का 'छल छल छल' करते हुए बहना फूल को सावधान करता है कि वह किनारे को खोज ले, इस तरंग-प्रवाह में खतरा है। पर वह फूल मंत्र-मुग्ध-सा उस 'छल छल छल' को 'कल-कल' (सुंदर-सुंदर) के रूप में सुनता है। उसका यह सौंदर्य-प्रेम मिथ्या है, सर्जनात्मकता से रहित है, धारा के किनारे के पत्थर की भाँति वह इस आडंबरयुक्त मिथ्या जीवन की छलना को नहीं समझ पाता। किनारे पर पड़े हुए पत्थर (कूलोपल) का उपमान अकर्मण्य जीवन को सटीक अभिव्यक्ति देता है। तरंग में बहते फूल का बिंब सामान्य वर्णन की भाषा में धीरे-धीरे पर्यवसित हो जाता है और इस प्रकार भाषिक वर्णन और बिंब के संश्लेष का एक स्पृहणीय रूप निर्मित होता है। अनुरणनात्मक ध्वनियों के अंतर को कवि कितनी बारीकी से पहचानता है, यह 'राम की शक्ति-पूजा' में विशद रूप में देखा जा सकता है। 'तुलसीदास' काव्य में भी 'छल-छल-छल' और 'कल-कल' के विषम भाव द्वारा कवि अपनी इस पहचान को अभिव्यक्ति देता है। खतरे को न पहचान कर आमोद-प्रमोद में डूबे, ग़ाफ़िल लोगों पर कवि ने सूक्ष्म व्यंग्य किया है। ध्वन्यात्मक शब्दों में क्षोभ, व्यंग्य, ग्लानि की संश्लिष्ट व्यंजनाएँ संभव करना निराला की शब्द-क्षमता का प्रतिफलन है। 'तरंग' शब्द का प्रयोग क्षणिक, मिथ्या आकर्षण में फँसे देश के मानस के चित्रण के संदर्भ में बहुत उपयुक्त है। कला की बारीकी के साथ अगर चिंतन की गरिमा हो, तो कविता की उत्कृष्टता सही माने में अक्षुण्ण रहती है।

ऐसे संक्रमण-काल में युवक तुलसीदास का आगमन होता है, जिनके माध्यम से निराला ने भारतीय जीवन में जड़ हो गई वैचारिक गतानुगतिकता, सांस्कृतिक रिक्तता के प्रतिरोध को चित्रित किया है। चित्रकूट में मित्रों के साथ पर्यटनार्थ गये हुए तुलसीदास की भावी कवि-चेतना को प्रकृति कुछ संकेत देती है। छायावादी कवि इन सूक्ष्म संकेतों को अभिव्यक्ति के स्तर पर कितने सूक्ष्म रूप में प्रस्तुत करते हैं, यह द्रष्टव्य है—

वह भाषा-छिपती छवि सुन्दर
कुछ खुलती आभा में रँग कर,
वह भाव कुरल-कुहरे-सा भरकर भाया !

प्रकृति के उस संदेश की भाषा स्पष्ट न होकर कुछ छिपती-सी अपनी-ही आभा में रँगी हुई थी। तुलसीदास के मन में उससे जो प्रतिक्रिया होती है उसको

भी कवि ने सूक्ष्म उपमान में अभिव्यक्ति दी है। प्रकृति-दर्शन से उत्पन्न भाव तुलसीदास के मन को कुहरे की कुंडली-सा लगा, अर्थात् वह कुछ स्पष्ट था, कुछ नहीं। पर वह था अत्यंत आकर्षक। ऐसे सूक्ष्म अंकन में भाषा अभिव्यक्ति ही नहीं, अभिव्यक्ति और अनुभव दोनों हो जाती है। इस पूरे दृश्य में कवि ने जैसे काव्य-भाषा की सूक्ष्म और अनिश्चित प्रकृति को भी व्यंजित किया है। दिनकर ने कुछ-कुछ इसी प्रकार की स्थिति इन शब्दों में रूपायित की है—

स्पष्ट शब्द मत चुनो, चुनो उनको जो धुँधियाले हैं,
ये धुँधले ही शब्द ऋचाओं में प्रवेश पाने पर
एक साथ जोड़ते अनिश्चित को निश्चित आशय से
('उर्वशी')

प्रकृति के सूक्ष्म संकेत को निराला ने उसकी सूक्ष्मता से भाषा में रूपायित किया है। काम का संदेश मनु के अन्तर्मन में किस प्रकार प्रवेश करता है, इसको प्रसाद भी इसी प्रकार सूक्ष्मता से अंकित करते हैं :—

था व्यक्ति सोचता आलस में
चेतना सजग रहती दुहरी,
कानों के कान खोल करके
सुनती थी कोई ध्वनि गहरी।
('कामायनी,' पृ० ७८)

तुलसीदास के मानसिक संस्कार प्रकृति की छवि को देखकर जागने लगे। इसके लिए कवि ने एक आत्मीय बिंब की सृष्टि की है—

केवल विस्मित मन, चिन्त्य नयन ;
परिचित कुछ, भूला ज्यों प्रियजन—

बहुत दिनों के बाद देखा गया प्रियजन एकबारगी पहचान में नहीं आता, तुलसीदास की स्थिति अपने विस्मृत संस्कारों के प्रति इसी प्रकार की हो गई। निराला इस स्थिति के चित्रण में एक और, अपेक्षाकृत सूक्ष्म बिंब प्रस्तुत करते हैं—

ज्यों दूर दृष्टि को धूमिल-तन तट-रेखा,
हो मध्य तरंगाकुल सागर,
निःशब्द स्वप्नसंस्कारागर ;
जल में अस्फुट छवि छायाधर, यों देखा।

जैसे दूर से देखनेवाले को उस पार धूमिल रेखा दिखाई दे और बीच में तरंगा-

कुल सागर हो, तुलसीदास को भी अपने मन में संस्कारों का निःशब्द सागर दिखाई देता है, जिसके उस पार सत्य की अस्फुट छवि विद्यमान है।

यह सारा व्यापार मनोजगत् में संपन्न हो रहा है, प्रकृति भी कवि के इस संस्कार-जागरण से अवगत हो गई—उसकी उन्मुक्त आत्मीयता शब्दों में सजीव हो उठी है :—

तरु-तरु-वीरुध-वीरुध तृण-तृण
जाने क्या हँसते मसृण, मसृण,
जैसे प्राणों से हुए उऋण, कुछ लख कर ;
भर लेने को उर में, अथाह,
बाँहों में फैलाया उछाह ;
गिनते थे दिन, अब सफल-चाह पल रख कर

प्रथम पंक्ति में शब्दों के दुहरे प्रयोग प्रकृति के उल्लास, उसकी गतिशीलता को मूर्त्तिमान् करते हैं। ध्वनियों में परस्पर समता जैसे सचमुच प्राकृतिक जगत् के आंतरिक संतुलन को ध्वनित करती है। भारत के भावी कवि से आत्मिक स्तर पर जुड़ कर प्रकृति के जड़ पदार्थ अपनी वेदना—सूक्ष्म स्तर पर संस्कृति की समस्या—को यों प्रस्तुत करते हैं :—

कहता प्रतिजड़, "जंगम जीवन !
भूले थे अब तक बन्धु प्रमन
यह हताश्वास मन भार श्वास भर बहता ;
तुम रहे छोड़ गृह मेरे कवि,
देखो यह धूलि-धूसरित छवि,
छाया इस पर केवल जड़ रवि खर दहता।"

प्रतीकात्मक ढंग से निराला ने गौरव-शून्य तत्कालीन भारत की वेदना को स्वर दिया है। इसीलिए जब डॉ॰ रामरतन भटनागर कहते हैं 'निराला के साहित्यिक मूल्यांकन में सांस्कृतिक दृष्टि की उपेक्षा नहीं की जा सकती'[1]—तो इस कथन की सत्यता समझ में आती है। शरीर की भूख के साथ मन की भूख भी बड़ी प्रबल होती हैं। मानसिक स्तर पर रिक्तप्राय देश की व्यथा को 'यह हताश्वास मन भार श्वास भर बहता' और 'छाया इस पर केवल जड़ रवि खर दहता' के शब्द-प्रयोगों ने तीखी और मार्मिक अभिव्यक्ति दी है।

पतन की स्थितियों का निराला ने गहराई में अनुभव किया है और वे इस

१. निराला और नवजागरण, पृ॰ ३०५

प्रसंग को और विस्तार देते हैं, जहाँ प्रकृति-जगत् की सारी अव्यवस्था तत्कालीन भारतीय जीवन को समेटती चलती है :—

हनती आँखों की ज्वाला चल,
पाषाण-खण्ड रहता जल-जल,
ऋतु सभी प्रबलतर बदल-बदल कर आते ;
वर्षा में पंक-प्रवाहित सरि ;
है शीर्ण-काय-कारण हिम-अरि ;
केवल दुख देकर उदरंभरि जन जाते ।

सूर्य अपनी प्रचंड ज्वाला से पाषाण-खंडों को जलाता रहता है, वर्षा में कीचड़-पानी से भरी नदी शरद्-काल में संकुचित हो जाती है, और उसकी क्षीणता के मूल में हिम-अरि (सूर्य) हैं । इस प्रकार आतंककारी अपना आतंक जमाकर चले जाते हैं । 'उदरंभरि' में आततायियों की स्वार्थ-वृत्ति पर गहरा व्यंग्य है । यह विशुद्ध तत्सम प्रयोग अर्थ की सर्जनात्मक आवश्यकता का प्रतिफलन है ।

आगे के दो छंदों में प्रकृति स्पष्ट शब्दों में तुलसीदास को आत्मिक जागरण का संदेश देती है । इसके पश्चात् इस्लामी सभ्यता की अतिशय विलासिता को एक मादक बिंब में प्रस्तुत कर वह मौन हो जाती है—

अब स्मर के शर-केशर से झर
रँगती रज-रज पृथ्वी, अम्बर ;
छाया उससे प्रतिमानस-सर शोभाकर ;
छिप रहे उसी से वे प्रियतम
छवि के निश्छल देवता परम ;
जागरणोपम यह सुप्ति विरम भ्रम, भ्रम-भर ।

पार्थिव ऐश्वर्य ने जैसे पृथ्वी-आकाश सभी को अपने प्रभाव-क्षेत्र में समेट लिया है, कामदेव के केशर-रूप शर हैं, उनसे झरती रज पृथ्वी-अंबर को रँग रही है । वास्तविक आलोक को उसने धूमिल कर दिया है, अतः मनुष्य दिग्भ्रमित होकर माया को ही जागरण समझ बैठा है । 'भ्रम, भ्रमभर' में ध्वन्यात्मक आवृत्ति इस माया के मिथ्या आकर्षण को और सघन कर देती है ।

प्रकृति के संदेश से प्रभावित तुलसीदास के मानसिक प्रसार को निराला ने बड़े उदात्त ढंग से काव्य के स्तर पर प्रतिष्ठित किया है :—

बहकर समीर ज्यों पुष्पाकुल
वन को कर जाती है व्याकुल
हो गया चित्त कवि का त्यों तुल कर उन्मन

वह उस शाखा का वन-विहंग
उड़ गया मुक्त नभ निस्तरंग
छोड़ता रंग पर रंग-रंग पर जीवन।

सुरभित वायु वन को विकल कर जाती है, ठीक इसी तरह प्रकृति के संदेश ने भी तुलसीदास के चित्त को उन्मन कर दिया है। यह उपमा सटीक है। मन की ऊर्ध्व उड़ान को सहज भाव से कवि अंतिम तीन पंक्तियों में स्थान देता है। बद्ध संस्कारों की सीमा को पार कर मन मुक्ताकाश में विचरण करता है। विहंग का रूपक इस ऊर्ध्व-यात्रा के प्रारंभ को कविता का अनुभव बना देता है। अंतिम पंक्ति—'छोड़ता रंग पर रंग-रंग पर जीवन' का शब्द-विन्यास जैसे सचमुच धीरे-धीरे संस्कारों की सीमा पार कर अगोचर सत्य के निकट पहुँचते मन को रूपायित करता है। स्वयं निराला ने काव्य में प्रतिष्ठापित विराट् रूपों के अरूप में सार्थक अवसान पर बल दिया है। वास्तव में चित्रों तथा भावनाओं के भीतर से चिरंतन सत्य में पहुँचना, अपार सौंदर्य से भावना तथा चित्रों की आकृतियों को मिला देना कविता की पूर्णता है। 'तुलसीदास' में ऊर्ध्व-संचरण के ये दृश्य कविता की इसी पूर्णता की धारणा के व्यावहारिक निदर्शन हैं।

तेइसवें छंद में प्राकृतिक दृश्य के माध्यम से मन की ऊर्ध्व-उड़ान का और विस्तार में वर्णन है :—

दूर, दूरतर, दूरतम शेष,
कर रहा पार मन नभोदेश,
सजता सुवेश, फिर-फिर सुवेश जोवन पर,
छोड़ता रंग, फिर-फिर सँवार
उड़ती तरंग ऊपर अपार
संध्या-ज्योतिः ज्यों सुविस्तार अम्बरतर।

तुलसीदास का मानस क्रमशः दूर से दूरतर से दूरतम स्तर में प्रवेश करता ही जाता है। इस प्रक्रिया में वह सजे हुए संस्कारों की सतह को पार करता जा रहा है, संध्याकालीन सूर्य की किरणें भी आकाश में ऊपर उठती हैं।

मन की इस ऊर्ध्व उड़ान में तुलसीदास तत्कालीन भारतीय संस्कृति का वास्तविक आभास पा जाते हैं। पराधीन भारतीय मानस का सही चित्र निम्न छंद में उतरा है :—

बँध भिन्न-भिन्न भावों के दल
क्षुद्र से क्षुद्रतर हुए विकल।
पूजा में भी प्रतिरोध-अनल है जलता,

हो रहा भस्म अपना जीवन,
चेतनाहीन फिर भी चेतन
अपने ही मन को यों प्रतिमन है छलता।

युग-संपृक्ति के अभाव में ऐसी पंक्तियों की रचना नहीं हो सकती थी। मानवीय स्वभाव की विचित्रता इन पंक्तियों में समा गई है। क्षुद्र भावों से परिचालित, सर्जनात्मक दृष्टि से शून्य मनुष्य जड़-पुंज हो रहा है, पर वह अपने को चेतन समझता है। 'चेतनाहीन फिर भी चेतन' का विरोधाभास द्रष्टव्य है। और, इस प्रकार प्रत्येक मनुष्य का मन अपने मन ही को धोखा दे रहा है। मानवीय प्रकृति की इस विचित्र विडंबना को काम के शाप में प्रसाद ने भी अभिव्यक्ति दी है—

हृदयों का हो आवरण सदा अपने वक्षस्थल की जड़ता
पहचान सकेंगे नहीं परस्पर चले विश्व गिरता पड़ता।[१]

आगे कवि जर्जरित वर्ण-व्यवस्था पर तीखा व्यंग्य करता है। भारतीय सभ्यता-संस्कृति के विघटन के मूल में बहुत कुछ निम्न वर्ग की शोचनीय दशा है :—

चलते-फिरते पर निस्सहाय,
वे दीन, क्षीण कंकालकाय;
आशा केवल जीवनोपाय उर-उर में;
रण के अश्वों से शस्य सकल
दलमल जाते ज्यों, दल से दल
शूद्रगण क्षुद्र-जीवन-संबल, पुर-पुर में

यह उल्लेखनीय है कि तुलसीदास का ऊर्ध्व-संचरण जहाँ उन्हें सूक्ष्म समस्याओं पर विचार करने के लिए दृष्टि देता है, वहीं सभ्यता के विकास में छोटे प्रतीत होनेवाले, पर वस्तुतः उसके अविभाज्य अंग शूद्रगण के प्रति उनके मन में गम्भीर संवेदनशीलता को स्थान देता है। बड़े मार्मिक भावचित्र द्वारा उनके जीवन की विवशता और कदर्थना को कवि ने स्वर दिया है। यह पूरा छंद भाषा के लोच का बढ़िया उदाहरण है। 'दलदल जाते ज्यों, दल से दल' में 'द' की आवृत्ति 'दलमल' की क्रिया को सचमुच साकार कर देती है।

इस सामूहिक पतन से पीड़ित कवि-मानस के निश्चय भाव की अत्यंत कलात्मक अभिव्यक्ति निम्न छंद में हुई है :—

---

१. कामायनी : पृ० १७२

इस छाया के भीतर हैं सब,
है बँधा हुआ सारा कलरव,
भूले सब इस तम का आसव पी-पीकर।
इसके भीतर रह देश-काल
हो सकेगा न रे मुक्त भाल
पहले का-सा उन्नत विशाल ज्योतिःसर।

कवि की भीतरी छटपटाहट भाषा में साकार हो उठी है। भारतीय जीवन की गत्यात्मकता, सर्जनशीलता समाप्त हो चुकी है, जीवन का सारा स्पंदन बँध गया है—'है बँधा हुआ सारा कलरव' बड़ा सुंदर काव्यात्मक प्रयोग है। 'बादल-राग' में मुक्त विकास के अभिलाषी निराला बंधन को (जो जड़ता को प्रश्रय दे) किसी भी मूल्य पर स्वीकृति नहीं दे सकते। दूसरा विशिष्ट प्रयोग 'तम का आसव' है—'भूले सब इस तम का आसव पी-पीकर।' 'तम का आसव' अपने सूक्ष्म-अमूर्त रूप से एक संश्लिष्ट बिंब की सृष्टि करता है। 'तम' अपने आपमें विभ्रम, जड़ता और अज्ञान का प्रतीक है और सांस्कृतिक विघटन के इस प्रसंग में उसकी ये व्यंजनाएँ और सघन हो जाती हैं। 'आसव' खुमारी, अलसता, विलासिता और उन्माद की मिली-जुली व्यंजनाएँ उद्भूत करता है। 'तम का आसव' प्रयोग में कवि ने दोनों तरह की अर्थ-छायाओं को परस्पर संगुम्फित कर दिया है, और इस प्रकार यह सघन बिंब दिग्भ्रमित, विलासमय जीवन का बड़ा विशद रूप प्रस्तुत करता है। आगे की पंक्तियाँ इस बात का स्पष्ट संकेत देती हैं कि कवि का आक्रोश नपुंसक नहीं है, मृत गौरव के पुनर्स्थापन के लिये वह संकल्पबद्ध है :—

इसके भीतर रह देश-काल
हो सकेगा न रे मुक्त-भाल
पहले का-सा उन्नत विशाल ज्योतिःसर।

तुलसीदास की ऊर्ध्वमुखी चेतना इस अज्ञानांधकार को विमोचित करने के लिए अपने को संकल्पबद्ध करती है, उसने यह भलीभाँति समझ लिया है कि मुक्ति इस्लामी सभ्यता के परे है। कवि के निश्चय को मूर्त करनेवाला यह विराट् चित्र द्रष्टव्य है, जिसमें शब्दों का समुचित संयोजन अर्थ की व्यंजना-क्षमता में वृद्धि करता है :—

करना होगा यह तिमिर पार –
देखना सत्य का मिहिर-द्वार –
बहना जीवन के प्रखर ज्वार में निश्चय –

'तिमिर' और 'मिहिर' का बाह्य ध्वनि-साम्य और आंतरिक अर्थ-विरोध (सं० १ के 'प्रभापूर्य' और 'तमस्तूर्य' की भाँति) गति की सृष्टि करता है। सत्य का द्वार 'मिहिर' का है, उसमें प्रवेश करना बहुत कठिन है, पर संकल्पवान् व्यक्तित्व बाधाओं का अतिक्रमण करके वहाँ तक पहुँचेगा ही :—

लड़ना विरोध से द्वन्द्व-समर
रह सत्य-मार्ग पर स्थिर निर्भर –
जाना, भिन्न भी देह, निज घर निःसंशय।

ये पंक्तियाँ जैसे संकेत करती हैं कि देश की सीमा को लाँघ कर ही आत्मिक आलोक की उपलब्धि हो सकती है। इसी भाव से संबद्ध एक और तेजदीप्त चित्र द्रष्टव्य है :—

कल्मषोत्सार कवि के दुर्दम,
चेतनोर्मियों के प्राण प्रथम,
वह रुद्ध द्वार का छाया-तम हरने को –
करने को ज्ञानोद्धत प्रहार –
तोड़ने को विषम वज्र-द्वार;
उमड़े भारत का भ्रम अपार हरने को।

तुलसीदास की प्राण-चेतना सामूहिक स्तर पर क्रियाशील हो गई है। वह अपना ही नहीं, भारत देश का अपार भ्रम हरने को उद्यत है। निराला की काव्यभाषा का सतही अध्ययन करने पर कोई इस निष्कर्ष पर पहुँच सकता है कि उनके काव्य में ओज का रागावेश उनकी समास-प्रधान क्लिष्ट शब्दावली द्वारा हुआ है, पर वास्तविकता यह नहीं है। जानकीवल्लभ शास्त्री ने निराला के काव्य में अन्तर्निहित ओज का बहुत सटीक उद्घाटन किया है—'समस्त शब्दों द्वारा ओज-सृष्टि करने की रूढ़ि के भी वे क़ायल नहीं हैं। कवि की आंतरिक शक्ति के बिना पदों में विद्युतगति आ नहीं सकती।'[1]

कवि की इस आंतरिक शक्ति के बड़े अच्छे उदाहरण उपर्युक्त दोनों छन्द हैं, जिनमें समस्त शब्दों का प्रयोग नहीं के बराबर हुआ है, परुष वर्ण-योजना का भी कोई आग्रह नहीं है, पर इसके बावजूद दोनों छंद भरपूर ओजस्विता से युक्त हैं।

तुलसीदास का यह दृढ़ संकल्प अपनी पत्नी रत्नावली के स्मृति-चित्र को देखकर डगमगा जाता है। बड़ी मनोवैज्ञानिक कुशलता से निराला ने तुलसीदास के ऊर्ध्वोन्मुख मानस के चित्रण के ठीक बाद रत्नावली के प्रबल आकर्षण का

१. साहित्य-दर्शन : पृ० २०६

प्रसंग रखा है। रत्नावली के कामिनी-रूप की सीमा अत्यंत सटीक बिब में प्रस्तुत हुई है :—

वामा, इस पथ पर हुई वाम सरितोपम।

'वामा' में निहित अर्थ-छायाएँ उसके किसी अन्य पर्याय में नहीं आ सकती थीं। तुलसीदास के साधना-मार्ग पर पत्नी रत्नावली की कामिनी-मूर्ति बाधा-स्वरूप होकर उसी प्रकार खड़ी हो गई, जिस प्रकार किसी यात्री की राह में नदी पड़ जाए। नारी-आसक्ति से स्खलित तुलसीदास की यह स्थिति बड़े सुकुमार ढंग से निराला प्रस्तुत करते हैं :—

'जाते हो कहाँ ?' तुले तिर्यक्
दृग, पहना कर ज्योतिर्मय सृक्
प्रियतम को ज्यों, बोले सम्यक शासन से;
फिर लिये मूँद वे पल-पद्मल—
इंदीवर के-से कोश विमल;
फिर हुई अदृश्य शक्ति पुष्कल उस तन से।

यह सारा प्रेम-व्यापार तुलसीदास की कल्पना में ही घटित हो रहा है। रत्नावली के बंकिम सौंदर्य को 'तुले तिर्यक दृग' में कवि ने गूँथ दिया है, जैसे—उन चढ़े-तिरछे नेत्रों ने प्रिय को ज्योति की माला पहना दी हो। 'दृग' और 'सृक्' की आंतरिक ध्वनि-योजना अपने कोमल शब्द-विन्यास से इस आह्लाद भरे वातावरण को साकार कर देती है। कमल और भ्रमर के अप्रस्तुतों को लेकर कवि-गण आकर्षण का चित्रण परंपरा से करते आ रहे हैं। निम्नलिखित छंद में तुलसीदास के मोह-चित्रण में ये ही प्रस्तुत हैं, पर उनकी संयोजना में नवीनता है, वाक्य-विन्यास में विशिष्टता है :—

उस ऊँचे नभ का गुंजन पर,
मंजुल जीवन का मन-मधुकर,
खुलती उस दृग-छवि में बँधकर, सौरभ को;
बैठा ही था सुख से क्षण-भर,
मुँद गये पलों के दल मृदुतर,
रह गया उसी उर के भीतर, अक्षम हो।

यह निराला की बहुमुखी प्रतिभा है, जिसके कारण वे एक ओर मन की ऊर्ध्व-उड़ान के बड़े विशद चित्र पूरे आत्मविश्वास के साथ काव्य में प्रतिष्ठित करते हैं, और दूसरी ओर मानवीय आकर्षण की प्रभाववत्ता को बहुत सधे ढंग से पकड़ते हैं। 'खुलती उस दृग-छवि में बँधकर' का तरल सौन्दर्य-अंकन दर्शनीय है। मन

किस प्रकार धीरे-धीरे आकर्षण की ओर उन्मुख होता है और आकर्षण किस त्वरा से उसको अपने अधीन कर लेता है, उसको शब्दों में निराला ने मूर्त कर दिया है।

तुलसीदास चित्रकूट यात्रा से घर लौट आते हैं। पत्नी के आकर्षण-पाश में बँधे उन्हें सृष्टि-व्यापी सौंदर्य के मूल में उसी को मूर्ति दिखलाई पड़ती है। छायावादी कवि जीवन के छोटे-छोटे अनुभवों को भी किस प्रकार सार्वभौम रूप में प्रस्तुत करते हैं, यह निराला के इन तीनों चित्रों (४०, ४१, ४२) में देखा जा सकता है। जैसे प्रकृति में जो भी है, वह रत्नावली से संपृक्त है। तुलसीदास रत्नावली को सृष्टि-रहस्य के रूप में देखते हैं, किन्तु उनकी दृष्टि में उसका शारीरिक आकर्षण प्रधान है। निराला उनके इस विभ्रम का खंडन प्रस्तुत छंद में बड़े उदात्त ढंग से करते हैं :—

जिस शुचि प्रकाश का सौर-जगत्
रुचि-रुचि में खुला, असत् भी सत्
वह बँधा हुआ है एक महत् परिचय से,
अविनश्वर वही ज्ञान भीतर;
बाहर भ्रम-भ्रमरों को, भास्वर;
वह रत्नावली-सूत्रधर, पर आशय से।

वह रत्नावली विश्व की सूत्रधर है, पर बाह्य रूप से नहीं, उस आंतरिक रहस्य से, जो संसार की एकता का कारण है। कुछ-कुछ त्रिपुर-सुंदरी की-सी परिकल्पना यहाँ पर है। 'भ्रम-भ्रमरों' का प्रयोग कवि का अपना है। और 'किन्नर', 'आत्मा-बांधव' (५), 'सुख-स्वरित जाल' (६) जैसे मौलिक प्रयोगों की तरह इसे भी आक्षेप का शिकार होना पड़ा है। निराला के विविध मौलिक शब्द प्रयोगों, समास-रूपों से खीजते हुए श्री ब्रजकिशोर चतुर्वेदी ने बड़ी कड़ी, किन्तु अपक्व टिप्पणी प्रस्तुत की है—'जिस खड़ीबोली का रूप अनस्थिरता के वाग्जाल से निकाल कर भारतेन्दु जी ने स्थिर किया, जिसको पं० महावीरप्रसाद द्विवेदी जी तथा अन्य महारथियों ने परिमार्जित एवं नियंत्रित किया, निराला जी के 'तुलसीदास' में वही खड़ीबोली फिर से पूर्व काल के अनस्थिरता-भँवर में इधर-उधर बुरी तरह भटकने लगी।'[1]

'तुलसीदास' काव्य का कोई भी प्रबुद्ध अध्येता इस निष्कर्ष से सहमत नहीं हो सकता। उक्त आलोचक की दृष्टि भाषा वैज्ञानिक स्थिरता पर अधिक है, सही

१. आधुनिक हिंदी कविता की भाषा : पृ० ८०

माने में सर्जनात्मक काव्यभाषा पर कम। 'निरंकुशाः हि कवयः' से सैद्धांतिक स्तर पर सहमत होकर भी व्यावहारिक रूप में उसको ध्यान में नहीं रखा जाता, यह आलोचना के लिए एक विडंबनामयी स्थिति है। निराला-काव्य में शब्द-प्रयोग की स्वच्छंदता लगभग हर जगह अर्थ की सघनता के लिए है ('लगभग' का प्रयोग उनकी काव्यभाषा के प्रति किसी अतिरंजनामय दृष्टिकोण की संभावना को समाप्त करने के लिये है), पांडित्य-प्रदर्शन के अभिप्राय से नहीं। कवि ने 'भ्रम-भ्रमरों' का अर्थ टिप्पणी में किया है—भ्रम में पड़े हुए लोग—संस्कृत भाषा की 'भ्रम्' धातु 'भटकने', 'भूलने', 'चक्कर लगाने' का अर्थ देती है। स्वयं 'भ्रमर' शब्द में भटकने की क्रिया का आभास निहित है। यहाँ 'भ्रम-भ्रमरों' के प्रयोग में संस्कृत धातु 'भ्रम्' के अर्थ और 'भ्रमरवृत्ति' (भटकाव) दोनों का सन्निवेश है। चूंकि प्रसंग माया के आकर्षण जाल का है, अतः यह प्रयोग और सार्थक प्रतीत होता है।

तुलसीदास रत्नावली के प्रति आसक्ति को ही जीवन का केंद्रीय तत्त्व मान बैठते हैं :—

> उस प्रियावरण प्रकाश में बँध,
> सोचता,—'सहज पड़ते पग सध,
> शोभा को लिए ऊर्ध्व औ अध घर-बाहर,
> वह विश्व सूर्य, तारक-मंडल
> दिन, पक्ष, मास, ऋतु वर्ष चपल
> बँध गति प्रकाश में बुद्ध सकल पूर्वाधर।'

एक-एक शब्द को कवि किस सावधानी से संयोजित करता है, यह उल्लेखनीय है। तुलसीदास का नारी के प्रति आकर्षण वास्तविक प्रेम नहीं, मोह है—'प्रिया-वरण प्रकाश'—प्रिया का वास्तविक प्रकाश नहीं। ऐसा मोह-आविष्ट मन अगर सोचे—सहज पड़ते पग सध—तो कोई आश्चर्य नहीं। सांस्कृतिक ह्रास को अंकित करते हुए पहले कवि लिख चुका है—'अपने ही मन को यों प्रति मन है छलता।' तुलसीदास की स्थिति इससे भिन्न नहीं है, और इस दृष्टि से उनका मोह पहले चित्रित देश-व्यापी चेतना के स्खलन का ही प्रतिरूप है। भ्रमित मन अपने आपको किस प्रकार तर्क से संतुष्ट करता है, यह निम्न छंद में द्रष्टव्य है :—

> बंध के बिना, कह, कहाँ प्रगति?
> गतिहीन जीव को कहाँ सुरति?
> रति-रहित कहाँ सुख? केवल क्षति-केवल क्षति;
> यह क्रम-विनाश; इससे चलकर

आता सत्वर मन निम्न उतर
छूटता अंत में चेतन स्तर, जाती मति।'

तुलसीदास को मोह का बंधन ही सत्य प्रतीत हो रहा है। मोह से रहित जीवन उनके लिए गतिहीन है। उनके तर्क की चरम सीमा देखिए—'रति-रहित कहाँ सुख ? केवल क्षांत, केवल क्षति',—'रति' शब्द यहाँ अर्थ की जो छायाएँ उद्भूत करता है, वे उसके अन्य पर्याय में से विवृत नहीं हो सकती थीं। 'रति' में शारीरिक चेष्टा, संभोग-भाव की जो व्यंजनाएँ हैं, वे तुलसीदास की साम्प्रतिक मोह-परवश स्थिति से जुड़ जाती हैं: 'क्षति' का प्रयोग भी शरीर-सुख को एकांतिक महत्त्व देने वाले तुलसीदास की इस मनःस्थिति के अनुरूप है। 'केवल क्षति-केवल क्षति' की आवृत्ति उनकी मिथ्या तर्क-वृत्ति को बल देती है।

इन्हीं तर्कों से अपने आकर्षण-भाव को संगत सिद्ध करते हुए तुलसीदास की स्थिति को कवि कामदेव के मादक चित्र द्वारा यथार्थ रूप में अंकित करता है :—

सोचता कौन प्रतिहत-चेतन—
वे नहीं प्रिया के नयन, नयन;
वह केवल वहाँ मीन-केतन, युवती में;
अपने वश में कर पुरुष-देश
है उड़ा रहा ध्वज-मुक्तकेश;
तरुणी-तनु आलम्बन-विशेष, पृथ्वी में।

प्रस्तुत छंद निराला के भाषा-प्रयोग का एक श्रेष्ठ उदाहरण है। चेतना-शून्य मनुष्य भला क्यों सोचे कि उसका मोह भ्रम है, सत्य नहीं। तुलसीदास नारी के जिन नेत्रों में लोकोत्तर प्रभाव के दर्शन करते हैं, वे नेत्र वास्तविक ज्ञान के नेत्र नहीं हैं। वहाँ केवल कामदेव का वास है, जो अपने वासनामय रूप द्वारा मनुष्य को कर्त्तव्य-पथ से विचलित करता है। शब्द-प्रयोग की सजगता द्रष्टव्य है—'वह केवल वहाँ मीन केतन, युवती में।' युवती में वह केवल मछली की ध्वजा वाला काम है, आँखें मछली हैं, और ध्वजा-रूप केश हैं। तुलसीदास को अपनी ओर खींचकर रत्नावली में स्थित वह कामदेव उसके केश-रूपी अपनी ध्वजा उड़ा रहा है। तरुणावस्था के सघन आकर्षण की व्यंजना में यह प्रयोग सक्षम है—'तरुणी-तनु आलम्बन-विशेष, पृथ्वी में।' युवती का शरीर कामदेव के लिए विशेष आलंबन है।

तुलसीदास के तर्कों का खोखलापन कवि इतने विस्तार में, विविध बिंबों में प्रस्तुत कर रहा है, यह भी साभिप्राय है। लक्ष्य तुलसीदास नहीं हैं, लक्ष्य है—सांस्कृतिक चेतना से शून्य, विलासिता के गर्त में गिरी तत्कालीन जनता।

सार्वभौम स्तर पर हर दिग्भ्रमित पंगु संस्कृति की खामियों का चित्रण निराला का लक्ष्य हो सकता है । आगे वे कहते हैं :—

वह ऐसी जो अनुकूल युक्ति
जीव के भाव की नहीं मुक्ति
वह एक मुक्ति, ज्यों मिली शुक्ति से मुक्ता
जो ज्ञानदीप्ति, वह दूर, अजर
विश्व के प्राण के भी ऊपर
माया, वह, जो जीव से सुघर संयुक्ता !

तुलसीदास की इच्छाओं के अनुकूल तर्क जीव की मुक्ति के लिए नहीं है । शुक्ति से मिश्रित मुक्ता शुद्ध नहीं होती, उसी प्रकार तुलसीदास के भाव भी भोग के लिये हैं, वे मुक्त नहीं हैं । वास्तविक ज्ञानालोक इस स्थूल भाव के परे है ।

पत्नी के प्रति इतनी गहन आसक्ति से बँधे तुलसीदास के जीवन में एक मोड़ आता है । एक दिन रत्नावली का भाई अपनी बहन को घर ले जाने के लिए आता है । कथा के स्थूल अंश का निर्वाह वर्णन की नितांत टकसाली भाषा में कवि करता है । रत्नावली के भाई का यह आत्मीय आक्षेप भाषा की रवानी के कारण बहुत स्वाभाविक बन पड़ा है :—

'हो गई रतन कितनी दुर्बल
चिन्ता में बहन, गई तू गल ?
माँ, बापू जी, भाभियाँ सकल पड़ोस की
हैं विकल देखने को सत्वर
सहेलियाँ सब ताने देकर
कहती हैं, बेचा वर के कर, आ न सकी ।'

भाषा के एकांतिक आभिजात्य के निकट जन-सामान्य से जुड़ी हुई भाषा के इस रूप का प्रयोग निराला के शिल्पगत दोहरे रचाव का द्योतक है । 'गल,' 'ताने देकर,' 'बेचावर के कर' जैसे प्रयोग भाषा-शैथिल्य के सूचक नहीं हैं, अपितु वर्ण्य-स्थिति और वर्णन की समानुरूपता के प्रतिफलन हैं ।

बहुत छोटे शब्द-प्रयोग भाषा की समाहार-शक्ति में कितनी वृद्धि कर देते हैं, इसका प्रमाण ६४वें छंद में 'कुंकुम-शोभा' प्रयोग में देखा जा सकता है—

बोली भाभी, लाना कुंकुम-शोभा को ।

रत्नावली के लिए 'कुंकुम-शोभा' का यह बिंब उसके सौभाग्य, श्री की अर्थ-छायाएँ उद्भूत करता है, और समग्र छंद को अपनी आभा से आलोकित करता है । यहाँ कला-चेष्टा और सहजता का समन्वय उल्लेखनीय है, जिसके कारण

रत्नावली की भाभी का यह प्रयोग भाषिक वर्णन में संक्रमित हो जाता है, और वस्तु एवं बिंब का संपृक्त रूप प्रस्तुत करता है। शब्दों की द्रवणशीलता ऐसे अंकनों में देखी जा सकती है।

मानव-हृदय में विरोधी भावों की एक साथ अवस्थिति के चित्रण की दृष्टि से छायावादी कवियों में प्रसाद सिद्धहस्त हैं। विशेषतः उनकी 'कामायनी' में इस स्थिति के चित्र बड़ी संख्या में हैं। निराला ने रत्नावली ने मन में उठते दो परस्पर विपरीत भावों की टकराहट में एक भाव की विजय का बड़ा संश्लिष्ट रूप निम्न बिंब में प्रस्तुत किया है—

उस प्रतिमा का, आया तब खुल
मर्यादागर्भित धर्म विपुल,
धुल अश्रु-धार से हुई अतुल छवि पावन,
वह घेर-घेर निस्सीम गगन
उमड़े भावों के घन पर घन,
फैला, ढक सघन स्नेह-उपवन, यह सावन।

एक ओर रत्नावली अपने पति के प्रति सघन भावों से भरी हुई है, दूसरी ओर पिता के परिवार के प्रति ममता भी उसे बाँधे हुए है। भाई के उलाहने उसे और भी संकुचित कर देते हैं। अन्ततः परिवार के प्रति ममता विजय पाती है। भावों के सावनकालीन बादलों ने रत्नावली के हृदय-रूपी निस्सीम गगन को घेर लिया। प्रिय के स्नेह का उपवन उन बादलों द्वारा ढक दिया गया। अंतिम चार पंक्तियों की गतिशीलता में रत्नावली के आंदोलित भाव सजीव हो उठे हैं।

रत्नावली अपने कन्या-धर्म की मर्यादा-निर्वाह के लिए भाई के साथ पितृ-गृह जाने को उद्यत हो जाती है। उसकी आंतरिक ग्लानि और उसके उन्मोचन के प्रयास को कवि ने एक पौराणिक बिंब में रूपायित किया है :—

जिस पृथ्वी से निकली सदोष वह सीता,
अंक में उसी के आज लीन—
निज मर्यादा पर समासीन,

डॉ० प्रतिमा कृष्णबल ने इस बिंब की प्रसंग-प्रतिकूलता पर आपत्ति की है—"इस छंद में ग्लानि-पीड़ित रत्नावली की मनःस्थिति को संवेद्य बनाने के लिए निराला ने सीता के भूमि-गर्भ में विलीन होने का जो बिंब प्रस्तुत किया है, वह प्रसंगानुरूप न होने के कारण कथ्य को उसकी संपूर्णता में रूपायित न कर उसे

ग्रौर ग्रधिक उलझा देता है, फलतः कवि का ग्रभीप्सित बिंब सहृदय के मन पर समनुरूप प्रभाव-छवि ग्रंकित नहीं कर पाता।"[१]

यह ठीक है कि इस प्रसंग में सीता के पृथ्वी में धँसने का बिंब कुछ जटिल प्रतीत होता है, किन्तु रत्नावली के ग्लानि-भाव ग्रौर मर्यादा-निर्वाह की सतर्क चेष्टा को बहुत गहरा रंग देता है। कामुकता के स्तर पर उतर ग्राई तुलसीदास की ग्रासक्ति ग्रौर पूरे पितृ-कुल एवं पास-पड़ोस की ग्राक्षेप-पूर्ण प्रतिक्रिया की पृष्ठ-भूमि में रत्नावली की यह द्विधाग्रस्त स्थिति सामान्य से कुछ ग्रधिक ऊपर उठ जाती है ग्रौर इस दृष्टि से उसको ग्रंकित करने वाला यह पौराणिक बिंब सटीक प्रतीत होता है।

ऐसे जटिल बिंबों के बीच ग्रभिव्यक्ति का यह धरातल भी दर्शनीय है, जो निराला की काव्यभाषा की विशिष्ट समाहार-शक्ति का प्रतीक है :—

लेते सौदा जब खड़े हाट,
तुलसी के मन ग्राया उचाट;
सोचा, ग्रब के किस घाट उतारें इनको;
जब देखो, तब द्वार पर खड़े,
उधार लाये हम, चले बड़े!
दे दिया दान तो ग्रड़े पड़े ग्रब किनको!

रत्नावली के भाई को ग्रकेले वापिस घर भेजने के लिए तुलसीदास किसी उपाय की तलाश में हैं, किंतु उन्हें यह नहीं मालूम है कि रत्नावली ग्रपने भाई के साथ उनकी ग्रनुपस्थिति में चली गई है। इस वास्तविकता की पृष्ठभूमि में तुलसीदास द्वारा उपाय-कौशल की खोज (सोचा, ग्रब के किस घाट उतारें इनको) बड़ी विनोदपूर्ण हो जाती है। भाषा की यह मुहाविरेदानी इस विनोद को गहरा रंग देती है।

घर ग्राकर वस्तुस्थिति से ग्रवगत होने पर उनके भावुक मन को ठेस लगती है। पत्नी से दूरी बहुत ग्रसह्य हो जाती है, ग्रौर इस दूरी में उसके प्रति ग्राकर्षण ग्रौर सघन हो जाता है। संगीत की तान का बिंब लेकर निराला इस मनोवैज्ञानिक सत्य को ग्रंकित करते हैं :—

वह ग्राज हो गई दूर तान,
इसलिए मधुर वह ग्रौर गान,

१. छायावाद का काव्य-शिल्प : पृ० २६४

तान के दूर होने पर गीत अधिक प्रिय लगता है, तुलसीदास का मन पत्नी के दूर हो जाने से मोह का अधिक अनुभव करने लगा। फलतः वे पत्नी के पितृ-गृह चल देते हैं। पति के इस अप्रत्याशित और अशोभनीय आगमन से रत्नावली का क्षुब्ध होना स्वाभाविक था। परिवार के सदस्यों की कानाफूसी और भाभी के तीखे व्यंग्य (यह पहचान रतन की) ने उस क्षोभ में ग्लानि का भी समावेश कर दिया। रत्नावली की मानसिक स्थिति को कवि ने द्रौपदी के रूपक में सटीक अभिव्यक्ति दी है :—

बोली मन में होकर अक्षम
रक्खो, मर्यादा पुरुषोत्तम !
लाज का आज भूषण, अक्लम नारी का;
खींचता छोर, यह कौन और,
पैठा उनमें जो अधम चौर !
खुलता, अब अंचल, नाथ, पौर साड़ी का !

इस छंद के 'अक्षम' और 'अक्लम' शब्दों पर श्री ब्रजकिशोर चतुर्वेदी ने आपत्ति प्रकट की है—"'अक्षम' और 'अक्लम' व्यर्थ के शब्द ठूँसे गये हैं। 'अक्षम' का अर्थ असमर्थ और 'अक्लम' का अर्थ न थकने वाला किया गया है।"[1]

किन्तु यह आपत्ति अंशतः ही संगत है। रत्नावली की विवशता को व्यंजित करने के लिए 'अक्षम' शब्द का प्रयोग हुआ है। इस नाज़ुक स्थिति का सामना करना नव-परिणीता रत्नावली के लिए एक समस्या है। 'मर्यादा पुरुषोत्तम' का संबोधन मर्यादा-हरण के प्रसंग में सर्वथा उपयुक्त है। नारी का लाज का भूषण अक्षुण्ण रहे, यही उसकी कामना है। 'अक्लम' प्रयोग ज़रूर असंगत लगता है। रत्नावली किंकर्त्तव्यविमूढ़ है, तुलसीदास के मन में कौन-सा चोर बैठा हुआ उनके वस्त्रों को खींच रहा है ? टिप्पणी में इस रूपक को इस प्रकार स्पष्ट किया गया है—"मोह का चोर दुःशासन है, रत्नावली द्रौपदी है, जिसका चीर खींचा जा रहा है।"[2] श्री ब्रजकिशोर चतुर्वेदी इस व्याख्या से असंतुष्ट होकर निराला के भाषा-प्रयोग पर आक्षेप करते हैं—"ऐसे कहिए, तो बेहतर होगा कि छायावाद का कवि दुःशासन है, भाषा द्रौपदी है, जिसका चीर खिंचता चला जा रहा है।"[3]

वस्तुतः लाज-हरण के प्रसंग में द्रौपदी के चीर-हरण का रूपक बिलकुल

---

१. आधुनिक हिंदी कविता की भाषा : पृ० ९०

२. तुलसीदास : पृ० ८८

३. आधुनिक हिंदी कविता की भाषा : पृ० ९०

सटीक है, अतः इस आधार पर निराला या छायावादी काव्यभाषा पर खींच-तान का आरोप लगाना समीचीन नहीं है।

शयन-कक्ष में तुलसीदास रत्नावली का एक नवीन रूप देखते हैं :—

कवि-रुचि में घिर छलकता रुचिर
जो, न था भाव वह छवि का स्थिर
बहती उल्टी ही आज रुधिर-धारा वह,
लख-लख प्रियतम-मुख पूर्ण इन्दु
लहराया जो उर-मधुर सिन्धु,
विपरीत ज्वार, जल-विन्दु-विन्दु द्वारा वह

एक ओर तुलसीदास का आसक्ति-परवश भाव है, दूसरी और रत्नावली का तीव्र मानसिक उद्वेलन है। 'बहती उल्टी ही आज रुधिर-धारा वह' उसके उद्वेलन को मूर्त कर देता है। आज उर-सिंधु में प्रिय-इंदु के दर्शन से विपरीत ज्वार उमड़ रहा है, वहाँ उद्वेग है, स्निग्धता नहीं। बिंब-विधान का परंपरित रूप लेकर भी कुशल कवि किस प्रकार उसे नये संदर्भ से आलोकित कर देता है, यह प्रस्तुत छंद में देखा जा सकता है। इंदु और सिंधु का परंपरागृहीत रूप लेकर निराला विपरीत ज्वार के सटीक आरोपण द्वारा अपने मन्तव्य—मोह को निरस्त करने को कटिबद्ध रत्नावली के प्रखर व्यक्तित्व के अंकन में कृतकाम होते हैं।

तुलसीदास इस नवीन रूप को देखते भर हैं, समझ नहीं पाते, उनके मानस में अभी भी रूप का आकर्षण ही अन्तर्व्याप्त है। रत्नावली ने अपने आपको संकल्पबद्ध कर लिया है, उसका स्थूल रूप एक विराट् सूक्ष्मता में परिणत हो जाता है :—

बिखरीं छूटीं शफरी अलकें,
निष्पात नयन—नीरज पलकें,
भावातुर पृथु उर की छलकें उपशमिता;
निःसंबल केवल ध्यान-मग्न
जागी योगिनी अरूप-लग्न
वह खड़ी शीर्ण प्रियभाव-भग्न निरुपमिता।

सूक्ष्म स्तर पर स्त्री के जागरण का यह चित्र संपूर्ण आधुनिक काव्य में दुर्लभ है। शक्ति-उपासक निराला इस प्रखर व्यक्तित्व के अंकन के लिए सर्वथा समर्थ थे। वे रूप को ही नहीं अरूप को भी पकड़ लेते हैं। भाव-शून्य, निस्संग रत्नावली बिना किसी सहारे के सत्य की साधना में लीन है। तुलसीदास के चंचल मन के सम्मुख रत्नावली का यह विराट् योगिनी रूप द्रष्टव्य है—'वह खड़ी

शीर्ण प्रिय भाव-भग्न निरुपमिता।' स्वर में झर-झर जीवन भर कर रत्नावली पति को प्रबोधित करती है :—

'धिक ! धाए तुम यों अनाहूत,
धो दिया श्रेष्ठ कुल-धर्म धूत
राम के नहीं, काम के सूत कहलाए।
हो बिके जहाँ तुम बिना दाम,
वह नहीं और कुछ हाड़-चाम।
कैसी शिक्षा, कैसे विराम पर आए ?'

कोरे देहवादियों पर यह तीखा व्यंग्य है। 'राम के नहीं काम के सूत कहलाए' में 'सूत' शब्द तुलसीदास की निम्न स्तरीय वासना-वृत्ति की व्यंजना करता है। वे 'सूत' हो गए हैं—अनुचर, पराधीन—उनका स्वतंत्र व्यक्तित्व नहीं रहा। तुलसीदास रूप के इस अरूप-परिवर्तन से स्तब्ध हो जाते हैं। उनके आंतरिक सुप्त संस्कार जागृत हो उठते हैं और तब उनकी दृष्टि रत्नावली के रूप में तेज-पुंज के दर्शन करती है :—

देखा, वामा वह न थी, अनल प्रतिमा वह,

इसके पूर्व, प्रकृति-दर्शन से प्रभावित तुलसी-मानस का ऊर्ध्व संचरण नारी के कामिनी रूप से अवरुद्ध हो गया था। तब उन्हें रत्नावली में 'वामा' का रूप दृष्टिगोचर हुआ था :—

वामा इस पथ पर हुई वाम, सरितोपम !

और अब नारी-उद्बोधन से उत्प्रेरित उनकी चेतना को वही 'बामा' 'अनल-प्रतिमा' प्रतीत हुई। यह एक सुखद विडंबना है कि नारी का मोह उन्हें कर्त्तव्य से विचलित कर बैठा था और अब उसका तेजदीप्त व्यक्तित्व उन्हें ऊर्ध्व दृष्टि प्रदान करता है। पत्नी को सरस्वती रूप में वे देखते हैं। इस तरह की विराट् कल्पना 'राम की शक्ति-पूजा' में पर्वत में पार्वती रूप की अवतारणा द्वारा उद्भूत हुई है। इस दिव्य भाव के फलस्वरूप तुलसीदास एक बार फिर ऊर्ध्व-संचरण करते हैं :—

दृष्टि से भारती की बँध कर
कवि उठता हुआ चला ऊपर;
केवल अम्बर–केवल अम्बर फिर देखा;
धूमायमान वह घूर्ण्य प्रसर
धूसर समुद्र शशि-ताराहर,
सूझता नहीं क्या ऊर्ध्व, अधर, क्षर-रेखा।

इस ऊर्ध्व क्षेत्र का अनुभव धूमायमान धुएँ के समुद्र के अनुभव से जुड़ा हुआ है। सीमाओं के अवसान का बड़ा मार्मिक रूपायन शब्दों में कवि ने किया है। 'केवल अंबर' की आवृत्ति विराट्-भाव के अंकन के लिए अतुलनीय है। रंगीन शब्द-खण्डों का एकांत लोप इस बात का सूचक है कि कवि ऊर्ध्व-संचरण के अनुभव से गहरा तादात्म्य स्थापित कर चुका है, वह शब्दों की रंगीनी में सूक्ष्मानुभवों का मिथ्याभास नहीं प्रस्तुत कर रहा है। तुलसीदास की मुक्त स्थिति का अनुभवपरक अंकन निम्न छंद में हुआ है :—

थे मुँदे नयन, ज्ञानोन्मीलित,
कलि में सौरभ ज्यों, चित में स्थित;
अपनी असीमता में अवसित प्राणाशय।
जिस कलिका में कवि रहा बंद,
वह आज उसी में खुली मंद,
भारती-रूप में सुरभि-छंद निष्प्रश्रय।

उनके बाह्य नेत्र मुँदे हुए थे, पर ज्ञान-नेत्र जाग्रत थे। प्राणों से तादात्म्य को संवेद्य बनाने के लिए कली में निहित सौरभ की उपमा सटीक है। उनकी सरस्वती के मुखरित होने का अंकन सुकुमार रीति से हुआ है। यह जागरण संपूर्ण जगत् को प्रभावित कर देता है, एक अनोखा मुक्ति-भाव उद्भूत होता है। शब्दों में भी आंतरिक उल्लास का स्पंदन हो रहा है—

बाजी बहतीं लहरें कल-कल
जागे भावाकुल शब्दोच्छल,
गूँजा जग का कानन-मण्डल, पर्वत-तल;
सूना उर ऋषियों का ऊना
सुनता स्वर, हो हर्षित, दूना,
आसुर भावों से जो भूना, था निश्चल

जागरण के प्रभात का चित्र कवि की मौलिक कल्पना से अनुप्रेरित है—

जागो जागो आया प्रभात,
बीती वह, बीती अंध रात,
झरता भर ज्योतिर्मय प्रपात पूर्वांचल;
बाँधो बाँधो किरणें चेतन;
तेजस्वी, हे तमजिज्जीवन,
आती भारत की ज्योतिर्धन महिमा बल।

भारत का सांस्कृतिक जागरण जैसे इन शब्दों में समाहित हो गया हो। पूर्वांचल के ज्योतिर्मय प्रपात झरने में चेतना के स्फुरण की व्यंजना है। 'बाँधो, बाँधो, किरणें चेतन' बड़ा सुंदर प्रयोग है—जैसे कवि इंगित करता है कि सर्जनशील जीवन चेतना को अपने भीतर आत्मसात् कर ले। आगे जड़ और चेतन के संघर्ष में चेतन की विजय को कवि ने पूरे आत्मविश्वास से अंकित किया है :—

होगा फिर से दुर्धर्ष समर
जड़ का चेतन से निशिवासर,

'रामचरितमानस' में वर्णित राम तथा रावण के रूप में दो संस्कृतियों—चेतन और जड़—के संघर्ष की व्यंजना है। इसी संदर्भ में निराला जैसे कवि-कर्म की चरम परिणति को भी स्वर देते हैं। कोरी तुकबंदी, कोरे कला-वैभव से ऊपर उठकर कवि को अपनी सर्जना में विश्व-जीवन की चेतना को मुखरित करना है। अनुभव और भाषा की एकरूपता के उदाहरण-स्वरूप ये दो पंक्तियाँ द्रष्टव्य हैं :—

निश्चेतन, निज तन मिला विकल
छलका शत-शत कल्मष के छल
बहतीं जो, वे रागिनी सकल सोएँगी;

यहाँ शब्दों के बेरोक बहाव में जैसे सचमुच चेतना का उत्स प्रवाहित हो रहा है, जो छल की रागिनी के प्रवाह को अवरुद्ध करनेवाला है। आगे इसी प्रसंग में कवि एक प्रभविष्णु बिंब प्रस्तुत करता है—

तम के अमार्ज्य रे तार-तार
जो, उन पर पड़ी प्रकाश-धार;
जग-वीणा के स्वर के बहार रे, जागो।

'देश-काल के शर से बिंध कर अशेष छविधर कवि' जाग गया है। इस जागरण के फलस्वरूप 'तम के अमार्ज्य तार-तार' पर प्रकाश की किरणें पड़ गई हैं। जीवन के स्पंदन से ओत-प्रोत इस जग-वीणा के तारों से वसंत (जो नव-जीवन का प्रतीक है) की रागिनी निःसृत होगी।

'तुलसीदास' काव्य में 'तम' शब्द का कवि ने कई प्रकार से उपयोग किया है—'तमस्तूर्य' तम की तुरही (छंद सं० १), 'तम का आसव', 'तम की मदिरा' (छंद सं० ३१), 'तम के अमार्ज्य तार-तार'—तम के न मार्जन योग्य तार-तार (प्रस्तुत छंद में)। विनिफ्रेड नवातनी ने रूपक की प्रकृति पर विचार करते हुए बड़ी संगत बात कही है कि रूपक उन वस्तुओं को कहा जा सकता है, जो हमारी

भाषा के विद्यमान मूलार्थक शब्दकोश में पहले से प्रयुक्त नहीं हुई हैं।[1]

'तम' के इन विविध रूपकात्मक प्रयोगों को हम लें, तो यही बात पायेंगे। सामान्य शब्दकोष में न तो तम की तुरही जैसा प्रयोग है, न तम का आसव और न ही तम के अमार्ज्य तार तार का। लेकिन सामान्य भाषा की तुलना में ये लाक्षणिक प्रयोग अर्थ को कितनी गहनता और विस्तार देते हैं, यह उल्लेखनीय है। एक 'तम' शब्द निराला द्वारा प्रयुक्त इन विविध संदर्भों में विविध अर्थ-छायाएँ उद्‌भूत करता है। वैसे भी 'तम' शब्द अर्थ की दृष्टि से इतना लचीला और व्यापक है कि उसमें अंधकार, पतन, तमतत्व, राहु, अज्ञान, वासना, मोह का समावेश हो जाता है। इस रूप में इन विविध अर्थ-छायाओं का पोषण 'तम' का दूसरा पर्याय 'अंधकार' न कर पाता। 'तमस्तूर्य' में अंधकार के विजय-पर्व का चित्र है, 'तम का आसव' में खुमारी, विलासिता, वासना की छायाएँ हैं, 'तम के अमार्ज्य तार तार' में गहन अंधकार—सूक्ष्म स्तर पर पुंजीभूत अज्ञान की दुर्निवार शक्ति—की व्यंजना है। 'तम के अमार्ज्य तार तार' पंक्ति में 'अमार्ज्य' और 'तार-तार' शब्द विश्लेषणीय हैं। 'अमार्ज्य' में जड़ीभूत हो गए अंधकार की गहरी व्यंजना है। 'अमार्ज्य' का निषेधात्मक प्रयोग इस अमार्जन के भाव को बल देता है। 'तार तार' में जैसे वह ध्वनि है कि पूरी वीणा में कहीं भी स्पंदन का अवशेष नहीं है, उसके सारे तार मौन हो गए हैं। यह आवृत्ति ('तार तार') निराला की बड़ी प्रसिद्ध पंक्तियों की याद दिला देती है :—

> दृढ़ जटा-मुकुट, हो विपर्यस्त, प्रतिलट से खुल
> फैला पृष्ठ पर, बाहुओं पर, वक्ष पर, विपुल।[2]

राम के जटा-मुकुट उनके शरीर पर फैल गये हैं, इस फैलाव को चित्रात्मकता और सघनता देने के लिए कवि ने शरीरावयवों का पृथक्-पृथक् उल्लेख किया है—पृष्ठ पर, बाहुओं पर, वक्ष पर, विपुल। ठीक इसी प्रकार 'तार तार' के प्रयोग में अंधकार के प्रसार को बल मिला है। इस निविड़ अज्ञानांधकार से

---

1. A metaphor is thus a set of linguistic directions for supplying the sense of an unwritten literal term. (This is why, metaphor can 'say' thing not provided for in the existing literal vocabulary of our language.) We should note that metaphor directs us to the sense, not to the exact term.
THE LANGUAGE POETS USE. p. 59.

२. राम की शक्ति-पूजा

उत्तीर्ण होती कवि-वाणी को उद्‌बोधित करते हुए निराला एक गहरी बात कहते हैं—दे गीत विश्व को रुको, दान फिर माँगो।

कवि यहाँ सही माने में उदार संस्कृति का रूप प्रस्तुत कर रहा है, वह संस्कृति, जो पहले देकर तब कुछ लेती है। पतन की गहरी पहचान और उसके विस्तृत चित्रण के निकट सांस्कृतिक क्षमता की यह कल्पना वही कवि कर सकता है, जिसने कोरी भावुकता और आवेशपूर्ण नारेबाज़ी से ऊपर उठकर बड़ी सूक्ष्मता से संस्कृति की पुष्ट चेतना का अनुभव किया हो। 'तुलसीदास' के संदर्भ में निराला की इस उपलब्धि का सही मूल्यांकन डॉ० रामरतन भटनागर ने किया है—'पतनोन्मुख संस्कृतियाँ लेती ही अधिक हैं, देती कुछ नही। यह विषम स्थिति होती है। कवि इस विषम स्थिति से राष्ट्र को उबारना चाहता है।'[1] इस अविचलित संकल्प के बाद तुलसीदास रत्नावली से विदा माँग कर आलोक का प्रसार करने के लिए विश्व-जीवन में सम्मिलित होते हैं। वे अपनी पत्नी का जो भव्य चित्र अब देखते हैं, उसमें जैसे उनके आगामी गौरवपूर्ण जीवन की झलक है। निराला ने 'शीतलच्छाय सांस्कृतिक सूर्य' के अस्तमित होने से काव्य का प्रारंभ किया था, उसकी समाप्ति 'पुष्कल रवि-रेखा' के चित्र में होती है, जो काव्य की संरचनागत एकता का सूचक है, और जो 'राम की शक्ति-पूजा' के विधान से सहज तुलनीय है ('रवि हुआ अस्त' : 'होगी जय होगी जय....')

> चल मंदचरण आए बाहर,
> उर में परिचित वह मूर्ति सुघर
> जागी विश्वाश्रय महिमाधर, फिर देखा—
> संकुचित, खोलती श्वेत पटल
> बदली, कमला तिरती सुख-जल,
> प्राची-दिगंत-उर में पुष्कल रवि-रेखा।

इस लाक्षणिक वर्णन में कवि ने जैसे व्यक्तित्व के विस्तार, संस्कृति की चेतना, जागरण की जय-यात्रा को समेट लिया है। इतने सूक्ष्म स्तर पर, कविता के अनुभव को क्षत किये बिना, व्यक्तित्व के विघटन और उन्नयन का यह सांगोपांग निर्वाह निराला के अद्‌भुत निर्माण-सौंदर्य और शक्ति का प्रतीक है।

कुकुरमुत्ता

'गीतिका', 'राम की शक्ति-पूजा', 'तुलसीदास' के भाषागत आभिजात्य के बाद 'कुकुरमुत्ता' की ठेठ शब्दावली पर आधारित भाषिक संरचना निराला-काव्य

---

१. निराला और नवजागरण, पृ० ३०४

और साथ ही आधुनिक हिंदी काव्य का एक सुखद आश्चर्य है, जिसमें काव्यभाषा को समस्त आभरणों से मुक्त कर अधिक स्वायत्त, आत्मनिर्भर और यथार्थग्राही बनाने की पहली महत्त्वाकांक्षी और साहसिक कोशिश है। पिछली तीनों रचनाओं में सर्जनात्मकता को विकसित करने के लिए शब्दों के तत्सम रूपों को गहन अध्यवसाय के बल पर रखने की प्रवृत्ति है, और पराकाष्ठा पर पहुँची हुई इस प्रवृत्ति की क्षति-पूर्ति 'कुकुरमुत्ता' करता है। 'क्षति-पूर्त्ति' शब्द का प्रयोग इन रचनाओं के आभिजात्य—जो वस्तुतः सर्जनात्मक है—की अवमानना करने के उद्देश्य से नहीं किया गया है, वरन् अति की सीमा पर जाकर तत्सम शब्दावली के प्रयोग—फिर भले ही वह कितना भी स्पृहणीय क्यों न हो—पर नियंत्रण रखते हुए, और इस प्रकार काव्यभाषा को गतिशीलता प्रदान करते हुए अभिव्यक्ति के सामान्य धरातल की अर्थवत्ता को प्रकाशित करने के लिए किया गया है।

'कुकुरमुत्ता' का भाषा-प्रयोग निराला के क्लैसिकल काव्य के भाषागत आदर्श का विलोम होता हुआ भी उसका विरोधी नहीं कहा जा सकता, जैसा कि दूधनाथ सिंह ने 'कुकुरमुत्ता' की भाषिक संरचना का बढ़िया विश्लेषण करने के बावजूद-कदाचित् पुराण-शैली का आश्रय लेने के कारण—उसके नए शब्द-प्रयोगों की प्रशंसा करते हुए कहा है—"यह चुनौती या शब्द-संसार से यह संघर्ष और यह विषय अप्रतिम है, क्योंकि यह संघर्ष दूसरों को अपेक्षा अपने ही द्वारा अर्जित, आविष्कृत और सफलतम रूप में प्रयुक्त शब्द-बंध के विरुद्ध है।"[१]

सच तो यह है कि जब किसी कवि में एक ही काल में या विभिन्न कालों में भाषा के विविध स्तर कार्यशील दिखाई देते हैं, और साथ ही उन विविध स्तरों में संवेदना के लिहाज़ से आंतरिक अनुशासन निहित रहता है, तो यह सीमित दायरे में न बँधकर अपना उन्मुक्त प्रसार करनेवाली उसकी प्रतिभा को सूचित करता है। विज्ञान की सामान्यतः विरोधी प्रकृति की तुलना में साहित्य की इस संपृक्त प्रकृति को ध्यान में रखने पर निराला के आरंभिक क्लैसिकल काव्य और 'कुकुरमुत्ता' में परस्पर विरोध नहीं प्रतीत होगा, वरन् यथार्थ (यहाँ यथार्थ के सीमित अर्थ सामान्यता-नग्नता के बजाय उसके व्यापक अर्थ-समूची वास्तविकता-से आशय है) की पकड़ के रूप में दोनों एक दूसरे के पूरक सिद्ध होंगे।

एकबारगी इस कथन में विसंगति प्रतीत हो सकती है, लेकिन वास्तव में 'कुकुरमुत्ता' अपनी विषय-वस्तु और भाषिक संरचना में कवि के पूर्ववर्ती महत्त्वा-

---

१. 'कुकुरमुत्ता' : काव्य आभिजात्य से मुक्ति, पृ० ३२।

कांक्षी प्रयोग 'तुलसीदास' की याद दिला देता है। 'तुलसीदास' में जर्जरित संस्कृति की सुरक्षा की समस्या है, उसके उदात्त-सूक्ष्म मूल्यों के केन्द्रीकरण का प्रश्न है, और उसी के अनुरूप संस्कारशील शब्दों की अर्थ-गरिमा को खोजबीन कर प्रस्तुत करने की रचनात्मक आकुलता है। 'कुकुरमुत्ता' में काव्य के परंपरित मानदण्ड के अनुसार वर्जित और इसलिए एक कवि के लिए—जो प्रतिष्ठित भी हो—खतर-नाक चुनौती के रूप में नाम से ही नगण्य 'कुकुरमुत्ता' जैसी बदरूप वस्तु की अवतारणा है—भाषिक आभिजात्य के सभी उपादानों-सुघर शब्दावली सुकुमार छंद, लोचदार लय-की एकांतिक वर्जना के साथ। निश्चय ही इसके प्रणयन का साहस 'बधिर विश्व के कानों में बार-बार अपना राग भरनेवाला निराला का विराट् बादल व्यक्तित्व' कर सकता था। 'कुकुरमुत्ता' में सामान्य-अकिंचन को उसकी सारी क्षुद्रताओं-विशालताओं के साथ निराला ने उघाड़ा है, और जीवन की पुनर्रचना की कोशिश में जो भाषा प्रस्तुत की गई है, वह उपेक्षित जन-सामान्य के जीवन से रची गई है। भाषिक संरचना की दृष्टि से 'तुलसीदास' और 'कुकुरमुत्ता' अपने विरोध में समान हैं।

प्रयोगशील कवि ने अभिव्यक्ति के स्तर पर कवि के जिस धर्म को उद्घाटित किया है, वह इन पंक्तियों में देखा जा सकता है—

हमको न ज़रूरत आज देववाणी की, हम खुद ढालेंगे
जीवन की भट्टी में भाषा, जी चाहा रूप बना लेंगे।
(तारसप्तक : 'अपने कवि से'—भारतभूषण अग्रवाल)

जीवन की भट्टी में निर्मित भाषा की शुरुआत 'कुकुरमुत्ता' के साथ होती है। हास्य और व्यंग्य के आवरण में कुहरीली और शायद इसीलिए तनाव के कारण अधिक ज़ोरदार 'कुकुरमुत्ता' की रचना अप्रतिम है। इस दृष्टि से निराला के समानधर्मा कवि सुमित्रानंदन पंत द्वारा निराला-काव्य का उत्कृष्ट, मध्यम और साधारण कोटियों में विभाजन[1] और 'कुकुरमुत्ता' के लिए उनका यह कथन—उनकी (निराला की) 'कुकुरमुत्ता'-सी रचना अधिकतर उनके मन की कुंठा तथा तिक्तता की ही परिचायक है[2]—असंगत है।

'कुकुरमुत्ता' का रचना-विधान बेजोड़ है। एक नवाब की बाड़ी में अनगिनत फूलों (जिनमें फ़ारस के गुलाब भी हैं) के बीच गंदे में बुत्ता देकर उगे हुए कुकुर-मुत्ता पर कवि की नज़र पड़ती है और उनके माध्यम से वह साधारण, महत्त्वहीन

१. छायावाद : पुनर्मूल्यांकन, पृ० ६३
२. वही पृ० ६६

और उपेक्षित को उसकी पूरी सच्चाई में अंकित करता है। इस अंकन के मूल में निष्क्रिय दया या करुणा न होकर भरपूर तनाव और विनोद (जो आधुनिक भावबोध का वैशिष्ट्य है) का संयोग है। आरंभ में कवि का पैना वर्णन देखा जा सकता है—

एक सपना जग रहा था
साँस पर तहज़ीब की,
गोद पर तरतीब की।

इस तहज़ीब-तरतीब के आगे आभिजात्य के सूचक विविध फूलों का उल्लेख है, जो नव्वाब की बाड़ी में अपने आप उगे नगण्य कुकुरमुत्ता की आत्मनिर्भरता और ठेठपन को रंग देते हैं। बाड़ी के इन फूलों की सपाट वर्णनात्मकता 'कुकुरमुत्ता' काव्य की सोद्देश्य गद्यात्मकता का प्रतिफलन है, वह कोई इतिवृत्तात्मकता का पोषण नहीं करती। क्लैसिकल शैली के उत्कृष्ट प्रणेता निराला ने कुकुरमुत्ता की ठेठ देसी अकड़ को गत्यात्मक कलाकार के समूचे आत्मविश्वास के साथ अभिव्यक्त किया है—

आया मौसिम, खिला फ़ारस का गुलाब,
बाग़ पर उसका पड़ा था रोबोदाब;
वहीं गंदे में उगा देता हुआ बुत्ता
पहाड़ी से उठे—सर ऐंठ कर बोला कुकुरमुत्ता—
अबे, सुन बे, गुलाब
भूल मत जो पाई खुशबू, रंगोआब
खून चूसा खाद का तूने अशिष्ट
डाल पर इतराता है केपीटलिस्ट।

यहाँ भाषिक संरचना के दो रूप द्रष्टव्य हैं, फ़ारस के गुलाब का अंकन फ़ारसी-उर्दू शब्दों के आभिजात्य में हुआ है, और 'नगण्य' कुकुरमुत्ता शब्दों के ठेठ प्रयोग में सजीव हो उठा है। 'अबे' और 'सुन बे' के तिरस्कार-सूचक संबोधनों में निहित ठेठ अंदाज़ ऐंठकर बोलने वाले कुकुरमुत्ता का सीधा चित्रण संभव करता है। 'अशिष्ट' संबोधन की तत्समता 'केपीटलिस्ट' के अंग्रेज़ी संबोधन के साथ मिलकर गहरे विनोद भाव की सृष्टि करती है। गुलाब—सूक्ष्म स्तर पर अभिजात वर्ग—की पौरुषहीनता पर चोट करने के लिए निराला सामान्य जीवन से लिये गए दो बिंबों को यों रखते हैं—

हाथ जिसके तू लगा,
पैर सर रखकर व पीछे को भगा

औरत की जानिब मैदान यह छोड़कर
तबेले को टट्टू जैसे तोड़कर,

यहाँ 'औरत की जानिब मैदान यह छोड़कर' और 'तबेले को टट्टू जैसे तोड़ कर' जैसे बिंबों में निहित व्यंग्य-विनोद के ठेठ, बेलौस रूप की काव्यात्मक अर्थवत्ता अनदेखी नहीं की जा सकती।

इसी तरह गुलाब पर कटाक्ष करते हुए कुकुरमुत्ता की मुखरता निम्न पंक्तियों में ऐतिहासिक संदर्भ के कारण विशेष प्रभावशाली हो गई है, जिसमें सौंदर्य को परे करके उपयोगिता को महत्त्व दिया गया है—

चाहिये तुझको सदा मेहरुन्निसा
जो निकाले इत्र, रू, ऐसी दिशा
बहा कर ले चले लोगों को, नहीं कोई किनारा
जहाँ अपना नहीं कोई भी सहारा
ख्वाब में डूबा चमकता हो सितारा
पेट में डँड़ पेले हों चूहे, ज़बाँ पर लफ्ज़ प्यारा।

मेहरुन्निसा (नूरजहाँ का वास्तविक नाम) के प्रसंग ने एक अभिजात और विलासी परिवेश की अवतारणा कर दी है, जिससे 'कुकुरमुत्ता' के विनोद में एक अतिरिक्त रवानी आ गई है। अंतिम दोनों पंक्तियों में तद्भव और उर्दू शब्दावली के मेल से गुलाब पर किया गया कशाघात एक काटते हुए व्यंग्य की सृष्टि करता है। गुलाब ऐसे ख्वाब दिखलाता है कि लोग मुँह से रस की बातें करते हैं और पेट में चूहे डँड़ पेलते हैं। तथाकथित अकाव्यात्मक शब्दों की गहरी अर्थ-प्रवणता देखने योग्य है—'पेट में डँड़ पेले हों चूहे, ज़बाँ पर लफ्ज़ प्यारा।' आभिजात्य पर सीधा और करारा व्यंग्य करने का यह बिलकुल ठेठ देसी अंदाज़ उल्लेखनीय है, जो गुलाब के माध्यम से विशृंखलित सभ्यता के दुहरे रूपों पर सधा आक्रमण करता है।

तद्भव शब्दों पर आधारित अज्ञेय की उत्तरकालीन काव्यभाषा की सर्जनात्मकता को सराहते हुए डॉ० रामस्वरूप चतुर्वेदी ने तत्सम शब्द-प्रयोगों पर आधारित निराला की सर्जनात्मक काव्यभाषा की समकक्षता में उसे स्थान दिया है, जो सही हो सकता है। लेकिन जब वे कहते हैं—'छायावादी काव्यभाषा में निराला की शक्ति-सामर्थ्य सब से गहरी थी, पर उस तत्सम शब्दावली-प्रधान भाषा की अपने आप में सीमाएँ भी थीं, जिनका अतिक्रमण करना परवर्त्ती कवि

को अपने सर्जनात्मक संचरण के लिए जरूरी महसूस हुआ—'[१] तो इस कथन का अंतिम अंश मान्य नहीं प्रतीत होता। तत्सम शब्दावली-प्रधान भाषा की सीमाओं का अतिक्रमण परवर्त्ती कवि को नहीं करना पड़ा, उसके पूर्व स्वयं इस तत्सम शब्दावली के कुशल प्रणेता ने ही उसका अतिक्रमण कर दिया था। 'कुकुरमुत्ता', 'नये पत्ते' और इनके साथ 'अणिमा' की अनेक कविताएँ इस बात का प्रबल साक्ष्य हैं। इसीलिए यह कथन कुछ अतिरंजित-सा लगता है—'और अज्ञेय की श्रेष्ठता इसमें है कि अपने ढंग से सर्जनात्मक शक्ति विकसित करके वे निराला से तुलनीय हो जाते हैं।'[२]

वस्तुतः निराला की विकसनशील भाषा-चेतना तत्सम और तद्भव दोनों शब्दावली पर आधारित काव्यभाषा के प्रणयन में समान और सहज रूप से दक्ष रही है, जिसके फलस्वरूप 'प्रभापूर्य', 'तमस्तूर्य, 'स्वप्न संस्कारागर', 'कल्मषोत्सार', 'तम के अमार्ज्य रे तार-तार' ('तुलसीदास') जैसे भरपूर संस्कारशील शब्दों में कवि ने सांस्कृतिक चेतना को मूर्त कर दिया है, और दूसरी ओर 'पेट में डँड़ पेले हों चूहे ज़बाँ पर लफ्ज़ प्यारा' जैसे नितांत औसत मानसिकता की परिचायक शब्दावली में भाषा और अनुभव का सीधे रचनात्मक रिश्ता स्थापित किया है।

गुलाब की कदर्थना के बाद 'कुकुरमुत्ता' अपनी विशिष्टता का बखान करता है—

देख मुझको मैं बढ़ा
डेढ़ बालिश्त और ऊँचे पर चढ़ा
और अपने से उगा मैं
कलम मेरा नहीं लगता
मेरा जीवन आप जगता

कहने का यह बेलौस अंदाज अनुपेक्षणीय है, जिसमें शब्दों की सपाटता में व्यक्तित्व पैदा किया गया है। सामान्य जन की आत्मनिर्भरता को तूल देते हुए कुकुरमुत्ता का औद्धत्य—जिसे आत्मविश्वास कहना अधिक उपयुक्त होगा—भाषा में उभर उठा है:

तू है नकली, मैं हूँ मौलिक
तू है बकरा, मैं हूँ कौलिक

१. अज्ञेय और आधुनिक रचना की समस्या, पृ० ६१।
२. वही, पृ० ६१।

तू रँगा और मैं धुला
पानी मैं, तू बुलबुला

'तू है नकली, मैं हूँ मौलिक' की ललकार सामान्य-साधारण की स्वनिर्मित शक्ति को स्वर देती है, जिसमें स्थायित्व की प्रतीति 'पानी मैं, तू बुलबुला' के बिंब द्वारा होती है।

कुकुरमुत्ता जब अपनी तारीफ़ के पुल बाँधता है, तो अजीबोग़रीब स्थिति उत्पन्न होती है। सृष्टि-व्यापी विस्तार में वह अपने को विद्यमान मानता है। चीन का छाता, भारत का छत्र, महायुद्ध का पैराशूट, विष्णु का सुदर्शन चक्र, यशोदा की मथानी, राम का धनुष, बलराम का हल—सभी में उसकी सत्ता अंतर्व्याप्त है, इतना ही नहीं—

सुबह का सूरज हूँ मैं ही
चाँद मैं ही शाम का।

इतिहास, भूगोल, दर्शन, संगीत, साहित्य, भाषा—ग़रज़ वह कि दुनिया की हर चीज़—उसके प्रभाव-क्षेत्र में है। ऐसे अंकनों में कवि की निरीक्षण-शक्ति द्रष्टव्य है। कुकुमुत्ता के इस सृष्टि-व्यापी महत्त्व को स्थापित कर वह क्या कहना चाहता है, यह एक विवादास्पद प्रश्न रहा हैं। ऊपरी दृष्टि से देखने पर तो कुकुरमुत्ता की इस लंबी-चौड़ी डींग से निरर्थकता की प्रतीति होती है; किंतु इसकी व्यंजनाएँ गहरी हैं। एक स्तर पर यह कवि की अद्वैत दृष्टि हो सकती है, जिसके कारण वह सभी वस्तुओं—छोटी बड़ी—के मूल में कुकुरमुत्ता को देखता है, और इस तरह काव्य के स्तर पर सामान्य-साधारण की सार्वभौम प्रतिष्ठा संभव हो पाती है। दूसरे मोड़ पर निराला जैसे यह ध्वनित करते हैं कि सामान्य-साधारण कितना मुखर होता है, आत्म-प्रशंसा का इच्छुक होता है और इस रूप में कुकुरमुत्ता के अतिरंजित महत्त्व का अंकन कर प्रकारांतर से वे उसे उसकी बड़बोली के कारण उपहासास्पद भी सिद्ध करते चलते हैं। कुल कहना यह है कि युग-द्रष्टा कवि की भाँति निराला इस कविता में जन-साधारण की शक्ति को उसकी पूरी नग्नता और पूरे विस्तार में प्रस्तुत करते हैं।

बीच-बीच में व्यंग्य के गहरे छींटे पूरी कविता में एक विनोदमय वातावरण को क़ायम किये रहते हैं :

कहीं का रोड़ा कहीं का पत्थर
टी० एस० एलीयट ने जैसे दे मारा
पढ़नेवालों ने भी जिगर पर रख कर
हाथ, कहा, 'लिख दिया जहाँ सारा'।

प्रस्तुत पंक्तियों में विख्यात प्रयोगधर्मा कवि एलीयट और उसके अंधभक्तों पर बड़ा करारा व्यंग्य है। 'जैसे दे मारा' और 'जिगर पर रखकर हाथ' की व्यंजना द्रष्टव्य है। तथाकथित प्रोग्रेसिव की 'जोशीली कलम' पर भी काटता हुआ व्यंग्य किया गया है :

जैसे प्रोग्रेसिव का कलम लेते ही
रोका नहीं रुकता जोश का पारा।

और कहीं 'पिद्दी' तथा 'बाज़' का साथ-साथ प्रयोग अनोखे वैचित्र्य और हास्य की सृष्टि करता है :

पहले के हों बीच के या आज के
चेहरे से पिद्दी के हों या बाज़ के।

'कुकुरमुत्ता' के दूसरे खंड का आरंभ नव्वाब के बाग़ के बाहर पड़े झोपड़ों की दीन दशा के वर्णन से होता है। निम्नवर्गीय मनुष्यों के दयनीय जीवन को वर्णन में प्रामाणिक बनाने के लिए उसी से सिरजी हुई यह भाषा अपनी अर्थवत्ता में अनुपम है :

जगह गन्दी, रुका सड़ता हुआ पानी
मोरियों में, ज़िन्दगी की लन्तरानी—
बिलबिलाते कीड़े, बिखरी हड्डियाँ
सेलरों की परों की थी गड्डियाँ
कहीं मुर्ग़ी, कहीं अण्डे
धूप खाते हुए कण्डे।

'जगह गंदी, रुका सड़ता पानी/मोरियों में, ज़िन्दगी की लन्तरानी' की सपाटता में जो संप्रेषण अनुस्यूत है, वह भाषा के साथ अनुभव की तल्खी की ओर संकेत करता है। इस पंक्ति में अर्द्ध-विरामों की नियोजना जैसे कवि की परिवेश-प्रवण दृष्टि को उभारती है। कवि पूरी निर्ममता से, बिना किसी संकोच या जल्दबाज़ी के, निम्नवर्गीय जीवन में भयावह यथार्थ को उजागर कर रहा है। आगे 'ज़िन्दगी की लन्तरानी' के नमूने के रूप में 'बिलबिलाते कीड़े, बिखरी हड्डियाँ/सेलरों की परों की थी गड्डियाँ/कहीं मुर्ग़ी, कहीं अण्डे/धूप खाते हुए कण्डे' का प्रस्तुतीकरण एक तिलमिला देनेवाली कसक की सृष्टि करता है। इस विषम वातावरण की परिणति इस प्रकार होती है—

हवा बदबू से मिली
हर तरह की बासीली पड़ गई।

यह अपने में बड़ी बात है कि जहाँ तक तत्सम शब्दों के भरपूर और दक्ष

उपयोग से कवि ने हिंदी के अभिजात शब्दकोश की संवर्द्धना की है, वहीं अकेले 'कुकुरमुत्ता' के माध्यम से, बेहद मामूली, ग्रामीण और रूखे-कठोर शब्दों में भरा-पूरा आत्मविश्वासी व्यक्तित्व सिरजा है, और इस परंपरित धारणा को निर्मूल सिद्ध कर दिया है कि कविता की रचना के लिए संस्कारशील शब्द ही उपयुक्त होते हैं।

इस गंदी बस्ती में नव्वाब के खादिमों के साथ बाग़बान भी रहते हैं। मालिन की लड़की गोली से नव्वाब की बेटी बहार की घनिष्ट मित्रता हो गई है। एक दिन बहार के अनुरोध पर गोली उसके साथ बाग की सैर करने जाती है। यहाँ विविध सुगंधित पुष्पों के बीच सहसा गोली की नज़र कुकुरमुत्ता पर पड़ती है। गोली की प्रतिक्रिया और उससे प्रभावित बहार की स्थिति का अंकन देखने योग्य है—

सकपकाई, बहार देखने लगी
जैसे कुकुरमुत्ते के प्रेम से भरी गोली दगी।
भूल गई, उसका था गुलाब पर जो कुछ भी प्यार।
सिर्फ़ वह गोली को देखती रही निगाह की धार।
टूटी गोली जैसे बिल्ली देखकर अपना शिकार
तोड़ कर कुकुरमुत्ते को होती थी उनके निसार।

अपनी सखी बहार से कुकुरमुत्ता के बखान में गोली निपट ठेठ ढंग अपनाती है :

'सच समझ लो, इसका क़लिया
तेल का भूना कबाब,
भाजियों में वैसा जैसा आदमियों में नव्वाब।'

गोली द्वारा कुकुरमुत्ता की इस बढ़ी-चढ़ी तारीफ़ से चिढ़कर बहार की नौकरानी उसे डाँटती है। कवि अभिजात वर्ग की इस खीज का आनंद लेता हुआ टकसाली विशेषण के माध्यम से उस पर व्यंग्य करता है :

'नहीं ऐसा कहते री मालिन की
छोकड़ी बंगालिन की।'
डाँटा-नौकरानी ने—
चढ़ी आँख कानी ने।

यानी नौकरानी तक—चूंकि वह नव्वाबज़ादी (अभिजात वर्ग) की नौकरानी है—कवि की नज़र से नहीं बच सकी है। कुकुरमुत्ता का क़बाब खाने के लोभ से परवश हुई नव्वाबजादी बहार, कुकुरमुत्ता पर निसार होती अपनी सखी गोली,

नौकरानी और टेरियर कुत्ते के साथ गोली की झोपड़ी में आती है। इसका परिहासमय चित्रण कवि करता है—

चली गोली आगे जैसे डिक्टेटर
बहार उसके पीछे जैसे भुक्खड़ फ़ालोवर
उसके पीछे दुम हिलाता टेरियर
आधुनिकपोयेट (Poet)
पीछे बाँदी बचत की सोचती
केपीटलिस्ट क्वेट।

इस तरह के निराले व्यंग्य-चित्रों की शुरुआत कर निराला हिंदी कविता की संवेदना का एक नया मोड़ देते हैं। 'डिक्टेटर', 'भुक्खड़ फ़ालोवर', 'कैपीटलिस्ट क्वेट' और सबसे बढ़कर 'आधुनिक पोयेट' की यहाँ अच्छी-खासी खबर ली गई है।

गोली की माँ द्वारा पकाये गये कुकुरमुत्ता के कलिया-क़बाब को शौक से खाकर बहार अपने पिता नव्वाव से उसका ज़िक्र करती है। नव्वाब भी लोभ के वशीभूत होकर अपने माली से कहते हैं :

'कुकुरमुत्ता चलकर ले आ तू ताज़ा-ताज़ा।'

माली के निषेधात्मक उत्तर पर गुस्से-से काँपते हुए नव्वाब माली को कुकुरमुत्ता उगाने का हुक्म देते हैं। माली के इस उत्तर के रूप में निराला काटते हुए व्यंग्य की सृष्टि के साथ 'कुकुरमुत्ता' काव्य की समाप्ति करते हैं :

बोला माली, 'फ़रमाएँ मआफ़ खता,
कुकुरमुत्ता अब उगाया नहीं उगता।'

'कुकुरमुत्ता' के माध्यम से जन-साधारण और सर्वहारा की अदम्य जीवनी-शक्ति और उसकी अकृत्रिम जीवन-पद्धति का बलपूर्वक उद्घोष यहाँ कवि करता है। और, जन-साधारण के जीवन में रसी-बसी भाषा की सिद्धि उससे जुड़ी हुई है, जो किसी के आदेश से नहीं बनती, वरन् स्वतः संभव रूप में विकसित होती है। हिंदी काव्यभाषा के इस नये और अपेक्षाकृत अकृत्रिम आयाम का गहराई में संस्पर्श कर निराला ने परवर्ती कविता की स्वायत्त और गद्यात्मक प्रकृति के लिए पृष्ठभूमि तैयार की है।

स्नेह-निर्भर बह गया है

निराला के गीतों में—विशेषतः तत्सम आभिजात्य के सघन आकर्षण से मुक्त गीतों में एक ओर आत्मक्षरण की अनुभूति जितनी विशद और गंभीर है,

दूसरी ओर उतना ही अपनी रचनात्मकता और आत्मदान का तीखा, सालता हुआ (प्रसाद की तरह प्रशांत, तटस्थ नहीं) एहसास है। ये दोनों तत्त्व जटिल, सूक्ष्म और अपने में विशिष्ट हैं तथा इनकी टकराहट अधिकतर गीतों में अर्थ-प्रक्रिया को सघन और संचरणशील बनाती है। 'स्नेह-निर्झर बह गया है' (१९४२ ई०) निराला का ऐसा ही गीत है।

अपने छीजते प्राण-तत्त्व के लिए कवि ने रेत का जो बिंब प्रस्तुत किया है, वह निस्सारता, क्षणिकता और आकर्षण शून्यता की अर्थ-छायाएँ व्युत्पन्न करता है :

स्नेह-निर्झर बह गया है
रेत ज्यों तन रह गया है।

स्नेह-संवेदना से शून्य, मृत्यु के स्पंदन को अनुभूत करनेवाला व्यक्ति अपने क्लांत तन के लिए ऐसी परिकल्पना करे, तो वह कविता का विशिष्ट, रचनात्मक अनुभव बन जाता है। रेत का बिंब अपने मितकथन में भारवाही जीवन की खोखली शून्यता को विवृत करता है।

आगे कवि आम की सूखी डाल के बिंब में से विगत के वैभव और वर्त्तमान की अवसन्न स्थिति का करुण किंतु भव्य चित्र विकसित करता है :

आम की यह डाल जो सूखी दिखी,
कह रही है, 'अब यहाँ पिक या शिखी
नहीं आते, पंक्ति मैं वह हूँ लिखी
नहीं जिसका अर्थ—
जीवन दह गया है।'

आम की डाल सूख जाने के कारण शोभाविहीन हो गई है, फिर उसके पास आकर पिक और शिखी कलरव क्यों करें? प्रकृति तो नूतनता को प्रश्रय देती है! इस संश्लिष्ट प्रकृति-बिंब में निराला ने जीवन की विडंबनामयी स्थिति पर बहुत गहरी दृष्टि डाली है—अर्थात् जीवन फलता-फूलता है आकर्षण से, शोभा से। उनके अभाव में वह दूसरों के लिए तो उपेक्षणीय हो ही जाता है, खुद अपने लिए वह शून्यता यंत्रणामय होती है, क्योंकि अस्तित्वकामी मनुष्य इस तरह की दयनीय स्थिति से कहीं-न-कहीं आहत अवश्य होता है। फिर रचनाकार के सामान्य से कहीं समृद्ध और संवेदनशील मानस पर तो खासतौर से इसका असर पड़ता है। कोयल की मधुरिम ध्वनि और मोर का उल्लासपूर्ण नृत्य अपनी अर्थ-संचरण-प्रक्रिया में जीवन की उन्मुक्तता, समृद्धि और आकर्षण को उभारते हैं और इनका न हो सकना एक तरह से खालीपन तथा उत्सव-शून्यता की प्रतीति कराता

है। आम की सूखी डाल के लिए अर्थहीन पंक्ति की बिंब-योजना कवि के अकेलेपन से उपजी निरर्थकता की अनुभूति को विवृत करती है। अर्थहीन पंक्ति की विडंबना में संभावनाशून्य जीवन की रिक्तता को कितनी कुशलता से रसा-बसा दिया गया है, यह देखा जाना चाहिये। यहाँ कवि की सुकुमार और सजग विराम-विन्यस्ति समूचे अनुभव को और सघन कर देती है :

नहीं जिसका अर्थ—
जीवन दह गया है।

'नहीं जिसका अर्थ' के बाद ठहराव अर्थ-शून्य जीवन के विषाद को गहरा देता है, जैसे कवि-और पाठक भी—इस अर्थशून्यता पर एक क्षण के लिए रुककर विचार कर रहा हो। अर्थहीन पंक्ति का यह बिंब दूसरे संदर्भ में कही गई निराला की ही उक्ति का स्मरण करा देता है : 'ज्यों हों वे शब्द मात्र' ('राम की शक्ति-पूजा')।

मगर भोगे हुए अनुभव भुलाये नहीं जाते, रचनाकार कहीं-न-कहीं यह समझता है कि उन अनुभवों का महत्त्व न पहचानना मानों जीवनानुभव का अपमान करना है। फिर निराला जैसे आत्मविश्वासी, मौलिक रचनाकार की चेतना में अपनी अर्थवत्ता की अनुभूति बराबर बना रहना स्वाभाविक भी है। आगे आम की सूखी डाल के बिंब में से उनका यही आत्म-तोष विवृत हुआ है :

दिये हैं मैंने जगत को फूल-फल,
किया है अपनी प्रभा से चकित चल;
पर, अनश्वर था सकल पल्लवित पल—
ठाट जीवन का वही
जो ढह गया है!

आम की सूखी डाल ने अपने यौवन में फल-फूल का दान किया है, यानी सर्जनशील व्यक्तित्व जगत को अनुभावन-क्षमता प्रदान करता है, उसे समृद्ध करता है। आत्म-क्षरण का तीखा दंश यहाँ पर दार्शनिक की तटस्थता से संपृक्त हो जाता है, जो रुक्ष नहीं लगता, अनुभव को महिमाशाली बना देता है :

पर, अनश्वर था सकल पल्लवित पल—
ठाट जीवन का वही
जो ढह गया है!

ठाट ऊपरी चमक-दमक, आकर्षण, वैभव का प्रतीक है। वह ढह गया है, पर जो स्थायी तत्व है, सर्जन-प्रक्रिया का परिणाम है, वह सुरक्षित है। आंतरिक समृद्धि अक्षुण्ण है। रचनाकार का जो 'पल्लविल पल' रहा है, वह समय के स्तर

पर विलुप्त हो जाने पर भी प्रभाव के स्तर पर अनश्वर है। रचनाकार के और जगत के मानस में उसकी स्मृति सदा बनी रहती है। 'सकल पल्लवित पल की अनश्वरता' निराला के समृद्ध सृजन की ओर इंगित करती है, स्वयं कवि की अपनी रचनाओं के प्रति यह दृष्टि 'पर, अनश्वर था सकल पल्लवित पल' उसके गम्भीर आत्मविश्वास की सूचक है।

अंतिम अंश में पुलिन पर अब न आनेवाली प्रियतमा का चित्र भी इसी बाहरी शून्यता को उरेहता है :

अब नहीं आती पुलिन पर प्रियतमा,
श्याम तृण पर बैठने को निरुपमा।
बह रही है हृदय पर केवल अमा,
मैं अलक्षित हूँ, यही
कवि कह गया है।

यहाँ 'अमा' शब्द का संगत प्रयोग निराशा, वेदना के 'स्वशब्दवाच्यत्व' का अतिक्रमण कर अर्थ को विशदता देता है। यहाँ निराला फिर वही बात दूसरे ढंग से कहते हैं कि एक रूप में तो आत्म-क्षय हो रहा है, लेकिन दूसरे रूप में वह अपनी रचनात्मकता के माध्यम से जीवंत है, स्थायी है।

इस तरह आम की डाल का यह संश्लिष्ट बिंब बहुत दूरी तक वर्णन में परिव्याप्त हो जाता है, और फिर बिंब तथा वस्तु की संपृक्त स्थिति संभव होती है। इस प्रक्रिया में एक ओर विषाद उभरता है, दूसरी ओर संतोष। और दोनों का संश्लेष इस गीत का मूल अनुभव है, जिसमें दार्शनिक की तटस्थता और रचनाकार की संसक्ति एक साथ घुली-मिली है। गीत में लय की विशिष्ट बनावट उसके ठहराव में देखी जा सकती है, जिसमें अंतर्मन की थकावट रस-बस गई है। और इस तरह कवि का आत्मानुभव हर स्तर पर रचना के अनुभव में रूपांतरित हो गया है। निराला की भव्य और संश्लिष्ट भाषिक संरचना का प्रीतिकर साक्षात्कार इस तरह के द्वन्द्वात्मक अनुभूतिपरक गीतों के माध्यम से किया जा सकता है।

बेला

खड़ी बोली पर आधारित हिंदी काव्यभाषा की सांगीतिक संभावनाओं के दूरगामी विस्तार की कोशिश निराला के संपूर्ण काव्य-सृजन में अपना महत्त्वपूर्ण स्थान रखती है। वैसे गीत-रचना की ओर निराला का झुकाव अपने प्रथम काव्य-संग्रह 'परिमल' से लेकर अंतिम काव्य-संग्रह 'सांध्य-काकली' तक रहा है, लेकिन

'गीतिका', 'बेला', 'अर्चना', 'आराधना', 'गीतगुंज' की सृष्टि उन्होंने खास संगीतात्मकता के उद्देश्य से की है। एक छोर पर है 'गीतिका' (१९३६ ई०), जिसमें निराला ने तत्सम शब्द-वैभव और बँगला संगीत से रचना के स्तर पर विशेष प्रभावित होते हुए हिंदी भाषा की व्यंजनात्मक क्षमता की परख की है, दूसरे छोर पर है 'अर्चना' (१९५० ई०), 'आराधना' (१९५३ ई०) और 'गीतगुंज' (१९५४ ई०), जिनका गीति-सौंदर्य प्रायः शब्दों की अघोषित तद्भवता के आश्रय में फला-फूला है। इन दोनों छोरों के बीच में है—'बेला' (१९४३ ई०), जिसमें कवि ने घोषणापूर्वक एक नया मोड़ लिया है—"'बेला' मेरे नये गीतों का संग्रह है। प्रायः सभी तरह के गेय गीत इसमें हैं।........बढ़कर नई बात यह है कि अलग-अलग लहरों की ग़ज़लें भी हैं, जिनमें छंदःशास्त्र का निर्वाह किया गया है। काव्य की कसौटी भी है। पाठकों की हिन्दी मार्जित हो जाएगी, अगर उन्होंने आधे गीत भी कंठाग्र कर लिए, यों आज भी ब्रजभाषा के प्रभाव के कारण अधिकांश जन तुतलाते हैं, खड़ी बोली के गीत खुलकर नहीं गा पाते।"[१]

'बेला' इस दृष्टि से एक मौलिक प्रयोग है जिसकी रचना में कवि के कई मंतव्य हैं, एक तो, उर्दू-फ़ारसी की ग़ज़ल परंपरा का हिंदी में स्थान बनाना। दूसरे उच्चारण-संगीत की शुद्धता की दृष्टि से खड़ी बोली को ब्रजभाषा के 'पड़ेपन' से मुक्त करना। फिर सबसे बड़ी बात यह कि ऐसी काव्यभाषा की रचना, जिसका कवि के अनुसार 'गद्य करने की आवश्यकता नहीं।' संघटन की दृष्टि से यह स्पष्ट ही कविता को अधिक स्वायत्त और एकान्वित करने की दिशा में महत्त्वपूर्ण प्रयत्न है। इस साहसिक प्रयोग की क्षमता-अक्षमता की जानकारी कुछेक गीतों के अनुशीलन से हो सकती है।

फ़ारसी छंद और अभिव्यक्ति-बानगी में हिंदी शब्दावली के योग की दृष्टि से १५वाँ गीत उल्लेखनीय है :—

हँसी के तार के होते हैं ये बहार के दिन।
हृदय के हार के होते हैं ये बहार के दिन।

अंतिम टुकड़े 'बहार के दिन' का गीत की अंतिम पंक्तियों में निर्वाह है। 'बहार के दिन' का संपूर्ण उल्लास, उन्मुक्त विलास पूरे गीत में मुखरित हो गया है। कवि ने उर्दू ग़ज़लों को चमत्कारिकता के साथ हिंदी शब्दों की नियोजना में संवेदनशील मौलिकता विकसित की है। उदाहरणार्थ—

निगह रुकी कि केशरों की वेशिनी ने कहा,
सुगन्ध-भार के होते हैं ये बहार के दिन।

---

१. बेला : आवेदन

ग़ज़ल के इस विधान में छायावादी काव्य का विशिष्ट बिंब 'सुगन्ध-भार' अर्थ की मौलिक छायाएँ उद्भूत करता है। उर्दू-हिंदी का एक और सुखद संयोग इन दो पंक्तियों में देखा जा सकता है—

हवा चली, गले खुशबू लगी कि वे बोले
समीर-सार के होते हैं ये बहार के दिन।

गीत संख्या १६ 'हँसी के झूले के झूले हैं वे बहार के दिन' में भी इसी तरह की आवृत्तियाँ हुई हैं। उर्दू-हिंदी शब्दावली के संयोग का बहुत स्वच्छ, निखरा हुआ रूप इस गीत में देखा जा सकता है। गीत संख्या १९ में पारस्परिक आकर्षण का अंकन बेलाग भाव से किया गया है—

उनके बाग़ में बहार,
देखता चला गया।
कैसा फूलों का उभार,
देखता चला गया।

उर्दू शायरी की परंपरा और प्रकृति के अनुरूप यह खुला प्रणय निवेदन बड़ी साफ़गोई से कवि प्रस्तुत करता है—

मैंने उन्हें दिल दिया,
उनका दिल मिला मुझे।
दोनों दिलों का सिंगार,
देखता चला गया।

इस तरह के उदाहरण लोकप्रियता और संगीतात्मकता की दृष्टि से सफल बन पड़े हैं। पर एक प्रश्न यह उठता है कि क्या इन गीतों में सृजन के गहरे तत्त्व हैं? कहाँ तक यह नई कथन-भंगिमा अनुभव को उसकी सूक्ष्मता में छूती है? वस्तुतः इस तरह के गीतों की रचना में निराला की दृष्टि कुछ दूसरी ही रही है, जिसका आभास 'बेला' के 'आवेदन' और खुद इन गीतों के विश्लेषण से होता है। उर्दू ग़ज़लों की चमत्कारिकता, बोधगम्यता इस तरह के गीतों में आ सकी है, भले ही वह पूरी मात्रा में न हो, जिसके लिए निराला स्वतः दोषी नहीं हैं। हिंदी भाषा की प्रकृति शुरू से ही व्यंजना-प्रधान रही है, उसके गंभीर मिज़ाज का तालमेल उर्दू शायरी की प्रदर्शन-प्रियता से पूरी तौर पर नहीं बैठ पाता। लेकिन 'बेला' के इन गीतों में उर्दू ग़ज़लों की नफ़ासत, कोमलता और विशेषतः मीर, ग़ालिब जैसे शायरों की चमक देखने को नहीं मिलती, इसीलिए इनमें वैसी गहराई भी नहीं है। उदाहरण के लिए ग़ालिब का एक बहुत प्रसिद्ध, प्रौढ़ और साथ-ही सीधा-सादा शेर लिया जा सकता है—

मौत का एक दिन मुअइयन है
नींद क्यों रात भर नहीं आती ?

यहाँ बड़े परिचित-सामान्य शब्दों में एक गहरी जीवन-दृष्टि को मुखरित किया गया है। 'बेला' के छंदों में निराला की काव्यभाषा अपनी सारी प्रायोगिक संभावनाओं के बावजूद उर्दू ग़ज़लों की सादगीपरक गहराई को छूने में असमर्थ रही है। जहाँ निराला अपनी ज़मीन पर हैं, जैसे 'गीतिका' के क्लैसिकल गीतों में, परवर्ती गीतों के मौलिक, तद्भव-विधान में, या खुद 'बेला' के ही हिंदी प्रकृति के अनुकूल कुछेक गीतों—यथा, 'बाहर मैं कर दिया गया हूँ' या 'मिट्टी की माया छोड़ चुके' में, वहाँ वे पूरे अधिकार के साथ जटिल संवेगों, प्रौढ़ जीवन-स्थितियों को छूते चलते हैं।

सामान्य हिंदी-उर्दू शब्दों के मेल से बने गीतों की तुलना में अधिक असफल रचना-विधान उन गीतों का है, जिनमें कवि फ़ारसी छंदों को संस्कृतनिष्ठ शब्दों में बाँधता है। गीत संख्या १० और १८ इसके उदाहरण हैं। संस्कृत भाषा का उदात्त संवेदन, प्रखर रूप फ़ारसी छंद के लोच, प्रवाह को क़ायम नहीं रखता, अपितु कुंठित कर देता है। एक अंश द्रष्टव्य है—

अशब्द हो गयी वीणा,
विभास बजता था।
आमय-च्चरण नव-जीवन—
समास बजता था।

इस मिश्रण से अलग हटकर कुछ गीत सुंदर बन पड़े हैं, जैसे ६५वाँ गीत—

प्रतिजन को करो सफल
जीर्ण हुए जो यौवन,
जीवन से भरो सकल।

जागरण के दिव्य भाव को अनुभव के स्तर पर प्रखर संवेदनशीलता से कवि ने मुखरित किया है। शब्द-प्रयोग देखने योग्य है—

जीर्ण हुए जो यौवन,
जीवन से भरो सकल

यहाँ 'जीर्ण', 'यौवन' और 'जीवन' अपने सामान्य अर्थ से कुछ अधिक गहरे रंग उभारते हैं। हिंदी छंद की अपनी ज़मीन पर रची गई ये पंक्तियाँ जाग्रति का उन्मुक्त प्रसार करती हैं और इस रूप में 'गीतिका' के प्रसिद्ध जागरण-गीतों के समकक्ष रखी जा सकती हैं—

जागरूक कलरव से
भरे दिशाएँ स्तव से
सरसी के नव, नव से
मुँदे हुए खुले कमल।

गीत संख्या ४० और ४१ के तत्सम शब्द-संयोजन में क्रमशः नश्वरता और आत्मिक मुक्ति के अनुभव को स्थान मिला है। ४० वें गीत का अंतिम अंश भाषा की अनौपचारिकता और संवेदना की जटिलता का अच्छा नमूना है—

माया का सुन्दर बिछा जाल,
जो सरल वही देखा अराल,
जग की मिथ्या से छुटने को
सत्य भी सदा भ्रम है परिचय।

४१ वाँ गीत अपने रचना-विधान की शक्तिमत्ता और प्रखरता में अकेला है—

क्या दुःख, दूर कर दे बंधन
यह पाशव पाश और क्रन्दन।

जिस प्रकार यहाँ गलदश्रुभावुकता से मुक्त संयमित दृष्टि दुःख और बाधाओं के विरुद्ध संघर्ष की प्रेरणा देती है, उसी प्रकार भाषा तटस्थ, प्रखर और ठोस है—

विष से जर्जर कर विषय-अनल
त्याग की जला निःशिख अचपल,
हों भस्म स्वार्थ के दुष्प्रसंग,
देख ले विश्व यह अभिनंदन।

'पाशव' और 'पाश', 'विष' और 'विषय' के अलंकार-प्रयोग कवि-उद्बोधन में बड़ी स्वाभाविकता से संक्रमित हो जाते हैं, और इस प्रकार अलंकार एवं भाषा का रचनात्मक रिश्ता जुड़ता है। हिंदी काव्यभाषा की सुगठित पद-योजना, अच्युत भाव-सृष्टि के उदाहरण-स्वरूप इस तरह की पंक्तियाँ रखी जा सकती हैं—

यह देख दाव में छिपी आग
साधन घर्षण कर, जाग-जाग
मोह के तिमिर में मिहिर सदृश
तू ज्योतिर्मय जन कर वंदन।

जीवन मुक्त की स्थिति का साक्षात्कार ७८वें गीत में भी हुआ है, जिसकी आरंभिक पंक्तियाँ देखने योग्य हैं—

मिट्टी की माया छोड़ चुके
जो, वे, अपना घट फोड़ चुके।
नभ की सुदूरता से ऊँचे
जीवन के क्षण अब हैं छूँछे,
आकर्षण के अभियानी के
गतिक्रम को जब वे तोड़ चुके।

यहाँ तत्सम और तद्भव शब्दावली पर आधारित प्रतीक और शब्दों का सार्थक संयोजन हुआ है। मिट्टी की माया छोड़ना, घट का फोड़ना—जैसे प्रयोग परम्परा से प्रचलित होने पर भी चुके हुए नहीं लगते, नश्वरता के परिवेश को निर्मित करने में तत्पर ये प्रयोग प्रतीक रूप में व्यवहृत किये जाकर विशेष भास्वर बन पड़े हैं। 'छूंछे' प्रयोग अपने ठेठ घरेलू अंदाज़ में सचमुच जीवन के क्षणों का छोटापन-हल्कापन उभारता है। आकर्षण की शक्ति और उसके अतिक्रमण को अभियान के चित्र में कवि ने नए ढंग से प्रस्तुत किया है—

आकर्षण के अभियानी के
गतिक्रम को जब वे तोड़ चुके।

गीत संख्या ४६ की बनावट दूसरे तरह की है जिसमें कला-प्रयास और अनुभव की पकड़ दोनों का समुचित समन्वय है—

वेश-रूखे अधर-सूखे
पेट-भूखे, आज आये।
हीन-जीवन दीन-चितवन
क्षीण आलम्बन बनाये।

शोषित जनता की स्थिति का यथार्थ अंकन इन पंक्तियों में हुआ है। 'वेश-रूखे', 'अधर-सूखे', 'पेट-भूखे' और 'हीन-जीवन', 'दीन-चितवन' जैसे मौलिक समासों की ध्वनि-आवर्तों के रूप में नियोजना सायास होने पर भी खटकती नहीं, क्योंकि वास्तविकता से वह जुड़ी हुई है।

'वेला' का ३५वाँ गीत निस्संदेह निराला के श्रेष्ठतम गीतों में से है, जो अपने नए रचना-विधान में एक साथ अनेक स्तरों पर विकसित होता है। अर्थ की दृष्टि से कुछ-कुछ अस्पष्ट सा यह गीत जैसे काव्यभाषा की अनिर्दिष्ट प्रकृति को ही स्वर देता है। पहली पंक्ति इस प्रकार है :

बाहर मैं कर दिया गया हूँ ! भीतर, पर, भर दिया गया हूँ।

'बाहर' और 'भीतर' जैसे बिलकुल साधारण शब्दों में अर्थ की विविध-रूपा गूंज-अनुगूंज होती है। एक नजर में यह पंक्ति कवि और उसके परिवेश के बीच

तीखे संघर्ष, मर्मबेधी तनाव का बोध कराती है। अपने निर्वासनजन्य अपमान और उसकी यंत्रणा को जितने ठंडे लहजे में (जो ग़ैर-रोमांटिक कविता की विशेषता है) 'बाहर मैं कर दिया गया हूँ' द्वारा कवि ने व्यक्त किया है, वह इस चोट को उतनी ही गहराई देता है। इस गहराती हुई चोट पर 'भीतर, पर, भर दिया गया हूँ' का शब्द-प्रयोग अनुलेप का काम करता है। 'मैं अकेला' और 'स्नेह-निर्झर बह गया है' में कवि विषाद और उपलब्धि के संतोष की सम्मिश्रित अनुभूतियों को अभिव्यक्ति दे चुका है। प्रस्तुत गीत में, कुछ दूसरे ढंग से बाहरी ज़िंदगी के खालीपन, चुके हुए संदर्भों से उत्पन्न विषाद और इसके साथ आंतरिक समृद्धि से उपलब्ध पूर्णता के सुख को स्वर दिया गया है। 'भीतर' और 'पर' के बाद अर्द्ध-विराम (भीतर, पर, भर दिया गया हूँ) भीतर भरे जाने के शब्दातीत सुख को सुकुमार ढंग से व्यक्त करते हैं। यह भरा जाना कई रूपों में हो सकता है—एक तो अपने रचनात्मक काव्य-व्यक्तित्व के माध्यम से, दूसरे आत्मिक मुक्ति के साक्षात्कार से। आगे की पंक्तियाँ प्रतीकात्मक भाषा में कवि-मानस की अंतर्विरोधी वृत्तियों को उभारती हैं—

ऊपर वह बर्फ़ गली है, नीचे यह नदी चली है,
सख़्त तने के ऊपर नर्म कली है,
इसी तरह हर दिया गया हूँ। बाहर मैं कर दिया गया हूँ।

'बाहर' और 'भीतर', 'ऊपर' और 'नीचे' क्रमशः कठोरता और कोमलता, रुक्षता और स्निग्धता की अवस्थिति जटिल मानवीय वृत्ति का बोध कराती है, जिसका अंकन भी उतनी ही जटिलता से शब्दों की अनिर्दिष्ट सूक्ष्म प्रकृति में हुआ है। 'बर्फ़' और 'नदी', 'सख़्त तने' और 'नर्म कली' की यह योजना बड़ी सटीक है।

कवि ने गीत के अंतिम अंश में आत्मिक साक्षात्कार, मानसिक तृप्ति के अनुभव को मूर्धन्य कर दिया है, विशेषतः इस अंश की पहली पंक्ति में—

भीतर, बाहर, बाहर, भीतर; देखा जब से, हुआ अनश्वर;
माया का साधन यह सस्वर,
ऐसे ही घर दिया गया हूँ। बाहर मैं कर दिया गया हूँ।

'भीतर, बाहर, बाहर, भीतर; देखा जब से, हुआ अनश्वर' की संरचना-गत सादगी में छिपी हुई जटिलता उर्दू के प्रसिद्ध कवि ग़ालिब और मोमिन की याद दिला देती है—

न था कुछ तो ख़ुदा था,
कुछ न होता तो ख़ुदा होता।

डुबोया मुझको होने ने
न मैं होता तो क्या होता ? (ग़ालिब)

× × ×

तुम मेरे पास होते हो गोया
जब कोई दूसरा नहीं होता ॥ (मोमिन)

यद्यपि निराला की पंक्तियों का इन उद्धृत शेरों से कोई संवेदनागत साम्य नहीं है, ग़ालिब के शेर में अहं के एहसास, अस्तित्व की अनुभूति से उत्पन्न विषाद का अंकन है, मोमिन के शेर में प्रिय के निकटतम साहचर्य की स्थिति का अद्वैत-मूलक चित्रण है, तथापि संप्रेषण की सादगी और इस सादगी में अनुस्यूत एक बेचैनी के एहसास ('भीतर बाहर, बाहर भीतर; देखा जब से, हुआ अनश्वर', 'डुबोया मुझको होने ने न मैं होता तो क्या होता', 'जब कोई दूसरा नहीं होता') की दृष्टि से तीनों उद्धरण समानांतर दिशा की ओर बढ़ते प्रतीत होते हैं। 'बेला' के प्रस्तुत गीत का 'अनश्वर' शब्द सूक्ष्म-गंभीर अर्थ-छायाएँ उद्भूत करता है, जिसमें सांसारिक संसर्ग से महज़ निवृत्ति का भाव उतना नहीं है, जितना मरण-धर्मा होने के बावजूद गहरी रचनात्मकता से परिपूर्ण व्यक्तित्व का आत्मविश्वास है। पहले भी 'स्नेह-निर्झर बह गया है' गीत में कवि कह चुका है—'पर अनश्वर था सकल पल्लवित पल।'

जन-साधारण में प्रचलित गीत-रूप कजली को ३८वें गीत में एक नये और प्रभावशाली ढंग से कवि ने प्रस्तुत किया है—

काले काले बादल छाये न आये वीर जवाहर लाल।
कैसे कैसे नाग मँडलाये न आये वीर जवाहर लाल।

जवाहरलाल नेहरू को लक्ष्य कर कवि ने शोषित जनता की दुर्दशा को वर्षा के रूपक में कुछ विनोदमय रीति से अंकित किया है। अंकन की यह विनोदमयता शोषण की पीड़ा को और तीव्र कर देती है—

पुरवाई की हैं फुफकारें, छन-छन ये बिस की बौछारें,
हम हैं जैसे गुफा में समाये, न आये वीर जवाहर लाल।

'बेला' में संवेदना के वैविध्य के पीछे भाषा की विविध भंगिमाएँ, छंदों के नवीन रूप हैं, लेकिन कुछेक को छोड़कर 'बेला' के लगभग सभी गीत एक नये प्रयोग के आकर्षण से अधिक संसक्त हैं, रचनात्मकता का कोई गहरा उन्मेष उनमें नहीं दिखलाई देता। इतना ज़रूर है कि खड़ी बोली की उच्चारणगत मौलिकता और गेयता की स्थापना में ये गीत एक सीमा तक कृतकाम हुए हैं, जो यहाँ कवि का एक ख़ास उद्देश्य रहा है।

नये पत्ते

सही माने में सामान्य-साधारण जीवन-स्थितियों से सिरजी हुई भाषा की शुरुआत निराला के 'कुकुरमुत्ता' से होती है, जो अपनी बेजोड़ संरचना के कारण समूचे आधुनिक हिंदी काव्य में ऐतिहासिक महत्त्व रखता है। 'कुकुरमुत्ता' के प्रथम संस्करण में (जो एक संकलन है) 'कुकुरमुत्ता' कविता के अलावा अन्य सात कविताएँ हैं—(१) 'गर्म पकौड़ी', (२) 'प्रेम-संगीत', (३) 'रानी और कानी' (४) 'खजोहरा', (५) 'मास्को-डायेलाग्स', (६) 'स्फटिक-शिला' और (७) 'खेल'। कालांतर में निराला ने इन सातों कविताओं को अपने एक अगले संकलन 'नये-पत्ते' में सम्मिलित कर लिया (द्र० 'कुकुरमुत्ता' की भूमिका) और 'कुकुरमुत्ता' का दूसरा संस्करण स्वतंत्र पुस्तकाकार प्रकाशित हुआ।

'कुकुरमुत्ता' से शुरू हुई भाषा के ठेठ विधान की यात्रा 'नये पत्ते' में और आगे बढ़ती है। यहाँ पर आकर कवि उपेक्षित-सामान्य को विविध संदर्भों में देखने की कोशिश करता है।

'नये पत्ते' की पहली रचना 'रानी और कानी' कुरूपता को काव्य-विषय बनाने का बढ़िया और साहसिक उदाहरण है। कहना न होगा कि यह कुरूपता, यथार्थ की विषमता, शब्दों के सपाट, ठेठ और गद्यात्मक प्रयोग की वजह से कविता के स्तर पर बहुत विश्वसनीय लगती है। इस छोटी कविता की यह बेजोड़ कसावट दर्शनीय है—

> माँ उसको कहती है रानी
> आदर से, जैसा है नाम;
> लेकिन उसका उल्टा रूप,
> चेचक के दाग़, काली, नक-चिप्टी
> गंजा सर, एक आँख कानी।

यह निरा हास्य की उत्पत्ति करनेवाला चित्र नहीं है, बल्कि हमारी संवेदना को झकझोरने वाला है। अपनी काली, एक आँख कानी, चेचक के दाग़ वाली कन्या को आदर से रानी कहना भयावह यथार्थ को देखकर भी अनदेखा करती माँ की ममता का सूचक है। यहाँ कहने के नितांत अनौपचारिक ढंग में कितना तीखा संप्रेषण छिपा है, यह देखने योग्य है। विषमता की ऐसी ही तिलमिला देने वाली चोट कविता के अंत में भी देखी जा सकती है, जिसमें पड़ोस की औरत के ताने से विचलित माँ अपनी 'कानी रानी' के ब्याह न होने की बात सुन मन मसोस कर रह जाती है और सयानी रानी पर इसकी अजीब प्रतिक्रिया होती है—

सुनकर कानी का दिल हिल गया,
काँपे कुल अंग
दाईं आँख से
आँसू भी बह चले माँ के दुख से,
लेकिन वह बाईं आँख कानी,
ज्यों-की-त्यों रह गई रखती निगरानी।

पंक्तियों की ठेठ गद्यात्मकता में कुरूप रानी की पीड़ा और शारीरिक कमी दोनों सजीव हो उठो हैं। उसकी दाईं आँख माँ के दुःख में हिस्सा बँटाती है, किन्तु बाईं आँख (जो कानी है) सारी सहानुभूति के बावजूद अपनी असमर्थता के कारण केवल भयानक यथार्थ को नग्न करके ही रह गई—

लेकिन वह बाईं आँख कानी
ज्यों-की-त्यों रह गई रखती निगरानी।

यहाँ 'निगरानी' में जो नग्न सत्य की कड़ी मार है, वहीं कविता का मर्म निहित है।

'जुही की कली' के सर्जक ने 'रानी और कानी' में अनुभव और भाषा का एक सर्वथा नया धरातल परखा है। इसी प्रकार रोमांटिक और क्लैसिकल कलाकार का एक नया आयाम 'नये पत्ते' की एक दूसरी कविता 'प्रेम-संगीत' में देखा जा सकता है, जिसमें अंतर्जातीय प्रेम की स्वच्छन्दता का विनोदमय चित्रण है और इस दृष्टि से शीर्षक की अभिजात शब्दावली 'प्रेम-संगीत' कविता के वर्ण्य के संदर्भ में बड़ी अर्थपूर्ण लगती है। कविता में सपाट किंतु वक्र भाषा का तेवर द्रष्टव्य है—

बम्हन का लड़का
मैं उसको प्यार करता हूँ।
ज़ात की कहारिन वह
मेरे घर की पनिहारिन वह
आती है होते तड़का
उसके पीछे मैं मरता हूँ।

काव्य-विषय के रूप में 'गर्म पकौड़ी' की अवतारणा कुछ-कुछ उसी प्रकार के साहस और नवीनता की सूचक है, जैसे छायावादी काव्य के प्रारंभ में 'नीरव प्रेम', 'उच्छ्वास', 'छाया', 'आँसू', 'लहर', जैसी सूक्ष्म विषय-वस्तुओं पर लिखने की प्रवृत्ति विकसित हुई थी। 'गर्म पकौड़ी' में जनसाधारण का तीव्र-दुर्निवार आकर्षण मुखरित हुआ है। दो नये अप्रस्तुतों की योजना देखने योग्य है—

मेरी जीभ जल गई,
सिसकियाँ निकल रहीं,
लार की बूँदें कितनी टपकीं,
पर दाढ़ तले तुझे दबा ही रक्खा मैंने
कंजूस ने ज्यों कौड़ी।

शायद इससे मारक व्यंग्य अन्य किसी अप्रस्तुत के माध्यम से नहीं हो सकता था। सारी दुर्गति के बावजूद व्यक्ति गर्म पकौड़ी को दाढ़ तले उसी प्रकार दबा रखता है, जैसे कंजूस की कौड़ी हो। गर्म पकौड़ी के प्रति लोभ और उस लोभ से उत्पन्न हानि का अंकन एक अन्य प्रयोगबादी उपमान में कवि करता है—

पहले तूने मुझको खींचा,
दिल लेकर फिर कपड़े-सा फींचा,

नितांत गंभीर विषयों की सर्जना के साथ निराला हल्के-फुल्के प्रसंगों के अंकन में कितने दक्ष हैं, यह इन उदाहरणों में देखा जा सकता है। 'कपड़े सा फींचा' जैसे ठेठ घरेलू प्रयोग का अनुपम काव्यात्मक उपयोग सराहनीय है। कविता के पूरे वातावरण से ये अंतिम पंक्तियाँ जुड़ी हुई हैं—

अरी, तेरे लिए छोड़ी
बम्हन की पकाई
मैंने घी की कचौड़ी।

यहाँ 'ब्राह्मण' के बजाय 'बम्हन' के प्रयोग में एक विनोद और तिरस्कार-सूचक भाव है। यह एक मामूली-सा संबोधन अपने विशिष्ट संदर्भ की अर्थवत्ता से संपृक्त होकर परिहास भाव की सृष्टि करता है, जिसमें समय के चक्कर में पड़े ब्राह्मण-देवता पर व्यंग्य है—अध्ययन-अध्यापन के गुरु-गंभीर कार्य को छोड़कर वे जीविकोपार्जन हेतु रसोइया हो गये हैं।

इन छोटी कविताओं के क्रम में 'मास्को-डायोलाग्स' जैसी कविता उल्लेखनीय है, जिसमें वर्णन की नितांत स्थूल भाषा का प्रयोग करने के बावजूद एक खास संदर्भ के कारण निराला प्राणवान् व्यंग्य की सृष्टि में सफल हुए हैं। प्रारंभ की चार पंक्तियाँ ही इस कथन की पुष्टि कर देंगी—

मेरे नये मित्र हैं श्रीयुत गिडवानी जी,
बहुत बड़े सोश्यलिस्ट
मास्को-डायोलाग्स लेकर आये हैं मिलने।

कविता में मामूली अनुभवों का यथार्थ अंकन संभव करने के लिए उसमें रसी-बसी भाषा का प्रयोग अनिवार्य है। निराला इस तथ्य से परिचित होने के कारण

श्रीयुत गिडवानी की औसत मानसिकता को निरावरण करने के लिए ऐसे प्रयोग करते हैं—

> फिर कहा—मेरे समाज में बड़े-बड़े आदमी हैं,
> एक से हैं एक मूर्ख :
> उनको फँसाना है,
> ऐसे कोई साला एक धेला नहीं देने का !
> उपन्यास लिखा है
> ज़रा देख लीजिए
> अगर कहीं छप जाय
> तो प्रभाव पड़ जाय उल्लू के पट्ठों पर,

इसी कारण यहाँ 'साला' और 'उल्लू के पट्ठों' जैसे अपशब्द खटकते नहीं। इन तथाकथित 'बहुत बड़े सोशयलिस्ट' और उपन्यास-लेखक की छिछली मानसिकता का और भी निर्मम पर्दाफ़ाश कवि अंतिम पंक्तियों में करता है—

> देखा उपन्यास मैंने
> श्री गणेश में मिला—
> 'पृय असनेह्मयी स्यामा मुझे प्रेम है।'
> इसको फिर रख दिया, देखा 'मास्को-डायोलाग्स',
> देखा गिडवानी को

इस वर्णन में ध्वनित होते व्यंग्य के विषय में कुछ कहना उसके महत्त्व को घटाना ही होगा।

'खजोहरा' तथा 'स्फटिक-शिला' कविताएँ लंबी और वर्णनात्मक हैं, और इनमें यथार्थवादी शिल्प का पूरे विस्तार में प्रयोग हुआ है। संवेदना और शिल्प दोनों स्तरों पर निरंकुशता के समावेश के कारण ये कविताएँ आक्षेप का पात्र बनी हैं, किन्तु इनके अध्ययन के बाद यह बिना किसी अतिरंजना के कहा जा सकता है कि ये दोनों कविताएँ निराला के साहसिक और साथ ही सफल प्रयोग हैं।

'खजोहरा' के आरंभ में कवि ने बादलों के लिए बड़े प्रयोगवादी ढंग के उपमान प्रस्तुत किये हैं—

> दौड़ते हैं बादल काले काले
> हाईकोर्ट के वकले मतवाले
> जहाँ चाहिए वहाँ नहीं बरसे
> धान सूखे देखकर नहीं तरसे

जहाँ पानी भरा वहाँ छूट पड़े
कहकहे लगाते हुए टूट पड़े।

काले-काले बादलों की काले गाउन पहने हाईकोर्ट के वकीलों से तुलना ऊपरी तौर पर एक कौतुक की सृष्टि करती है, लेकिन गंभीर दृष्टि से बादलों के माध्यम से वकीलों पर व्यंग्य करने के लिए कवि ने इस बिंब की सृष्टि की है। वकील के बजाय 'वकले' का प्रयोग एक कौतुक की उत्पत्ति करता है। बादल उचितानुचित स्थान का खयाल किये बिना बरस जाते हैं, सूखे धान देखकर तरसते नहीं। ठीक इसी प्रकार हाईकोर्ट के वकील निर्धन पर तरस नहीं खाते, जो सचमुच जरूरत-मंद होते हैं। निराला के 'बादल-राग' की विराट् बिंब-योजना से 'खजोहरा' के इस प्रारंभिक बादल-वर्णन का मेल करने पर निराला की विविध अभिव्यक्ति प्रणालियों का बोध होता है। आगे दो अन्य अप्रस्तुत बड़े घरेलू ढंग के हैं—

फिर भी यह बस्ती है मोद पर
नातिन जैसे नानी की गोद पर,
ना' है हिलगी बनी है भूचुम्बी
"सी लौकी की लम्बी तुम्बी।

फिर ग्रामीण वातावरण के एक नितांत आत्मीय चित्र के बाद सावन में घर आई हुई बुआ की कथा चलती है। बुआ बाग के ताल में एक दिन नहाने जाती हैं; लेकिन समीपवर्त्ती आम की डाल पर स्थित बड़ा-सा खजोहरा उनका सारा मज़ा किरकिरा कर देता है। विनोदपूर्ण ढंग से कवि इस दृश्य को अंकित करता है—

बुआ के ऊपर की आम को जो डाल
झोंके से पुरवाई के हिली तत्काल।
छमा माँगने को मदन जैसा बैठा,
डाल पर बड़ा-सा खजोहरा था,
रोंया हर एक उसका तीर फूल का था,
सुन्दरी की ओर को तना हुआ।
बुआ के कन्धे पर टूट कर आया,
चींटे के पड़ते ही पिलौधा हुआ,

सारे शरीर में खुजली से परेशान बुआ का बिना धोती बदले घर की ओर भागना इन पंक्तियों में साकार हो उठा है—

धोती बदलनी थी, पर न बदल सकीं
मात नील गाय को करती वे भगीं।

अँधेरा हो आया था, इतनी भलाई,
कोई उनकी न देख पाया भगाई।

सारी पीड़ा को पीछे करते हुए अंत का यह परिहास-भाव देखने योग्य है—

बुआ ने कहा खजोहरा
'नहाते-नहाते मुझको लग गया।'
घी ले आईं अम्मा, पूछा, 'कहाँ लगे ?'
बुआ ने कहा कि नहीं बची जगह।

आभिजात्य के धरातल से अलग होकर निम्नस्तरीय जीवन को उसके छोटे-बड़े अनुभवों के साथ संस्पर्श करने की क्षमता 'खजोहरा' जैसी कविताओं में देखी जा सकती है। कवि के पूर्ववर्ती शालीन काव्य की तुलना में 'खजोहरा' की तीखी आलोचना करते हुए नंददुलारे वाजपेयी ने कहा है—"सौन्दर्यप्रियता का यह 'एण्टीक्लाइमेक्स' है, जो अश्लीलता की सीमा तक पहुँचता है।"[1]

किंतु 'खजोहरा' में अश्लीलता के बजाय सामान्य-साधारण के जीवन की कुछ स्थितियों का बड़े उन्मुक्त भाव से अंकन हुआ है। यदि अश्लीलता है, तो वह जन-सामान्य के जीवन में है, रचनाकार के चित्रण में नहीं, जो स्वयं अपने में अकुंठ और सहज है। संवेदना और अभिव्यक्ति के स्तर पर कवि का यह साहस है, जिसके कारण सामान्य-साधारण जन के मामूली से लगनेवाले अनुभवों को वह काव्य के स्तर पर प्रतिष्ठापित करता है।

'स्फटिक-शिला' में बहुत अनौपचारिक रीति से कवि चित्रकूट की यात्रा का वर्णन करता है, जिसमें उसकी यथार्थ-प्रवण दृष्टि धार्मिक स्थल की मनोहरता के वर्णन की ओर उन्मुख न होकर अत्यन्त सामान्य दृश्यों, तुच्छ समझे जानेवाले लोगों पर टिकी है। एक शूद्रा नारी के प्रति कठोर करुणा इस सपाट गद्यात्मकता में उभर उठी है—

मैंने देखा, बड़ा मैला
मन उसका समाज से
चोट खाई हुई वह रामजी के राज से,
शूद्रों को मिला नहीं,
जिनसे कुछ भी कहीं
ढाँढस बँधाया मैंने मीठे-मीठे शब्द कहकर
देखती रही वह आँसुओं की आँखों रह रहकर

---

१. कवि निराला, पृ० ५३

यहाँ 'बड़ा मैला/मन उसका समाज से' में शूद्र नारी के हृदय के विक्षोभ तीखेपन को बड़ी सटीक अभिव्यक्ति मिली है। आगे 'चोट खाई वह रामजी के राज से / शूद्रों को मिला नहीं / जिनसे कुछ भी कहीं' में समूची धार्मिकता-आध्यात्मिकता पर प्रहार है। अकेले 'रामजी के राज' प्रयोग में व्यंग्य की सूक्ष्म ध्वनि अंतर्निहित है। और, इन सब के बाद मीठे-मीठे शब्दों की निष्क्रिय मिठास, खोखली दया शब्दों में उभर उठी है।

स्वच्छंद अभिधात्मकता, अभिव्यक्ति के खुलेपन का सटीक उदाहरण है 'स्फटिक शिला' का अंतिम अंश, जिसमें स्फटिक-शिला देखते हुए यात्री की आँख सद्यःस्नाता युवती पर पड़ती है—

आँख पड़ी युवती पर
आयी थी जो नहाकर,
गीली धोती सटी हुई भरी देह में, सुघर
उठे पुष्ट स्तन, दुष्ट मन को मरोड़कर,
आयत दृगों का मुख खुला हुआ छोड़कर।
बदन कहीं से नहीं काँपता
कुछ भी संकोच नहीं ढाँपता।

एक बँधी-बँधाई दृष्टि अगर इस अंकन में अश्लीलता देखती है, तो कोई आश्चर्य नहीं। लेकिन उन्मुक्त दृष्टि से देखने पर अवांछनीय वर्जना से मुक्त इस बेलौस चित्र की सराहना करनी पड़ेगी, जिसमें नारी-शरीर के प्रति विस्मय या घृणा का कुंठा-भाव न होकर एक अकृत्रिम आत्मीयता है, सहज प्रतिक्रिया है और जो आधुनिक भाव-बोध के अधिक निकट है। इस सारी मानवीय क्रिया-प्रतिक्रिया को सीता और जयंत के पौराणिक प्रसंग से जोड़ देना बड़ी अप्रत्याशित और साहसिक कल्पना का प्रतिफलन है—

वर्तुल उठे हुए उरोजों पर अड़ी थी निगाह
चोंच जैसे जयंत की, नहीं जैसे कोई चाह
देखने की मुझे और,
कैसे भरे दिव्य स्तन, हैं ये कितने कठोर।
मेरा मन काँप उठा याद आई जानकी।
कहा तुम राम की,
कैसे दिये दर्शन।

अनुभूति और अभिव्यक्ति के स्तर पर कवि का द्वन्द्व यहाँ द्रष्टव्य है, जिसके फलस्वरूप वह नितांत स्वाभाविक मानवीय व्यापार को पौराणिक प्रसंग की

परिणति देकर एक प्रकार से क्षति-पूर्ति करने की चेष्टा करता है, यथार्थ को उदात्त कल्पना से संपृक्त कर उसकी तीव्रता को कम कर देता है।

जानकी और जयंत का पौराणिक प्रसंग उच्छृंखलता के नियंत्रण के अभिप्राय से नहीं रखा गया है, जैसा कि डॉ० रामविलास शर्मा ने समझा है और यों टिप्पणी की है, "सौंदर्य-लहरी के शंकराचार्य की तरह सौंदर्य-पूजा के साथ भक्ति-भाव जोड़कर निराला अपने मन की उच्छृंखलता को नियंत्रित करते हैं। अन्यत्र जैसे वेदांत के स्पर्श से निराला शृङ्गार को दिव्यता प्रदान करते हैं, वैसे ही यहाँ भक्ति-भाव उभार कर सौंदर्य-पूजा को उच्छृंखल होने से बचाते हैं।"[1]

जानकी के स्मरण के नाते भले ही कवि उस नग्न नारी-शरीर के प्रति काम-भाव से अपने को पृथक् कर ले, पर इसमें संदेह नहीं कि अर्द्धचेतन मानस को उभारने का उसका उद्देश्य व्यर्थ नहीं हुआ है। हिंदी काव्य के संदर्भ में नई और इसीलिए साहसपूर्ण ऐसी स्थितियों को, उनके समूचे द्वन्द्व में रूपायित कर सकने की चेष्टा को केवल अश्लीलता का बिल्ला देना समीक्षा की संकीर्णता का सूचक होगा। शब्दों ने अपनी सारी सपाटता में नग्न शरीर और (साथ ही) नग्न मानस की क्रिया और प्रतिक्रिया को एक जीवंत चित्र बनाने की बढ़िया कोशिश की है।

विवेच्य कविताएँ 'कुकुरमुत्ता' के प्रथम संस्करण में भी देखी जा सकती हैं। इनके अतिरिक्त 'नये पत्ते' की कविताओं 'थोड़े के पेट में बहुतों को आना पड़ा', 'राजे ने अपनी रखवाली की', 'कुत्ता भौंकने लगा', 'डिप्टी साहब आये', 'मँहगू मँहगा रहा' में यथार्थ की विविध भूमियों का आकलन वर्णन की नितांत गद्यात्मक, किंतु अर्थ-प्रवण भाषा में हुआ है और इनसे 'कुकुरमुत्ता' की कविताओं के आगे की विकास-यात्रा का बोध होता है। विशेषता यह है कि 'मास्को-डायेलाग्स' की तरह इन कविताओं में भी वर्णन के भीतर से व्यंग्य की ध्वनि सुनाई पड़ती है, अभिधा के बावजूद उनमें 'स्वशब्दवाच्यत्व' नहीं है। 'मँहगू मँहगा रहा' का एक खास उदाहरण देखने योग्य है—

माताजी को स्वीटजरलैण्ड के अस्पताल
तपेदिक के इलाज के लिए छोड़ा है।
बड़े भारी नेता हैं।

यहाँ एक-एक शब्द में (जो अलग-अलग नितांत सामान्य हैं, किन्तु विशिष्ट क्रम में अर्थगर्भी हैं) सामान्य जीवन के बीच के अंतराल पर बड़ा तराशता हुआ

१. निराला की साहित्य-साधना (खण्ड २) : पृ० २२६

व्यंग्य कवि ने किया है। निराला की यह व्यंग्य-प्रणाली उन्हें आधुनिक भाव-बोध में विशिष्ट स्थान देती है।

'नये पत्ते'—और साथ ही 'कुकुरमुत्ता' और 'अणिमा' काव्य-संकलन की कुछ यथार्थपरक कविताओं के संदर्भ में यह महत्त्वपूर्ण प्रश्न सीधे उठाया जा सकता है कि क्या निराला जन-साधारण के जीवन से अभिषिक्त इस भाषा को उतना ही समर्थ, प्राणवान् और अर्थ-प्रवण बना सके हैं, जितना कि रोमांटिक और क्लैसिकल काव्य की तत्सम शब्द-प्रधान भाषा को ?

भाषा के अभिजात और सामान्य दोनों धरातलों का संस्पर्श निराला ने समान दक्षता से किया है और जन-साधारण के जीवन से सिरजी उनकी भाषा में कोई वर्जना नहीं है, कोई हीनता-ग्रंथि नहीं है। 'कुकुरमुत्ता' की लंबी-चौड़ी डींगों में, 'खजोहरा' की ग्राम्य-प्रकृति के चित्रण में, 'स्फटिक-शिला' के ठेठ, देशी वातावरण के अंकन में निराला पूरे आत्मविश्वास के साथ इस टकसाली भाषा का प्रयोग करते चलते हैं।

परवर्ती गीत : 'अर्चना', 'आराधना', 'गीतगुंज'

निराला का परवर्ती काव्य ('अर्चना', 'आराधना', 'गीतगुंज') अनुभव और अभिव्यक्ति के स्तर पर उनके पूर्ववर्त्ती काव्य से जुड़ा हुआ है और कुछ माने में कवि की पिछली उपलब्धियों को नये संदर्भ में प्रस्तुत करता है। इन परवर्त्ती गीतों की काव्यभाषा का अध्ययन कई दृष्टियों से महत्त्वपूर्ण है—(१) इन तीनों गीत-संकलनों का बहुत बड़ा भाग हिंदी भाषा के निजी सौंदर्य, लोकपरक सांगीतिक संभावना से युक्त है, और एक-एक दिन में इस प्रकार के कई गीतों की रचना अपने आप में इस महत्त्वपूर्ण तथ्य की ओर संकेत देती है कि गीत-रचना में मँजी निराला की प्रतिभा बड़े बेलाग भाव से, आत्म-विश्वास को क़ायम किये हुए, लोक-तत्त्व को काव्य में प्रतिष्ठित करती है, जैसे इन गीतों में कवि 'गीतिका' के संस्कार-निष्ठ शब्दों की रचनात्मक क्षति-पूर्ति करता है, कुछ-कुछ उसी तरह—जैसे 'राम की शक्ति-पूजा', 'तुलसीदास' जैसी अभिजात शब्दावली वाली कविताओं के बाद 'कुकुरमुत्ता', 'बेला' और 'नये पत्ते' के जन-प्रयोगों में। (२) तत्सम शब्दावली में अनुस्यूत सूक्ष्म अर्थ-छवियों से संपन्न 'गीतिका' के गीतों के समकक्ष परवर्त्ती गीतों की सामान्य शब्दावली में अर्थ का तनावयुक्त संप्रेषण दर्शनीय है, और इस रूप में ऐसे गीतों के मध्य 'अर्चना', 'आराधना', 'गीतगुंज' के कुछ संस्कृतनिष्ठ गीत भी हलके लगने लगते हैं। (३) यों तो निराला काव्य का एक बड़ा भाग भाषा और संवेदना के स्तर पर रहस्य, दुरूहता से भरा हुआ है

(विशेषतः गीतों के प्रसंग में 'गीतिका' से अनेक उदाहरण देखे जा सकते हैं) किंतु पूर्ववर्त्ती काव्य की रहस्यमयता, दुरूहता बहुत अंशों में साभिप्राय है, वहाँ भाषा के मौलिक, रचनात्मक प्रयोग हैं, अनुभव की जटिलता है, दूसरी ओर परवर्त्ती गीत-सृष्टि में अक्सर ऐसा लगता है कि निराला अपनी मानसिक और शरीरिक रुग्णता के फलस्वरूप अस्पष्ट हो गये हैं, बहुत प्रयत्न करने के बाद भी गुत्थी नहीं सुलझती। 'आराधना' का '(जब) हाय समाई है' (गीत सं० ३२) द्रष्टव्य है। कहीं शाब्दिक खिलवाड़ में कवि पूरे गीत के समन्वित प्रभाव को समाप्त कर देता है—'बन जाय भले शुक की उससे' ('अर्चना', गीत सं० ६) इसका उदाहरण है या 'आराधना' के 'आज मन पावन हुआ है/जेठ में सावन हुआ है' की ताजी शुरुआत को यह चमत्कारिक और अस्पष्ट परिणति दी गई है—

कटा था जो पटा रह कर,
फटा था जो सटा रह कर,
डटा था जो सटा रह कर,
अचल था, धावन हुआ है।

छंद की तुकों के साथ स्वच्छंद खिलवाड़ को बड़े विस्तार में 'आराधना' के 'छलके छल के पैमाने क्या' गीत में देखा जा सकता है। कुछ पंक्तियाँ प्रस्तुत हैं—

हलके हलके हलके न हुए
दलके दलके दलके न हुए
उफले उफले फल के न हुए
बेदाने थे तो दाने क्या ?

ऐसे प्रयोग किसी सर्जनात्मकता से उत्प्रेरित नहीं लगते और अगर कहीं (कवि की मानसिक गहराइयों में) इनमें सर्जन के तत्त्व हैं, तो वे कुहासे से आच्छादित हैं। कवि की इस अभिव्यक्ति प्रणाली का एक अन्य रूप उन गीतों में देखा जा सकता है, जिनमें वह शब्दों की लय से, उनके संगीत से खेलता रहता है, अर्थ की ओर उसका ध्यान नहीं रहता—उदाहरणार्थ 'आराधना' के इस गीत में, जिसे पूरे-का-पूरा उद्धृत किया जा रहा है—

हँसो मेरे नयन,
बसो मेरे अयन।
हरो मेरे हरण,
भरो मेरे मरण,
चलो मेरे चरण,
पलो मेरे शयन।

गहो मेरे द्विकर,
अहो मेरे प्रवर,
बहो मेरे इतर,
चहो मेरे चयन।

परवर्त्ती गीतों में विनय, भक्ति, तादात्म्य, कातरता, नश्वरता की अनुभूतियों को प्रधानता मिली है। 'गीतगुंज' में इस भावभूमि से कुछ हटकर प्रकृति के यथार्थ अंकन में कवि की वृत्ति रमी है। इसके अतिरिक्त महायुद्ध के बाद के स्वप्न-भंग से उत्पन्न तीखेपन और निराशा की मिली-जुली अनुभूतियाँ अनेक गीतों का विषय बनी हैं। प्रणय के कुछ नितांत आत्मीय गीत भी इन संकलनों की विशेषता है। इन विविध संवेदनाओं से युक्त गीतों गें से कुछेक के विश्लेषण से परवर्त्ती काव्यभाषा के रूपों का एक सुस्पष्ट चित्र निर्मित हो सकेगा।

कहीं सामान्य शब्दावली में दूरगामी संभावनाएँ विवृत हुई हैं। 'अर्चना' के दो गीत द्रष्टव्य हैं :—

प्यास लगी है, बुझाओ,
अमृत के घूंट पिलाओ।

प्रणय की तृप्ति और आत्मिक मुक्ति के अनुभव को इस गीत में एक कर दिया गया है। बड़े आत्मीय प्रतीकों में कवि बेबसी के दुःख से उबरने की अनुनय करता है :—

समझा है अपना सपना है,
कुटिया में तपना-तपना है
निठुर शीत-जल में कँपना है,
मुरझी आस जिलाओ—
अमृत के घूंट पिलाओ।

दूसरे गीत 'बाँधो न नाव इस ठाँव, बंधु' में गीत की अनुभूतिगत तीव्रता और सुकुमारता को जैसे मूर्धन्य कर दिया गया है—

बाँधो न नाव इस ठाँव, बंधु
पूछेगा सारा गाँव, बंधु!

यहाँ नाव के न बाँधने की अनुनय और सारे गाँव के पूछने की आशंका में जो लोक-लज्जा का भाव है, वह हिंदी के अपने तद्भव रूप से समन्वित इस गीत में रूपायित हो उठा है। उल्लेखनीय यह है कि चित्र सामान्य जन-जीवन का है, और कवि ने उसमें सूक्ष्म और सुकुमार संवेदना अनुस्यूत कर दी है।

प्रेयसी की स्मृति से उद्भूत आह्लादकारी रोमांच और छिपी कसक भाषा में इस तरह विवृत हुई है—

यह घाट वही जिस पर हँसकर
वह कभी नहाती थी धँस कर
आँखें रह जाती थी फँसकर
कँपते थे दोनों पाँव बंधु ।

'हँसकर', 'धँसकर', 'फँसकर' जैसी एकदम बोलचाल की पूर्वकालिक क्रियाएँ प्रणय के उन्मुक्त अनुभव को बेलौस ढंग से व्यक्त करती हैं ।

'आराधना' के तीन गीत इस प्रसंग में सम्मिलित किये जा सकते हैं । 'दुखता रहता है अब जीवन' (२२) में जीवन की रुग्णता, असहायता, शोभाहीनता को उदास प्रकृति के अनुभव में संगुंफित कर दिया गया है :—

दुखता रहता है अब जीवन,
पतझड़ का जैसा वन-उपवन ।
झर-झर कर जितने पत्र नवल
कर गये रिक्त तनु का तरुदल
हैं चिह्न शेष केवल संबल
जिनसे लहराया था कानन ।

अन्तिम अंश में कवि के मानस में जीर्णता के एहसास से उपजे अवसाद में एक दार्शनिक निर्द्वन्द्वता उभरती है :

यह वायु बसंती आई है,
कोयल कुछ क्षण कुछ गाई है,
स्वर में क्या भरी बुढ़ाई है,
दोनों ढलते जाते उन्मन

३७वें गीत की नयी अभिव्यक्ति प्रणाली देखने योग्य है—

मेरा फूल न कुम्हला पाये
जल उलीच कर मूल सींचकर
लौटे तुम तरु-तरु के साये ।

गीत की सारी आशावादिता—प्रकृति के प्रसन्न-उन्मुक्त चित्र, मन की जीवनाकांक्षा—के बावजूद तनाव द्रष्टव्य है—

लौटी ग्राम वधू पनघट से,
लगा चितेरा अपने पट से,

बँधी नाव हिलती है तट से,
कवि के अग्नि-प्राण उकताये।

सारी निश्चिन्तता के बावजूद 'कवि के अग्नि-प्राण उकताये' में जीवन की बेचैनी और हलचल गहरी हो गई है। इस भावभूमि के समानांतर कालिदास का यह प्रसिद्ध छंद स्मरण हो आता है—

रम्याणि वीक्ष्य मधुरंश्च निशम्य शब्दान्
पर्युत्सुकी भवति यत् सुखितोऽपि जंतुः॥
तच्चेतसा स्मरति नूनमबोधपूर्वम्
भावस्थिराणि जननांतर सौहृदानि॥

दुष्यंत के रूप में कालिदास का कवि भी 'पर्युत्सुकी' होता है, निराला के गीत में चित्रित प्रसन्न वातावरण की भाँति इस छंद में भी सौंदर्य और उल्लास का वातावरण है, फिर भी दुष्यंत के मानस में व्याकुलता है। आगे इस पर्युत्सुकता के कारण रूप में वे पूर्व जन्म के भाव रूप में वर्त्तमान स्नेह-संबंधों को रखते हैं, और यहाँ कवि का जटिल भाव-बोध प्रशमन की मुद्रा बाँध लेता है। निराला जटिल मानसिकता के कारण के विश्लेषण में नहीं पड़ते, उसे खुला छोड़ देते हैं।

'मन न मिले न मिले हरि के पद' में ज्ञान-हीन मानव की दुर्दशा पर तीखा व्यंग्य है—

गलती रही वासना जी तन,
न बना यौवन, न बना जीवन,
भरे हुए उपवन में अनमन
मानव रहा अमान भरा-मद।

अंतिम अंश में कवि का विक्षोभ और तीव्र हो गया है—

ज्ञान गया तो प्रायः पशु है,
वसु न हुआ तो निर्बल असु है,
वसुंधरा में अंध दस्यु है,
अपने पण में अपण, न आच्छद।

'ज्ञान गया तो प्रायः पशु है' में 'प्रायः' का प्रयोग ज्ञानहीन मानव की पशु वृत्ति को हलका नहीं करता, वरन् और सघन कर देता है, जैसे 'तोड़ती-पत्थर' कविता में 'प्रायः' का प्रयोग दुपहर के भाव को कम न कर और गहराई दे देता है—'प्रायः हुई दुपहर।'

आत्मिक मुक्ति के अनुभव को बहुत घरेलू ढंग से निराला ने प्रस्तुत गीत 'क्षीण भी छाँह तुमने छीनी/हर ली सुगंध रति की भीनी' में मुखरित किया है—

किस नभ ले जाना मन भाया,
समझे भी कुछ न समझ पाया,
ऐसे निष्काम हुई काया,
जैसे कोई साड़ी झीनी।

'झीनी साड़ी' का अप्रस्तुत सारे प्रसंग को आलोकित कर देता है और निष्कामता का भाव कहीं गहरे जाकर मन को छू लेता है। आत्मिक मुक्ति के प्रसंग में इस तरह का घरेलू अप्रस्तुत आत्मीयता, तन्मयता की अर्थ-छायाएँ व्युत्पन्न करता है।

'गीतगुंज' के 'बादल रे, जी तड़पे' में शब्दों के परिचित-सामान्य रूप मन बेचैनी, अवसाद और घुमड़न को मार्मिक अभिव्यक्ति देते हैं—

बादल रे, जी तड़पे।
किये उपाय सैकड़ों तन के
मन के, चरण मिले सज्जन के,
व्यर्थ प्रार्थना जैसे अब है
पञ्जर-पिञ्जर कर के।

निराशा, उद्वेग की सघनता इस अंकन में—अंधकार के प्रसार में—उत्तरोत्तर बढ़ती जाती है—

अब अँधियालो ही बढ़ती है,
छाया छाया पर चढ़ती है,
प्राणों के घन श्याम-गगन से
बूँदों कभी न बरसे।

परवर्ती गीतों में लय के बहुत सुंदर, काव्यात्मक प्रयोग निराला ने किये हैं, जो इन गीतों की लोक-प्रकृति के परिप्रेक्ष्य में उन्मुक्त बन पड़े हैं, विशेषतः उन गीतों में, जिनमें प्रशांति का भाव है, मूक असहायता है, वैराग्य है। लय का यहाँ ठहरा-ठहरा रूप भाषा से संवेदना को जोड़ता है। 'अर्चना' के कुछ गीत 'निविड़ विपिन पथ अराल' (४०), 'वेदना बनी, मेरी अवनी' (४२), 'तुम से जो मिले नयन' (५५) इसके उदाहरण हैं। ख़ासतौर से 'आराधना' में यह प्रवृत्ति अपने अत्यंत रचनात्मक रूप में सक्रिय है—४६वाँ गीत द्रष्टव्य है—

मन का समाहार
करो विश्वाधार।
गहन कण्टक जटिल
मग पले पग निखिल
गया है हृदय हिल

लो थके का वार।
कोई नहीं और,
एक तुम हो ठौर
दूर सब जन पौर
भव से करो पार।

जिसमें कातरता और विनय सिर्फ लय के इस ठहराव में मुखरित हो गये हैं। लय का और अधिक कलात्मक उपयोग ६२ वें गीत में द्रष्टव्य है, जहाँ शब्दों की विशिष्ट संयोजना, वाक्य का मौलिक रूप एक नई संवेदना जाग्रत करता है—

भग्न तन, रुग्ण मन
जीवन विषण्ण वन।
क्षीण क्षण क्षण देह,
जीर्ण सज्जित गेह,
घिर गये हैं मेह,
प्रलय के प्रवर्षण।
चलता नहीं हाथ,
कोई नहीं साथ,
उन्नत, विनत माथ,
दो शरण, दोषरण।

कला-चेष्टा और सहजता का ऐसा निखरा हुआ रूप करुणा और कातरता के इस वातावरण में प्रस्तुत करना अपने में स्पृहणीय है। पूर्ववर्ती गीतों 'मैं अकेला', 'स्नेह-निर्झर बह गया है' के समकक्ष यह गीत अपने रचना-विधान और लय की सरलता-सादगी में एक विशिष्ट स्थान रखता है। शब्दों में कवि ने द्रवणशील करुणा भर दी है। 'क्षीण क्षण क्षण देह / जीर्ण सज्जित गेह' में मानव जीवन के दो विरोधी दृश्यों—उतार-चढ़ाव—की अवतारणा है। निराला की सार्थक पद-सृष्टि का बड़ा करुण पर भव्य रूप ऐसे गीतों में देखा जा सकता है। अंतिम पंक्ति 'दो शरण, दोषरण' में चमत्कार का उपयोग कितनी काव्यात्मक सार्थकता और संवेदनात्मक लिहाज़ के साथ हुआ है—यह नज़रअंदाज़ नहीं किया जा सकता। अलंकरण यहाँ भाषा-प्रवाह में एकरस हो गया है, भाषा हो गया है। कवि के आकुल प्राण दोषों के लिए संग्राम-स्वरूप आराध्य की शरण चाहते हैं।

बड़े ख़ामोश रूप में ठेठ शब्द-प्रयोगों पर आधारित निराला के परवर्ती गीत संगीत और काव्य का संपृक्त अनुभव प्रस्तुत करते हैं। 'अर्चना' के ६६वें गीत में नश्वरता और ईश्वर-निर्भरता को इसी ठेठ शब्दावली में अभिव्यक्त किया गया है—

कौन गुमान करो ज़िंदगी का
जो कुछ है कुल मान उन्हीं का।

शरीरोत्सव और शरीर-सौंदर्य के विविध अंकनों के मध्य निराला का यह अंकन भी द्रष्टव्य है, जो संतों की भाव-भूमि के बहुत करीब उन्हें ले आता है। यह कवि की रचनात्मक साहसिकता है कि वह होली की धुन में वैराग्य का गीत लिखता है। विरोधी तत्त्वों का समायोजन निराला के विराट् काव्य-व्यक्तित्व की अपनी विशेषता है—

बाँधे हुए घर-बार तुम्हारे,
माथे है नील का टीका,
दाग-दाग कुल अंग-स्याह है,
रंग रहा है फीका—
तुम्हारा कोई न जी का।

'आराधना' का २९वाँ गीत शब्दों के अनौपचारिक रूप और भंगिमा का बढ़िया उदाहरण है। इस गीत की लय भिन्न कोटि की है—

सुख का दिन डूबे डूब जाय।
तुमसे न सहज मन ऊब जाय।

समर्पण और निष्ठा का तीव्र-प्रखर रूप इस गीत में है। 'गीतगुंज' का प्रसिद्ध गीत 'कमरख की आँखें भर आईं' (७) ठेठ और प्रतीकात्मक शब्दों में गीत को एक विशिष्टि भंगिमा प्रदान करता है—

कमरख की आँखें भर आईं।
बन वर का सौदा कर आईं।

तद्भव प्रयोगों की दृष्टि से तीन गीत 'ऊँट बैल का साथ हुआ है', 'मानव जहाँ बैल घोड़ा है' और 'खेत जोतकर घर आये हैं' उल्लेखनीय हैं।' 'मानव जहाँ बैल घोड़ा है' अपनी संरचना की सादगी में विशिष्ट है—

मानव जहाँ बैल घोड़ा है
कैसा तन मन का जोड़ा है?

सपाट बयानी का तीखापन ऐसे प्रयोगों में देखा जा सकता है। 'मानव-मानव एक हैं' के नाम पर साम्यवाद के मिथ्या प्रचारकों पर करारा व्यंग्य कवि किया है। अंतिम पंक्तियों 'पक-पक कर ऐसा फूटा है/जैसा सावन का ने फोड़ा हैं' में रिस-रिस-रिसकर जमी हुई गंदगी और उसके विस्फोट का सटीक अंकन हुआ है।

तत्सम शब्दों के बीच तद्भवों का बड़े बेलाग भाव से प्रयोग निराला की परवर्ती गीत-सृष्टि की एक सामान्य प्रवृत्ति है, यद्यपि पूर्ववर्ती काव्य 'सरोज-स्मृति',

'वनबेला', 'दान' जैसी कविताओं में भी अभिव्यक्ति के ये दोनों रूप मिलते हैं, पर बहुत विस्तार में यह प्रवृत्ति परवर्ती गीतों में दिखाई पड़ती है—उदाहरण स्वरूप उन गीतों को लिया जा सकता है, जिनमें तत्सम और तद्भव के संयोग से विशिष्ट रचनात्मकता संभव हुई है। 'आराधना' संकलन में इसके अच्छे उदाहरण हैं। 'मानव के तन केतन फहरे' जैसे आवाहन-गीत में भाषा का परिष्कृत रूप है—'

मानव के तन केतन फहरे।
विजय तुम्हारी नभ में लहरे।
छल के बल-सम्बल सब हारे
तुम पर जन तन-मन-धन वारे,
असुरों को जी-जीकर पारे,
अंधकार का मानस घहरे

गीत की परिणति बोलचाल के इन शब्दों में होती है और जो अस्वाभाविक नहीं लगती—

जो न हुआ वह गुज़रे होकर
जो न गया वह लौटे रो कर,
जो न खुला खोलो तुम धो कर,
टेक तुम्हारी मन में ठहरे।

'आराधना' के तत्सम-तद्भव के सम्मिश्रण में रचे कुछ गीत अपनी अर्थ-प्रक्रिया में अस्पष्ट हैं, उनकी रचनात्मकता का सही बोध नहीं हो पाता। उदाहरणार्थ गीत सं० (२), (४३)। ५०वाँ गीत 'तुम से लाग लगी जो मन की' अपनी भाषिक संरचना की दृष्टि से उल्लेखनीय है, जिसमें तादात्म्य की अनुभूति को सहज शब्दों में, परिचित प्रतीकों में मुखरित किया गया है—

तुम से लाग लगी जो मन की
जग की हुई वासना बासी।
गंगा की निर्मल धारा की
मिली मुक्ति, मानस की काशी।

विशेषतः पहली दो पंक्तियां की आत्मीयता और अंतिम दो पंक्तियों का सुस्पष्ट प्रतीक-विधान बड़ा भास्वर प्रतीत होता है। 'वासना' और 'बासी' के अनुप्रास में तत्सम-तद्भव का मेल बेजोड़ है। एक में आकर्षण की व्यंजना है, दूसरे में उपराम का भाव है। अंतिम अंश में संस्कृत का निः उपसर्ग रचनात्मक आवश्यकता का प्रतिफलन है, जिसमें मानसिक मुक्ति का विशदता से अंकन हुआ है—

निःस्पृह, निःस्व, निरामय-निर्मम,
निराकाङ्क्ष, निर्लेप, निरुद्गम,
निर्भय, निराकार, निःसम शम,
माया आदि पदों की दासी।

२९वें गीत 'हिम के आतप के तप झुलसो' में भी तत्सम और तद्भव का ऐसा ही रचनात्मक रिश्ता देखा जा सकता है। कुछ पंक्तियाँ उद्धृत हैं—

भीगे कठिन धरा निष्पावन
चले चतुर्दिक् हल अभिभावन
बोये बीज सीझ कर उलसो ॥

जैसे 'निष्पावन', 'चतुर्दिक्', 'अभिभावन' और 'सीझ', 'उलसो' की सन्निकटता में ही सच्चा जागरण, पुष्ट शक्ति उदित हो सकती है।

निराला के मन में तत्सम शब्दावली के प्रति ज़बर्दस्त आकर्षण रहा है, जिसका बड़ा सघन रूप उनके पूर्ववर्ती काव्य में देखा जा सकता है। परवर्ती गीतों की सामान्यतया लोक प्रचलित ठेठ शब्दावली के बीच उन्होंने संस्कृतनिष्ठ शब्दों से परिपूर्ण अनेक गीतों की भी रचना की है। 'अर्चना' का प्रार्थना-गीत (जिसमें जागरण की कामना है) तत्सम शब्दावली पर आधारित गीत-रचना का एक उत्कृष्ट उदाहरण है। इस गीत की कसावट देखने योग्य है—

तिमिरदारण मिहिर दरसो।
ज्योति के कर अन्ध कारा—
गार जग को सजग परसो।

सारा जग अँधेरी कारा है, जिसका अँधेरा तभी मिट सकता है, जब तिमिर-दारण मिहिर (सूक्ष्म स्तर पर दीप्तमान सत्य) स्पर्श कर दे। 'गात के संपात पर उत्थान देकर प्राण बरसो' जैसे आंतरिक ध्वनि साम्य की नियोजना से युक्त मौलिक तत्सम-प्रयोग गीत को तीव्र भास्वरता प्रदान करते हैं। 'गीतिका' के जागरण-गीतों की संस्कृतनिष्ठ भाषा के मध्य इसे रखा जा सकता है। 'आराधना' के प्रथम प्रार्थना-गीत 'पद्मा के पद को पाकर हे' में भी संस्कार-निष्ठ शब्दों की अर्थ-गरिमा अनुस्यूत है। 'आराधना' के छठें गीत 'मरा हूँ हजार मरण /पाई तव चरण-शरण' प्रिय-सान्निध्य के अनुभव को तत्सम शब्दों में अभिव्यक्ति देता है, जिसमें 'मरा हूँ हजार मरण' की मौलिकता काव्यात्मक सार्थकता और समृद्धि से भरी हुई है। 'मरण' का शाब्दिक अर्थ कवि को अभीष्ट नहीं, वह उसमें प्रतीकात्मक अर्थ अनुस्यूत करता है। ऐसा प्रयोग संसार की विविधरूपा बाधाओं, घात-प्रतिघातों को बड़ी सटीक अभिव्यक्ति देता है। मरण की ऐसी ही अर्थ-छायाएँ 'अणिमा' के एक

विशिष्ट गीत में विवृत हुई हैं—मरण को जिसने वरा है/उसी ने जीवन भरा है।

कुछ गीतों में एक शब्द की पुनः पुनः आवृत्ति द्वारा कवि ने उन्हें विशिष्ट संरचना से युक्त किया है। 'अर्चना' में 'नील' शब्द की यह आवृत्ति द्रष्टव्य है—

नील जलधि जल
नील गगन-तल
नील कमल-तल
नील नयन-द्वय।

'नील' शब्द विस्तार और गहराई की व्यंजना करता है, जिसकी अवस्थिति कवि ने प्रकृति के विराट् और कोमल दोनों रूपों में की है। कवि 'नील' की यह सत्ता बड़ी दूर तक उल्लिखित करता चलता है, जिसमें 'मृत्ति', 'मृत्यु शर', 'अनिल-कर', 'निलय-लय' सभी समाहित हो जाते हैं। एक प्रकार का अद्वैत भाव 'नील' की इस आवृत्ति में है, जिसमें शाब्दिक खिलवाड़ नहीं, अनुभव की तल्लीनता है। 'आराधना' के ४५वें गीत में भी 'नील' की ऐसी ही आवृत्ति हुई है—

नील नयन नील पलक,
नील बदन, नील झलक।

यहाँ प्रकृति के अपेक्षाकृत कोमल रूपों में 'नील' को स्थान दिया गया है। 'अर्चना' के 'नील जलधि जल' गीत में 'नील' और 'जलधि-जल' के बीच जो रिक्त स्थान है, वह जैसे 'नील' की गहराई और विस्तार को सूक्ष्म अभिव्यक्ति देता है। यह योजना 'आराधना' के प्रस्तुत गीत में नहीं है।

'आराधना' के ५४वें गीत में 'ज्योति' शब्द की आवृत्ति हुई है, जिसमें जागरण, प्रकाश और जीवंतता के अनुभव को रचनात्मक संवेदनशीलता से, 'ज्योति' शब्द की पुनरुक्ति में मुखरित किया गया है। स्वयं निराला के अनेक जागरण-गीतों की संरचना के समकक्ष इस गीत की बनावट देखने योग्य है—

ज्योति प्रात, ज्योति रात
ज्योति नयन, ज्योति गात।

जिसमें प्रकृति ही नहीं, मानवीय प्रणय को भी समेट लिया गया है—

ज्योति प्रथम प्रिय-दर्शन
ज्योति कम्प, आकर्षण

किन्तु इस तरह की संवेदनात्मक गहराई आराधना का ५९वाँ गीत 'चल समीर चल कलि दल' नहीं जगाता, कुछ तो इसलिये कि अनस्थिरता-क्षणिकता का यह भाव बड़े तथ्यात्मक रूप में अभिव्यक्त हुआ है, शब्दों में वह तनाव और ठहराव नहीं है, जिससे क्षणिकता-चंचलता प्रभविष्णु बन सके—

चल सौरभ चल चितवन
चल वन, उपवन, जोवन
चल यौवन, चल कल मन
चल सुरसरि, जल निर्मल ।

इस तरह के (आवृत्ति-प्रधान) गीतों की संरचना में अभिधात्मकता का यह खतरा है । प्रसाद के 'अजातशत्रु' नाटक में 'चंचल-चन्द्र सूर्य है चंचल/चपल सभी ग्रह तारा' गीत की शब्दावृत्ति में भी यही कमजोरी है । दूसरी ओर 'गीतगुंज' के एक आवृत्तिपरक गीत का वैशिष्ट्य द्रष्टव्य है :

जिधर देखिये श्याम विराजे
श्याम कुंज वन यमुना श्यामा
श्याम गगन, घन वारिद गाजे
श्याम धरा, तृण-गुल्म श्याम है
श्याम सुरभि दल अंचल साजे ।

इस गीत की हर पंक्ति में 'श्याम' (तुलनीय 'नील') शब्द की आवृत्ति कोमल संदर्भ से जुड़कर प्रणयिनी की एकांत निष्ठा को मार्मिक, निश्छल और सार्वभौम अभिव्यक्ति देती है । ब्रजभाषा में सरलता से पर्यवसित होने वाले ऐसे घरेलू-आत्मीय संवेदन को खड़ीबोली पर आधारित काव्यभाषा के अपेक्षाकृत चिंतन-प्रधान रूप में बेलाग भाव से संपृक्त कर देना गीतकार की कुशलता का प्रमाण है । यह देखने योग्य है कि तत्सम संज्ञा, विशेषणों के बीच तद्भव क्रियाओं की नियोजना कवि ने रागात्मक अभिप्राय से की है—

'गाजे', 'साजे', 'माँजे', 'आँजे', 'निवाजे', 'सँवाजे' जैसे क्रिया-प्रयोग संवेदना के घरेलूपन और अनौपचारिकता को कायम किये रहते हैं ।

परवर्ती गीतों का अध्ययन इस निष्कर्ष पर पहुँचाता है कि निराला का रचनाशील व्यक्तित्व इनमें विकृत और ह्रासशील नहीं हुआ, जैसा कि एक प्रचलित भ्रम इन परवर्ती गीतों के संबंध में फैला रहा है, वरन् कवि का विराट् व्यक्तित्व भाषा के ठेठ प्रयोगों में, लोक-जीवन के अनुभव में अपना उन्मोचन ढूंढ़ता है । एक बात और है—'गीतिका' के संस्कृतनिष्ठ गीतों में निराला ने गीत-सौष्ठव को एक निश्चित संभावना पर पहुँचा दिया था, किंतु परवर्ती गीतों के प्रणयन के बिना हिंदी भाषा की अपनी पकड़ के संस्पर्श से वे वंचित रह जाते । कहना न होगा कि अपनी मानसिक अस्वस्थता के फलस्वरूप अनेक गीतों की अस्पष्ट भाव-भूमि और अभिव्यक्ति के बावजूद निराला यहाँ हिंदी के गीतपरक आत्मविश्वास को प्रतिष्ठित करने में कृतकाम हुए हैं, और इस तरह उन्होंने तद्भवता पर आधारित रचनात्मकता का एक और आयाम विकसित किया है ।